城市轨道交通车站与房屋工程施工安全交底手册

矣庆贺　高永祥　洪　兵　崔　波　于　伟　黄祖光　等编著

中国铁道出版社

2014年·北　京

内 容 简 介

在建筑群、地下管线等复杂环境情况和繁忙地面交通影响下，城市轨道交通车站与房屋工程施工安全风险高、管控难度大。全书撰写了包括施工准备阶段、明挖车站工程施工、盖挖车站工程施工、暗挖车站工程施工、高架及地面车站工程施工、生产生活用房施工、安装及装修施工、竣工验收阶段及拆除施工、事故应急救援在内的安全交底范例130项。每项范例均包括主要危险源与危害因素、安全注意事项、重点强调。

本书特别适合作为现场作业人员的安全指导用书，同时也适合作为施工安全管理人员、施工技术人员的参考用书。

图书在版编目(CIP)数据

城市轨道交通车站与房屋工程施工安全交底手册/矣庆贺等编著. —北京：中国铁道出版社，2014.4

ISBN 978-7-113-18184-0

Ⅰ.①城… Ⅱ.①矣… Ⅲ.①城市铁路-铁路车站工程施工—安全管理—手册 Ⅳ.①U239.5-62

中国版本图书馆CIP数据核字(2014)第052895号

书　　名：城市轨道交通车站与房屋工程施工安全交底手册

作　　者：矣庆贺　高永祥　洪　兵　崔　波　于　伟　黄祖光　等

策划编辑：江新锡　曹艳芳

责任编辑：冯海燕　　**电话**：010-51873371　　**电子信箱**：jxinxi@sohu.com

封面设计：王镜夷

责任校对：马　丽

责任印制：郭向伟

出版发行：中国铁道出版社(100054，北京市西城区右安门西街8号)

网　　址：http://www.tdpress.com

印　　刷：北京鑫正大印刷有限公司

版　　次：2014年4月第1版　2014年4月第1次印刷

开　　本：787 mm×1 092 mm　1/16　印张：19　字数：467千

书　　号：ISBN 978-7-113-18184-0

定　　价：52.00元

作者简介

奚庆贺(1976—)，男，现任北京市第三建筑工程有限公司副总工，高级工程师，荣获2012年度“住建部劳动模范”荣誉称号。完成的“外墙外保温施工质量控制”QC成果被评为北京市一等奖和全国工程建设优秀质量管理奖。撰写的《施工方案、施工技术交底编制范本》、《无网现浇外墙外保温体系》和《混凝土现场搅拌施工》论文获北京市第三建筑工程有限公司论文评比一等奖，《沙板庄住宅小区工厂综合施工技术》论文获北京建工集团科技进步三等奖。参与编写《建筑工程施工质量控制与质量验收使用手册》(中国建筑工业出版社出版，撰写30万字)，参与编写《建筑工程施工组织设计实例应用手册(第三版)》。

高永祥(1981—)，男，工程师，就职于北京市机械施工有限公司，现任项目经理，国家一级建造师，2005年度、2006年度北京市优秀青年突击队队长；2007年度至今北京市优秀青年突击队标杆队长；荣获2007年度“奥运工程优秀建设者”；荣获2008年度“北京市青年岗位能手”；荣获中国钢结构协会科学技术奖一等奖(A380工程，2009年)；获北京市科学技术进步二等奖一项；获北京市科学技术进步三等奖一项。

洪兵(1969—)，男，高级工程师，现任北京建工集团石家庄站站房工程机电经理。主笔国家职业标准《管工》的修订，发表论文数篇。曾获2000年度北京建工集团三建公司科技进步二等奖，2006年度北京建工集团三建公司科技进步一等奖，2007年度北京建工集团科技进步三等奖，2011年度北京建工集团知识性职工标兵及2012年度北京建工集团科技质量管理奖。

崔波(1968—),男,高级工程师。1991年毕业于石家庄铁道学院铁道工程专业,获工学学士学位,在职期间考入河北工业大学工商管理专业,2005年获工商管理硕士学位。现任北京铁路局石济客专引入石家庄枢纽改造工程建设指挥部总工程师。公开发表学术论文两篇,6项研究获原石家庄铁路分局奖励,一项科研成果通过原铁道部科技成果鉴定,获北京铁路局詹天佑科学技术奖一项。获国家专利一项,2010年获铁道部火车头奖章,2013年被评为河北省优秀科技工作者。

于伟(1982—),女,工程师,多年来参加并完成较大型的岩土工程项目的科研、设计、监测及施工技术管理等10余项。负责完成的特殊、复杂地质条件下的深基坑支护研究设计、施工方案已成功实施。

黄祖光(1970—),男,博士,石家庄铁道大学建筑与艺术学院党委书记,高级工程师。主持多项科研课题。发表论文13篇,EI检索两篇。

编写委员会

顾　　问：党　立　姚　涵　陈东杰　张广平　边绍曾　谢广会
戴彬彬　冯　跃　丁传波　孙　光　张显来　刘爱玲
唐　伟　苏继忠　常永春　赵俊德　陈硕辉

主要撰写人员：矣庆贺　高永祥　洪　兵　崔　波　于　伟　黄祖光
参与撰写人员：秦学工　周忠海　赵建明　王华强　周　渝　王京生
曾建平　孙志国　罗　刚　马　龙　李延龙　孙秋月
张　莹　张　昊　王小瑞　夏　彤　王　策　徐　滨
姜　磊　范晓灵　李永超　翟鹏程　张德欣　张　嵩
崔亮亮　崔洪义　王文彬　唐建森　毛小兵　戴泽钧
张林振　毛　灵　龙　云

前　言

近年来，我国城市轨道交通工程建设迅速发展。城市轨道交通工程施工有着流动性强、临时设施多、施工条件艰苦等特点。城市轨道交通车站通常位于城市交叉口，而城市交叉口地下管线数量多、纵横交错，同时还存在众多建筑群。这些特点也决定了城市轨道交通车站工程施工具有比较高的安全风险，加之工程建设任务重、工期紧，新材料、新技术、新工艺、新装备大量采用，地面交通繁忙，导致安全管理任务重、难度大。

安全无小事，细节决定成败。在城市轨道交通车站工程施工安全管理工作的事前预防、超前控制上，抓好每一件小事，重视每一个细节，把小事做细，把细节做严、做实、做到位，向精细化管理要安全。在城市轨道交通车站工程施工领域，很多的安全事故源于作业人员的不安全行为。施工安全交底是架设在安全管理和安全作业这两大要点之间的桥梁。因此，在城市轨道交通车站工程施工安全精细化管理过程中，做好安全交底工作是非常重要的一环。

本书共列举了130项施工安全交底范例，每项范例均包含主要危险源与危害因素、安全注意事项、重点强调事项。在撰写过程中，力求内容通俗易懂，可读性强。为了达到全面覆盖、重点突出的目的，书中不仅列举了车站工程施工安全交底范例，还将生产生活用房施工安全交底、安装与装修施工安全交底和事故应急救援交底也一并纳入。

本书撰写工作得到了中国铁路总公司、北京铁路局、中国建筑设计研究院标准院、中国中铁二院工程集团有限责任公司、北京建工集团有限责任公司、北京中铁隧道建筑有限公司等单位的大力支持和热情帮助，在此表示衷心感谢。

限于编写委员会的水平和能力，书中错误和不妥之处在所难免，恳请广大读者批评指正。

编写委员会
2014年2月

目　　录

第一章　施工准备阶段安全交底

第一节　工人进场安全交底

新工人进场安全须知交底(通用)　　　　编号：

施工单位	
工程名称	
分部分项工程	
工　　种	

交底内容：

一、主要危险源与危害因素

1. 跳跃上下沟、槽、坑、井。

2. 在施工现场躺卧睡觉。

3. 无证操作特种设备，随意开动机械。

4. 擅自拆除脚手架、支架。

5. 抛掷材、物、垃圾、工具等。

6. 单梯上部未扎牢，下部无防滑措施。

7. 在高压线下方、配电柜周围堆土、堆料，支搭临时设施。

8. 大雨及风力6级以上(含6级)等恶劣天气时，仍进行露天高处以及井口附近作业。

9. 违规装卸搬运危险物品(如炸药、氧气瓶、乙炔瓶、电解液等)和有毒物品。

10. 靠墙、靠防护围栏堆放沉重物料。

二、安全注意事项

1. 新工人经三级安全知识教育和培训，并经考核合格后方可进入施工现场操作。

2. 进出施工现场，必须在考勤机上刷卡登记；进入施工现场必须戴好安全帽，扣好帽带。

3. 作业人员必须经过安全技术培训，掌握本工种安全生产知识和技能。非特种持证、定岗专业人员，严禁操作特种工种专用设备、电气工具，严禁擅自启动、安装、拆卸电气设备等。

4. 作业时应保持作业道路通畅、环境整洁。在雨期施工、露天作业时必须先清除积水并采取防滑措施。

5. 作业前必须检查工具、设备、现场环境，做好班前安全检查。

6. 作业人员上下沟、槽、坑、井必须走安全梯，严禁在现场躺卧睡觉。

7. 无特种设备操作合格证的人员和不懂电气、机械的人员，严禁使用和开动机电设备。

8. 建筑材料和构件要堆放整齐稳妥，不应过高堆放。

9. 危险区域要有明显标志，应采取防护措施，夜间要设红灯示警。

续上表

10. 在操作中,作业人员应坚守工作岗位,严禁酒后操作,非工作时间严禁操作视校设备。 11. 特殊工种(电工、焊工、爆破工、起重及打桩司机和指挥工、架子工、各种机动车辆司机等)的操作人员必须经过有关部门的专业培训,考试合格后取得操作证,方准独立操作。 12. 施工现场禁止穿拖鞋、高跟鞋以及易滑、带钉的鞋,不得赤脚、赤膊等。 13. 施工现场的脚手架、防护设施、安全标志、警告牌、脚手架连接铅丝或连接件不得擅自拆除,需要拆除时必须经过加固且取得施工负责人同意。 14. 施工现场的洞、坑、井架、升降口等危险处,应有防护措施并有明显标志。 15. 任何人不准向下、向上乱丢材、物、垃圾、工具等。不得随意开动一切机械。操作中思想要集中,不准追逐嬉戏,做私活。 16. 不准坐在防护栏杆上休息和在施工现场睡觉。 17. 手推车装运物料,应注意平稳,掌握重心,不得猛跑或撒把溜放。 18. 工具用完后要随时装入工具袋。 19. 单梯上部要扎牢,下部要有防滑措施。 20. 挂梯上部要挂牢,下部要绑扎。 21. 人字梯中间要扎牢,下部要有防滑措施,不准人员坐在上面,骑马式移动。 22. 严禁在高压线、配电柜周围堆土、堆料、支搭临时设施。 23. 严禁擅自拆改、移动安全防护设施。需临时拆除或变动安全防护设施时,必须经项目安全总监同意,并采取相应的可靠措施。 24. 作业时必须遵守劳动纪律,精神集中,不得打闹。严禁酒后作业。 25. 严禁从高处向下方和四周抛掷或者从低处向高处投掷物料、工具。 26. 夜间作业场所必须配备足够的照明设施。 27. 大雨及风力 6 级以上(含 6 级)等恶劣天气时,应停止在露天高处以及井口附近作业。 28. 施工过程中必须保护现场管线、杆线、人防、消防、城市排水、绿化、交通设施。 29. 作业中出现危险征兆时,作业人员必须停止作业,撤至安全区域,并立即向项目部领导报告。未经项目部领导批准,不得擅自恢复生产。紧急处理时,必须在安全总监的指挥下进行作业。 30. 作业中发生事故,必须及时抢救人员,迅速报告项自部领导,保护事故现场,并采取措施控制事故衍生。如抢救工作可能造成事故扩大或人员伤害时,必须在安全总监的指导下进行抢救。 31. 配合其他专业工种人员作业时,必须服从该专业工种人员的指挥。作业时须根据作业要求,佩戴防护用品。不得擅自动用各种机电设备。 32. 配合机械作业时,严禁进入机械设备回转半径范围内。 33. 从砖垛上取砖应由上而下阶梯式拿取,严禁一码拿到底或在下面掏拿。传砖时应整砖或半砖分开传递,严禁抛掷传递。 34. 在脚手架、操作平台等高处作业时,不得倒退猛拽。严禁在脚手架、操作平台上坐、躺和背靠防护栏杆休息。

续上表

35. 安装、拆除工程在施工前，班组必须组织作业人员学习专项安装、拆除工程安全施工组织设计或进行安全交底。无安全技术措施的不得进行安装、拆除作业。 36. 两人作业时，应互相呼应、协调配合。多人作业时应设专人指挥。严禁立体交叉施工。 37. 较大或沉重的材料，应用起重机械吊运。 38. 现场的各类电气、机械设备和各种安全防护设施严禁作业人员擅自启动、拆除、拆移、改变原貌。 39. 使用手推车装运物料时，作业前应对运输道路进行平整，保持道路坚实、畅通。穿行社区道路时必须遵守交通法规。 40. 手推车推行作业中要掌握重心、保持平稳。在平地上前后车距不得小于 2 米，下坡时前后车间距不得小于 10 米，陡坡应根据情况适当延长。 41. 用手推车装运材料，应由两人以上操作，保持手推车平稳，拐弯示意，车上不得乘人。 42. 两人抬运，上下肩要同时起落，多人抬运重物时，必须由专人统一指挥，同起同落、步调一致，前后互相照应，注意脚下障碍物，并提醒后方人员，所抬重物离地高度一般以 30 厘米为宜。 43. 用龙门吊、起重机等垂直运输，零散材料应码放整齐平稳，码放高度不得超过车厢，小推车应打好挡掩。运长料不得高出吊盘(笼)，必须采取防滑落措施。 44. 跟随汽车、拖拉机运料的人员，车辆未停稳不得下车。装卸物料时应轻搬稳放，禁止抛掷，应按次序码放整齐。随车运料人员不得坐在车载物料前方。车辆倒退时，指挥人员应站在槽帮的侧面，并且与车辆保持一定的距离，车辆行程范围内的砖垛、门垛下不得站人。 45. 装卸搬运危险物品(如炸药、氧气瓶、乙炔瓶、电解液等)和有毒物品，必须严格按有关规定和安全交底执行。装卸时必须轻拿轻放，避免剧烈振动，不得有互相碰撞或扔掷等行为。作业人员须按要求正确穿戴劳动防护用品。严禁烟火。 46. 装、运、卸大宗物料、方砖等重物时，应事先确定装卸方法，并设专人指挥。 47. 不得随意靠墙、靠防护围栏堆放沉重物料，避免墙倒伤人。 48. 作业人员不得在车辆下面、机械设备上、井口、临边等处休息。 49. 人机配合作业时，人员应与移动机械保持 8 米以上的安全距离，并必须服从信号工指挥。 50. 给易滚、易滑吊物挡掩时，必须待吊物落稳、信号工指示后方可上前作业。 51. 指挥、引导施工机械作业时，作业人员不得倒退。

续上表

<table>
<tr><td colspan="6">重点强调：
1. 作业人员上下沟、槽、坑、井必须走安全梯，严禁在现场躺卧睡觉。
2. 无特种设备操作合格证的人员和不懂电气、机械的人员，严禁使用和开动机电设备。
3. 施工现场的脚手架、防护设施、安全标志、警告牌、脚手架连接铅丝或连接件不得擅自拆除，需要拆除时必须经过加固且取得施工负责人同意。
4. 任何人不准向下、向上乱丢材、物、垃圾、工具等。严禁从高处向下方和四周抛掷或者从低处向高处投掷物料、工具。不准随意开动一切机械。
5. 单梯上部要扎牢，下部要有防滑措施。挂梯上部要挂牢，下部要绑扎。
6. 严禁在高压线、配电柜周围堆土、堆料、支搭临时设施。
7. 大雨及风力6级以上(含6级)等恶劣天气时，应停止在露天高处以及井口附近的作业。
8. 配合机械作业时，作业人员严禁进入机械设备回转半径范围内。
9. 装卸搬运危险物品(如炸药、氧气瓶、乙炔瓶、电解液等)和有毒物品，必须严格按有关规定和安全交底执行。装卸时必须轻拿轻放，避免剧烈振动，不得有互相碰撞或扔掷等行为。作业人员须按要求正确穿戴劳动防护用品。严禁烟火。
10. 不得随意靠墙、靠防护围栏堆放沉重物料，避免墙倒伤人。</td></tr>
<tr><td>审核人</td><td></td><td>交底人</td><td></td><td>接受交底
负责人</td><td></td></tr>
<tr><td colspan="6">作业班组全体签名：</td></tr>
</table>

新工人进场安全生产纪律交底(通用)　　编号：

施工单位	
工程名称	
分部分项工程	
工　　种	

交底内容：

一、主要危险源与危害因素

1. 乱抛材料和工具等物件。
2. 穿高跟鞋、拖鞋、赤脚进入施工场地，高处作业时穿硬底和带钉易滑的鞋靴。
3. 乘坐提升架、吊机的吊篮；在提升架井口或吊物下操作、站立、行走。
4. 基坑开挖时掏挖，不按规定放坡或支护开挖。
5. 在高压带电体的危险区域违章作业；用手直接提拿灯头、电线进行移动操作照明。

二、安全注意事项

(一)安全生产六大纪律

1. 进入现场必须戴好安全帽、扣好帽带，并正确使用个人劳动防护用品。
2. 2米以上的高处、悬空作业无安全设施的，必须戴好安全带、扣好保险钩。
3. 高处作业时，不准往下或向上乱抛材料和工具等物件。
4. 各种电动机械设备必须有可靠有效的安全接地和防雷装置，方能开动使用。
5. 不懂电气和机械的人员，严禁使用和开动机电设备。
6. 吊装区域非操作人员严禁入内，吊装机械必须完好，吊装物下方不准站人。

(二)十项安全技术措施

1. 按规定使用“三宝”(安全带、安全帽、安全网)。
2. 机械设备防护装置一定要齐全有效。
3. 起重设备必须有限位装置，不准带病运转，不准超负荷作业，不准在运转中维修保养。
4. 架设电线、线路必须符合当地电业局的规定，电气设备全部接地接零。
5. 电动机械和电动手持工具要设漏电保护开关。
6. 脚手架材料及脚手架的搭设必须符合规定要求。
7. 各种缆风绳及其设备必须符合规定要求。
8. 在建工程的楼梯口、电梯口、预留洞口、通道口，必须有防护设施。
9. 严禁穿高跟鞋、拖鞋、赤脚进入施工场地，高处作业不准穿硬底和带钉易滑的鞋靴。
10. 施工现场的悬崖、陡坎等危险地区应有警戒标志，夜间要有红灯示警。

(三)安全生产十大禁令

1. 严禁穿拖鞋、高跟鞋及不戴安全帽的人进入施工现场作业。
2. 严禁一切人员乘坐提升架、吊机的吊篮及在提升架井口或吊物下操作、站立、行走。
3. 严禁非专业人员私自启动任何施工机械及拨接、拆除电线、电器。
4. 严禁在操作现场(包括在车间、工场)玩耍、吵闹和从高处抛掷材料、工具、砖石、砂泥及其他物体。

续上表

5. 严禁土方工程偷岩取土及不按规定放坡或在不加支撑的深基坑开挖施工。

6. 严禁在不设栏杆或无其他安全措施的高处作业和单墙上行走。

7. 严禁在无安全设施的同一部位上同时进行上下交叉作业。

8. 严禁带小孩进入施工现场(包括车间、工场)作业。

9. 严禁在高压电源的危险区域进行冒险作业及不穿绝缘鞋进行机动水磨石操作，严禁用手直接提拿灯头、电线进行移动操作照明。

10. 严禁在有危险品、易燃品、木工棚场的现场和仓库吸烟、点火。

(四)"三宝、四口"防护规定

1. 施工人员进入现场必须戴安全帽，从事粉尘作业的工人必须戴防尘口罩，机械女工必须戴工作帽，施工工人不得穿拖鞋和高跟鞋。

2. 高处作业人员必须系好安全带。

3. 脚手架必须按规定设安全网。

4. 楼梯口、井口要有防护栏杆，电梯口、预留洞口、坑井洞口要有防护板或盖板，通道口要有防护棚。

5. 楼板、屋面及临边的地方要有安全防护措施。

(五)安全事故处理"四不放过"

1. 事故原因没有查清不放过。

2. 事故责任者没有严肃处理不放过。

3. 广大职工没有受到教育不放过。

4. 防范措施没有落实不放过。

(六)安全工作荣辱观"八荣八耻"

1. 以遵章守纪为荣，以习惯违章为耻。

2. 以精心操作为荣，以乱丢乱放为耻。

3. 以自我保护为荣，以受到伤害为耻。

4. 以关爱他人为荣，以伤害他人为耻。

5. 以安全发展为荣，以事不关己为耻。

6. 以精通专业为荣，以不学不懂为耻。

7. 以排查隐患为荣，以盲目作业为耻。

8. 以群策群力为荣，以各自为阵为耻。

续上表

<table>
<tr><td colspan="6">重点强调：
1. 高处作业时，不准往下或向上乱抛材料和工具等物件。
2. 吊装区域非操作人员严禁入内，吊装机械必须完好，吊装物下方不准站人。
3. 严禁穿高跟鞋、拖鞋、赤脚进入施工场地，高处作业不准穿硬底和带钉易滑的鞋靴。
4. 严禁一切人员乘坐提升架、吊机的吊篮及在提升架井口或吊物下操作、站立、行走。
5. 严禁土方工程偷岩取土及不按规定放坡或在不加支撑的深基坑开挖施工。
6. 高压电源危险区域必须按规定作业；严禁用手直接提拿灯头、电线进行移动操作照明。
7. 高处作业人员必须系好安全带；脚手架必须按规定设安全网。</td></tr>
<tr><td>审核人</td><td></td><td>交底人</td><td></td><td>接受交底
负责人</td><td></td></tr>
<tr><td colspan="6">作业班组全体签名：</td></tr>
</table>

高处作业安全交底(通用)　　编号：

施工单位	
工程名称	
分部分项工程	
工　　种	

交底内容：

一、主要危险源与危害因素

1. 有坠落可能的物件，未先行撤除或加以固定。

2. 不用的工具随手放置；拆卸下的物件及余料和废料任意乱置或向下丢弃；抛掷传递物件。

3. 恶劣天气仍进行露天攀登与悬空高处作业。

4. 未严格执行登高作业“六不准”的规定。

5. 未严格执行高处作业“十不准”的规定。

二、安全注意事项

1. 施工前，所有的施工人员都必须接受安全技术教育及交底，落实所有安全技术措施和人身防护用品，未经落实时不得进行施工。

2. 高处作业中的安全标志、工具、仪表、电气设施和各种设备，必须在施工前加以检查，确认其完好，方能投入使用。

3. 攀登和悬空高处作业人员及搭设高处作业安全设施的人员，必须经过专业技术培训及专业考试合格，持证上岗，并定期进行体格检查。

4. 施工中对高处作业的安全技术设施，发现有缺陷和隐患时，必须及时解决；危及人身安全时，必须停止作业。

5. 施工作业场所有坠落可能的物件，应一律先行撤除或加以固定。作业中所用的物料，均应堆放平稳，不得妨碍通行和装卸。工具应随手放入工具袋；作业中的走道、通道板和登高用具，应随时清扫干净；拆卸下的物件及余料和废料均应及时清理运走，不得任意乱置或向下丢弃。传递物件禁止抛掷。

6. 雨天和雪天进行高处作业时，必须采取可靠的防滑、防寒和防冻措施。凡遇积水、冰、霜、雪均应及时清除。遇有 6 级以上强风、浓雾等恶劣气候，不得进行露天攀登与悬空高处作业。暴风雪及台风暴雨后，应对高处作业安全设施逐一加以检查，发现有松动、变形、损坏或脱落等现象，应立即修理完善。

7. 高落差超过 2 米的临边、孔隙口等处应安设护栏或安全网，在开放型结构上施工，如高处搭设脚手架和无防护边缘上作业以及在受限制的高处或不稳定的高处或没有牢靠立足点的地方作业必须系挂安全带等可靠的个人防护装置。

8. 高处作业不要用力过猛，防止失去平衡而坠落。

9. 在平台等处拆木模，撬棒要朝里，不要向外，防止人员向外坠落。

10. 从事高处作业的人员，必须身体健康，患有高血压、贫血症、严重心脏病、精神症、癫痫病、深度近视在 500 度以上人员，以及经医生检查认为不适合高处作业的人员，不得从事高

续上表

<table>
<tr><td colspan="6">处作业。对井架、起重工等从事高处作业工种的人员要每年体检一次。
11. 登高作业“六不准”:(1)不准往下乱抛物品;(2)不准背向下走下扶梯;(3)不准穿拖鞋、凉鞋、高跟鞋;(4)不准嬉笑打闹;(5)不准靠在临时扶手或栏杆上;(6)不准在安全带未挂牢时作业。
12. 高处作业“十不准”:(1)高处作业没系安全带不准作业;(2)高处作业没戴安全帽不准作业;(3)高处作业没安装安全网不准作业; (4)高处作业不准赤臂作业;(5)高处作业不准穿硬底鞋(拖鞋)作业;(6)高处作业不准带病作业;(7)高处作业不准双层作业;(8)高处作业不准戏闹;(9)高处作业的脚手架不准用劣质材料;(10)高处作业的物料不准抛投。</td></tr>
<tr><td colspan="6">重点强调:
1. 施工作业场所有坠落可能的物件,应一律先行撤除或加以固定。工具应随手放入工具袋;作业中的走道、通道板和登高用具,应随时清扫干净;拆卸下的物件及余料和废料均应及时清理运走,不得任意乱置或向下丢弃。传递物件禁止抛掷。
2. 雨天和雪天进行高处作业时,必须采取可靠的防滑、防寒和防冻措施。对进行高处作业(模板的支撑和拆除)遇有 6 级以上强风、浓雾等恶劣气候,不得进行露天攀登与悬空高处作业。
3. 高处作业不要用力过猛,防止失去平衡而坠落。
4. 在平台等处拆木模,撬棒要朝里,不要向外,防止人员向外坠落。
5. 严格执行登高作业“六不准”的规定。
6. 严格执行高处作业“十不准”的规定。</td></tr>
<tr><td>审核人</td><td></td><td>交底人</td><td></td><td>接受交底
负责人</td><td></td></tr>
<tr><td colspan="6">作业班组全体签名:</td></tr>
</table>

装卸工、搬运工、勤杂工安全交底(通用)　　编号：

施工单位	
工程名称	
分部分项工程	
工　　种	

交底内容：

一、主要危险源与危害因素

1. 搬运物品时重压轻、大压小、堆放不平稳、捆扎不牢固。

2. 多人搬运同一物件时，动作不能协调一致。

3. 未严格遵守易燃、易爆及化学危险物品装卸运输有关规定。装卸有毒气散发的物品时未佩戴防毒口罩。

4. 车辆行驶时，随车人员站在物件和前拦板之间，车未停稳上下人。

5. 使用吊车、钢管滚动滑移货物时，无专人指挥；有棱角缺口部位未设垫衬，货物卸车时，货物前后和牵引钢丝绳边站人。

6. 装运易燃易爆化学危险品时与其他货物混装，搬运场地内吸烟。车厢内坐人。

7. 吊物下站人或吊物移动时未及时避让。

二、安全注意事项

1. 进入施工现场作业的人员必须为成年人(大于18周岁)，必须经过入场安全教育。

2. 进入施工现场的人员必须戴好安全帽，严禁酒后进场施工。

3. 严格按操作规程及安全交底要求作业，严禁违章指挥、违章作业及违反劳动纪律的现象发生。

4. 患有心脏病、癫痫病、恐高症、视力低下的人员严禁高处作业。

5. 从事特种作业必须持有有效的特种作业操作证，方可操作。

6. 作业前必须清理作业区的场地，将周围洞口盖严，将临边浮动物清理干净。

7. 在临边作业必须系安全带。

8. 临边、高处作业必须着装灵便，穿防滑鞋。

9. 在外架上作业必须有可靠操作平台，操作平台不得有探头板。当无可靠操作平台时必须系安全带(高挂低用或平挂平用，严禁低挂高用)。

10. 在作业区下方坠落半径范围内设置警戒标志，严禁人员通过。

11. 对材料轻拿轻放，当多人协同作业时行动应协调一致。

12. 小型工具必须随手放在牢固位置，以防止丢失或掉下伤人。

13. 做好文明施工，做到工完场地清。

14. 将废弃材料及时清理至指定地点，防止污染环境。

15. 作业中采取降低噪声措施，避免噪声污染。

16. 严格遵守安全生产六大纪律、十项安全技术措施和安全生产“十不准”。

17. 上岗操作前首先应认真检查周围的安全环境，操作中应时刻注意安全生产，严禁盲目野蛮施工。

续上表

18. 工作前应认真检查所使用的工具是否完好，可靠，所用各类吊具是否符合要求，不得超负荷使用。 19. 根据搬运工作的情况，应穿戴好必要的防护用品。 20. 搬运任何物品均应做到重不压轻、大不压小、堆放平稳、捆扎牢固。 21. 人工搬运、装卸物件时，单人搬运应防止砸伤，多人搬运同一物件时，要有专人指挥，并保持一定间隔，一律顺肩，步调一致。 22. 严格遵守易燃、易爆及化学危险物品装卸运输有关规定。装卸粉散材料及有毒气散发的物品，应佩戴必要的防护用品。 23. 堆放物件不可歪斜，高度要适当，对易滑动件要用木块垫塞，不准将物件堆放在安全通道内。 24. 用机动车辆装运货物时不得超载、超高、超长、超宽，要有可靠措施和明显标志。 25. 装车时，随车人员要注意站位。车辆行驶时，不准站在物件和前拦板之间，车未停妥不准上下。 26. 装卸货物应挂规定吊点，起吊装箱件时应先检查箱体脚底是否牢固完好，按吊线标志吊挂，并经试吊确认稳妥后方能起吊。 27. 使用吊车、钢管滚动滑移货物时，要有专人指挥，路面要坚实，绳索套结要找准重心，保持直线行进，有棱角缺口部位应设垫衬，卸车或下坡应加保险绳，货物前后和牵引钢丝绳边不准站人。 28. 装运易燃易爆化学危险品时严禁与其他货物混装，要轻搬轻放，搬运场地不准吸烟。车厢内不准坐人。 29. 装卸时，应根据吊位变化，注意人员站立位置，严禁站在吊物下方。 30. 在高拦板车厢装卸货物起重驾驶员无法看清车厢内的指挥信号时，应设中间指挥，传递信号。

续上表

<table>
<tr><td colspan="6">重点强调：
1. 搬运任何物品均应做到重不压轻、大不压小、堆放平稳、捆扎牢固。
2. 人工搬运、装卸物件时，单人搬运应防止砸伤，多人搬运同一物件时，要有专人指挥，并保持一定间隔，一律顺肩，步调一致。
3. 严格遵守易燃、易爆及化学危险物品装卸运输有关规定。装卸粉散材料及有毒气散发的物品，应佩戴必要的防护用品。
4. 堆放物件不可歪斜，高度要适当，对易滑动件要用木块垫塞，不准将物件堆放在安全通道内。
5. 装车时，随车人员要注意站位。车辆行驶时，不准站在物件和前拦板之间，车未停妥不准上下。
6. 使用吊车、钢管滚动滑移货物时，要有专人指挥；有棱角缺口部位应设垫衬，卸车或下坡应加保险绳，货物前后和牵引钢丝绳边不准站人。
7. 装运易燃易爆化学危险品时严禁与其他货物混装，要轻搬轻放，搬运场地不准吸烟。车厢内不准坐人。
8. 装卸时，严禁人员站在吊物下方。</td></tr>
<tr><td>审核人</td><td></td><td>交底人</td><td></td><td>接受交底
负责人</td><td></td></tr>
<tr><td colspan="6">作业班组全体签名：</td></tr>
</table>

上路作业人员安全交底　　编号：

施工单位	
工程名称	
分部分项工程	
工　种	

交底内容：

一、主要危险源与危害因素

1. 上路的作业人员未配备反光背心。

2. 作业人员上在道路上随意穿行，与车辆抢行、斜穿道路。

3. 夜间施工无照明，交通导改后未在圈定的施工范围内工作。

4. 随意扒挂施工车辆，依车卧息或避风。

5. 道路上打桩、开挖沟槽、吊装钢板梁等作业时，未配备交通协管员，或不服从协管员的指挥。

二、安全注意事项

1. 上路的作业人员必须配备齐全的安全防护用品（工作服、安全帽、反光背心等），且必须正确佩戴，特殊工种按规定戴好防护用品。

2. 上路施工作业人员，进场前必须经过安全培训，所有进场人员需进行安全生产预演。

3. 作业人员在道路上穿行时，应做到“一看、二停、三通过”，禁止与车辆抢行。不得斜穿道路，不许嬉笑打闹，不许滋事闹事，更不许与过往车辆、行人争斗及抛物击车。

4. 现场指挥人员应佩戴警哨，发现紧急情况吹哨预警，现场作业人员必须服从指挥。

5. 施工现场夜间施工时，要有足够照明，施工人员须在交通导改后在圈定的施工范围内工作，不能超出施工围挡范围。

6. 在道路上施工要求全体干部、职工和机动车驾驶人员，严格执行交通法规，自觉遵守《行人交通行为规范》、《骑车人行为规范》和《机动车行为规范》，服从交警指挥。

7. 断路施工、交通导行工作须在指导下进行，在未完成交通导改工作前，任何车辆及施工人员不得提前进入道路内施工。

8. 施工材料运输时要避让来往车辆及行人，前后或左右设专人执小红旗进行交通指挥，防止刮碰车辆及行人。

9. 施工人员不得随意扒挂施工车辆，不得依车卧息或避风。

10. 施工现场内使用的机动车及机械运输设备，非操作人员不得使用。

11. 交通协管人员在交通导行中，交通设施的码放应遵守以下原则：首先放置锥形桶、防撞桶，圈定施工作业范围，在此基础上按要求码放标志、标牌和各种限速道路变窄等设施，夜间施工时要加置警示灯。

12. 施工要按照交通管理部门批准的时间进行，施工时各种交通保障措施要落实，各种交通标志、标牌、警示牌及锥形桶要按标准码放。

13. 断路施工及交通导行开始时，锥形桶的码放要采取渐变的方法，即顺码的方法以来车方向右侧慢速车道为码放起点，逐渐变线码入快速车道，最终达到断行或导行目地。渐变

续上表

距离要根据国标要求的距离，不得小于标准距离，导行结束时，所用各种交通设施须逆向回收，以保证安全。

14. 交通设施摆放后，要有专人负责看护，发现被车辆撞坏或由其他自然因素损坏要及时更换或维修，保证其使用功能。

15. 进行道路上施工，打桩、沟槽开挖、钢板梁吊装等作业时，须配备交通协管员，负责交通安全工作，施工作业人员要服从协管员的指挥。

16. 停放在主路、辅路上的施工车辆，须开启安装于车辆顶部爆闪灯。

17. 机动车驾驶员应经常对车辆进行维修、保养，保证其正常使用，禁止酒后驾车及疲劳驾驶。

18. 施工区域内的施工车辆及各种运输车辆，现场内要慢速行驶，注意来往人员，保证施工人员的安全。

19. 材料码放要稳固，要防止倾倒伤人、伤物，并不影响车辆、行人正常通行。

20. 道路上管线施工、沟槽开挖要用硬制材料进行围挡，夜间围挡上警示灯要保证明亮，损坏的要及时更换，施工围挡外不得随意堆物、堆料，不得占用公共道路，不得影响社会交通。

21. 夜间道路基坑、管线开挖，白天需要恢复交通的，要在需放行交通的路段铺设钢板，钢板铺设要平，钢板上无钢刺，防止扎破车轮。对宽度较大的基坑、沟槽铺设钢板前下面要用工字钢或方木支撑牢固。

22. 需要在围挡外道路上作业时，作业人员必须 3 人以上，并在作业处逆行车方向 8 米的地方放置反光锥形护筒。

23. 道路上进行清扫、围挡冲洗、擦拭作业要根据交通具体情况放置交通设施，并设专人看管。

24. 作业人员在道路作业时，应有一人持指挥棒或小红旗指挥车辆避让。夜间施工时，应持荧光指挥棒指挥车辆避让。

25. 进入主路、辅路及交通路口、道口作业的卫生保洁人员要穿闪光服，戴安全帽，工作中应有专人负责交通工作。

26. 用于交通导改的各种交通标志，要保证其表面清洁，具有夜间指示作用的反光膜表面要经常进行擦洗，保证其警示功能齐全，交通设施损坏的要及时修复。

27. 在道路上进行桩基、承台、墩柱、盖梁施工须提前设置围挡，围挡前要按交通导改的要求放置标牌、警示灯、锥形桶、防撞桶及限速标志与设施。

28. 搭建的围挡要经常进行安全检查，出现问题需要及时修理，防止在自然力的作用下倾倒。

续上表

重点强调： 1. 上路的作业人员必须配备齐全的安全防护用品（工作服、安全帽、反光背心等），且必须正确佩戴，特殊工种按规定戴好防护用品。 2. 作业人员在道路上穿行时，应做到“一看、二停、三通过”，禁止与车辆抢行。不得斜穿道路，不许嬉笑打闹，不许滋事闹事，更不许与过往车辆、行人争斗及抛物击车。 3. 施工现场夜间施工时，要有足够照明，施工人员须在交通导改后在圈定的施工范围内工作，不能超出施工围挡范围。 4. 施工人员不得随意扒挂施工车辆，不得依车卧息或避风。 5. 进行道路上施工，打桩、沟槽开挖、钢板梁吊装等作业时，须配备交通协管员，负责交通安全工作，施工作业人员要服从协管员的指挥。 6. 进入主路、辅路及交通路口、道口作业的卫生保洁人员要穿闪光服，戴安全帽，工作中应有专人负责交通工作。					
审核人		交底人		接受交底负责人	
作业班组全体签名：					

测量放线安全交底

编号：

施工单位	
工程名称	
分部分项工程	
工　　种	

交底内容：

一、主要危险源与危害因素

1. 在车辆运行周边、起重吊装周边进行测量时，未通知操作人员和现场生产负责人，无专人监护。

2. 社会公共区域测量时作业人员未穿红色反光条防护服；进入盖挖或暗挖车站地下空间测量，作业人员未穿白色反光条防护服。

3. 进入管道、沟及其检查井（室）内等进行测量作业前，未进行有毒气体和氧气浓度检测。

4. 在城市道路上测量时，作业人员未穿具有反光标志的安全背心；夜间和光线不好时未加设警示灯。

二、安全注意事项

1. 测量人员必须持证上岗，进入施工现场必须戴安全帽，井口、高处临边和2米及以上高处作业，必须系挂安全绳，安全绳应高挂低用。

2. 测量仪器、钢尺必须经过法定专业计算部门检定，不得使用未经检定或检定不合格的仪器进行测量，测量仪器必须精心使用，妥善保管。

3. 施工前，应根据工程特点和现场环境状况制定施工测量方案，采取相应的安全技术措施。

4. 在车辆运行周边、起重吊装周边进行测量时，必须事先通知操作人员和现场生产负责人，并设专人监护。

5. 在高处测量，必须佩戴安全绳并有专人监护。

6. 进入社会公共区域测量，作业人员必须穿着红色反光条防护服，进入盖挖或暗挖车站地下空间测量，必须穿着白色反光条防护服，在测量周边必须安放警示标志，并设专人监护。

7. 主测人员在进行看镜测量时，在条件允许并确认安全的前提下可以不戴安全帽，其他人员必须佩戴安全帽。

8. 测量钉桩前，应确认地下管线在钉桩过程中处于安全状况，方可作业。

9. 测量钉桩时，应疏导周围人员，扶桩人员应站位于锤击方向的侧面。

10. 现场作业攀登高坎、高坡时，应设安全梯或土坡道。

11. 需进入管道、沟及其检查井（室）内等作业，应符合下列要求：

(1)进入前，必须先检测井（室）内空气中氧气和有毒、有害气体浓度，确认其空气质量合格并记录后，方可进入作业；如检测合格后未立即进入，当再次进入前，应重新检测，确认合格，并记录。

(2)作业时，操作人员应轮换作业。井、沟等出入口外必须设专人监护，且严禁离开岗位。

续上表

(3)作业过程中,必须对作业环境的空气质量进行动态监测,确认符合要求,并记录。 (4)进入前,必须先打开拟进入和与其相邻检查井(室)的井盖(板)进行通风。 12. 在城市道路上测量应符合下列要求: (1)作业点必须设专人疏导交通。 (2)作业人员应穿具有反光标志的安全背心。 (3)作业后应立即拆除标志设施,恢复原况。 (4)作业前应经交通管理部门同意,并应避开交通高峰时间作业。 (5)现场必须划定作业区,周围设安全标志,夜间和光线不好时必须加设警示灯。 (6)需在道路(含步道)、公路(含路肩)设测量桩时,桩不得高于路面(含步道、路肩)。					
重点强调: 1. 在车辆运行周边、起重吊装周边进行测量时,必须事先通知操作人员和现场生产负责人,并设专人监护。 2. 进入社会公共区域测量,作业人员必须穿着红色反光条防护服,进入盖挖或暗挖车站地下空间测量,必须穿着白色反光条防护服,在测量周边必须安放警示标志,并设专人监护。 3. 需进入管道、沟及其检查井(室)内等进行测量作业,必须符合密闭空间作业的有关规定。 4. 在城市道路上测量时,作业点必须设专人疏导交通,作业人员应穿具有反光标志的安全背心;夜间和光线不好时必须加设警示灯。					
审核人		交底人		接受交底负责人	
作业班组全体签名:					

第二节 施工现场临建设施安全交底

围挡搭设与使用安全交底 编号：

施工单位	
工程名称	
分部分项工程	
工　　种	

交底内容：

一、主要危险源与危害因素

1. 同时安装多根立柱。

2. 夜间作业时照明不良。

3. 出入口处未设防撞桶；施工人员未穿荧光服。

4. 晃动安装围挡板。

二、安全注意事项

（一）施工现场安全措施

1. 现场围挡应做到坚固、稳定、整洁、美观，材料应选用砌体、彩钢板等硬质材料，不应采用彩条布、竹笆、黏土实心砖等。市政道路工程还应设置红灯示警。在深基坑影响范围内、人员流动较密集区域的围挡宜选用彩钢板。

2. 施工区、生活区围墙在市区一般不低于 2.5 米，其他地方一般不低于 1.8 米。

3. 彩钢板围挡高度不宜超过 2.5 米，立柱间距不宜大于 3.6 米，围挡应进行抗风计算。

4. 围挡施工前，应做出详细的施工方案和实施措施，报上级单位及监理审批后，及时做好施工及安全交底，并在施工过程中督促检查。

5. 施工现场应符合防火、防触电等安全规定及安全施工要求。设置足够的标志、指示牌、警告牌。

6. 安全防护设施配置到位，主要包括专用警示桶、警戒绳，现场危险地点应悬挂有关规范规定的标牌。

7. 所有施工人员均要求在施工前熟悉并掌握消防设备的性能、使用方法以及消防设备的具体位置。

8. 临时用电线路的安装、维修、拆除，均由经过培训并取得上岗证的专业电工完成，非专业电工不准进行电工作业。

9. 施工作业人员应配备齐全的安全防护用品（安全帽、绝缘手套、防护口罩等），且必须正确佩戴，特殊工种按规定戴好防护用品。

（二）主要施工项目安全技术措施

1. 发电机使用前必须由专职人员进行检测维修合格后方可使用，并由专职电工接好电源线，不定时巡查发电设备。

2. 电焊机必须双线到位、接地良好，保证一机一闸、一漏一保，并远离水源。

3. 安装立柱时必须逐根施工，严禁同时多根施作，确定一根立柱安装牢固后方可进行下

续上表

一根立柱的施作。

4. 围挡板基座砌筑时严禁乱堆乱放和抛扔砖块，必须做到牢固、顺直，防止施工时脱落伤人，砖块码放到指定地点高度不得超过 1.6 米，宽度不小于 1.0 米。

5. 围挡板安装时，施作人必须穿戴好绝缘防护用品，不得徒手或无面罩的施作，围挡板的焊接点质量要求饱满、牢固，防止短时间内发生脱落。

（三）材料运输安全保护措施

1. 围挡材料装载时必须码放整齐绑扎牢固，严禁超载和超出车厢外。

2. 围挡材料运输时，应看清道路、稳重慢行，必要时由专职人员指挥行驶。

3. 夜间作业时必须有足够的照明设施。

4. 卸料时应轻拿轻放，码放到指定地点。

（四）交通安全保护措施

1. 围挡施作时，全线采用路锥和临时路栏进行封闭，进出口处设立减速、禁停标志和调流标志，地面喷导向箭头，围挡四角设安全警示灯，沿线每间隔 20 米设立安全警示灯以防止意外事故发生。

2. 夜间施作时，出入口处设立防撞桶，施工人员身穿荧光服，临时路栏上贴反光膜并派专人负责指挥交通。

（五）安全、文明施工保护措施

1. 施工现场必须保持干净，禁止乱扔废弃钢筋头和绑丝，以防止出现扎脚等现象。

2. 围挡板安装时，禁止作业人员晃动、打闹，以防止钢筋立柱变形和伤人事故发生。

3. 焊接和安装围挡时，不得将工具、焊条或短筋随意放在支架上；暂停施工或离开时，应检查支架上有无易滑落物品。

4. 施工现场应做到“工完料尽场地清”，对施工现场的剩余材料，应及时清理或回收。

5. 施工场地内材料堆放整齐，砂石料经常洒水，及时覆盖防止扬尘发生。

6. 围挡使用期间应定期进行检查，当出现开裂、沉降、倾斜等险情时，应立即采取相应加固措施。

7. 不应在彩钢板等轻质围挡或紧靠围挡架设广告或宣传标牌。如确需架设，则受力体系应当独立，并经技术人员设计计算。

重点强调：

1. 安装立柱时必须逐根施工，严禁同时多根施作，确定一根立柱安装牢固后方可进行下一根立柱的施作。

2. 夜间作业时必须有足够的照明设施，出入口处设立防撞桶，施工人员身穿荧光服，临时路栏上贴反光膜并派专人负责指挥交通。

3. 围挡板安装时，禁止作业人员晃动、打闹，以防止钢筋立柱变形和伤人事故发生。

审核人		交底人		接受交底负责人	

作业班组全体签名：

硬化场地施工安全交底　　编号：

施工单位	
工程名称	
分部分项工程	
工　种	

交底内容：

一、主要危险源与危害因素

1. 非电工人员进行电工作业。

2. 未查明地下有无管线或其他构造物就盲目开挖。

3. 挖掘机铲斗吊运物料。

4. 机械运转时，作业人员在机械回转半径内作业。

二、安全注意事项

1. 施工现场应符合防火、防触电等安全规定及安全施工要求。设置足够的标志、指示牌、警告牌。

2. 安全防护设施配置到位，主要包括专用警示桶、警戒绳，现场危险地点应悬挂有关规范规定的标牌。

3. 所有施工人员均要求在施工前熟悉并掌握消防设备的性能、使用方法以及消防设备的具体位置。

4. 临时用电线路的安装、维修、拆除，均由经过培训并取得上岗证的专业电工完成，非专业电工不准进行电工作业。

5. 施工作业人员应配备齐全的安全防护用品（安全帽、绝缘手套、防护口罩等），且必须正确佩戴，特殊工种按规定戴好防护用品。

6. 作业时，应查明施工场地明、暗设置物（电线、地下电缆、管道、坑道等）的地点及走向，并采用明显记号标记。严禁在离电缆 1 米距离以内作业。

7. 不得用挖掘机铲斗吊运物料。

8. 配合机械作业的清底、平地、修坡等人员，应在机械回转半径以外工作。当必须在回转半径以内工作时，应停止机械回转并制动好后，方可作业。

9. 施工现场必须保持干净，禁止乱扔废弃钢筋头和绑丝，以防止出现扎脚等现象。

10. 钢模板堆码整齐，施工前上油修整。

11. 施工现场应做到“工完料尽场地清”，对施工现场的剩余材料，应及时清理或回收。

续上表

重点强调：

1. 非专业电工人员不得进行电工作业。
2. 查明地下有无管线或其他构造物后，方可进行开挖作业。
3. 挖掘机铲斗不可用作吊车来吊运物料。
4. 配合机械作业的清底、平地、修坡等人员，应在机械回转半径以外工作。

审核人		交底人		接受交底负责人	
作业班组全体签名：					

临边防护栏杆搭设安全交底　　编号：

施工单位	
工程名称	
分部分项工程	
工　　种	

交底内容：

一、主要危险源与危害因素

1. 栏杆规格不符合规定。

2. 栏杆搭设高度不足。

3. 栏杆临边的外侧面临街道时，敞口立面无可靠措施作全封闭处理。

二、安全注意事项

（一）栏杆规格及连接要求

1. 钢筋横杆上杆直径不应小于16毫米，下杆直径不应小于14毫米，栏杆柱直径不应小于18毫米，采用电焊或镀锌钢丝绑扎固定。

2. 钢管横杆及栏杆柱均采用ϕ48×(2.75～3.5)毫米的管材，以扣件或电焊固定。

3. 以其他钢材如角钢等作防护栏杆杆件时，应选有强度相当的规格，以电焊固定。

（二）栏杆搭设要求

1. 防护栏杆应由上、下两道横杆及栏杆柱组成，上杆离地高度为1.0～1.2米，下杆离地高度为0.5～0.6米。坡度大于1∶22的屋面，防护栏杆应高1.5米，并加挂安全立网。除经设计计算外，横杆长度大于2米时，必须加设栏杆柱。

2. 当栏杆柱在基坑四周固定时，可采用钢管并打入地面0.5～0.7米深。钢管离边口的距离，不应小于0.5米。当基坑周边采用板桩时，钢管可打在板桩外侧。

3. 栏杆柱的固定及其与横杆的连接，其整体构造应使防护栏杆在上杆任何处，能经受任何方向的100千克外力。当栏杆所处位置有发生人群拥挤、车辆冲击或物件碰撞等可能时，应加大横杆截面或加密柱距。

4. 防护栏杆必须自上而下用安全立网封闭，或在栏杆下边设置严密固定的高度不低于0.18米的挡脚板或40厘米的挡脚笆。挡脚板与挡脚笆上如有孔眼，其直径不应大于25毫米。板与笆下边距离底面的空隙不应大于10毫米。接料平台两侧的栏杆，必须自上而下加挂安全立网。

5. 当临边的外侧面临街道时，除防护栏杆外，敞口立面必须采取满挂安全网或其他可靠措施作全封闭处理。

续上表

重点强调：					
1. 钢管栏杆柱在基坑四周固定时，离边口的距离不应小于 0.5 米。 2. 当临边的外侧面临街道时，除防护栏杆外，敞口立面必须采取满挂安全网或其他可靠措施作全封闭处理。					
审核人		交底人		接受交底负责人	
作业班组全体签名：					

人工回填土作业安全交底　　　　编号：

施工单位	
工程名称	
分部分项工程	
工　　种	

交底内容：

一、主要危险源与危害因素

1. 电动工具绝缘不良或违规操作，触电伤害。

2. 用小车向槽内卸土时，槽边未设横木挡掩，撒把倒土。

3. 夯机砸线；蛙式打夯机运转中清掏夯盘内杂物。

二、安全注意事项

1. 作业人员必须遵守劳动纪律，不得擅自动用各种机电设备。

2. 使用电夯时，必须由电工接装电源、闸箱，检查线路、接头、零线及绝缘情况，并经试夯确认安全后方可作业。蛙式打夯机手把应缠裹绝缘胶布或套胶管。人工抬、移蛙式打夯机时必须切断电源。

3. 用小车向槽内卸土时，槽边必须设横木挡掩，待槽下人员撤至安全位置后方可倒土。倒土时应稳倾缓倒，严禁撒把倒土。

4. 人工打夯时应精神集中。两人打夯时应互相呼应，动作一致，用力均匀。蛙式夯机应由两人操作，一人扶夯，一人牵线。作业人员必须穿绝缘鞋，戴绝缘手套。牵线人必须在夯后或侧面随机牵线，不得强力拉扯电线。电线绞缠时必须停止操作，严禁夯机砸线。严禁在夯机运行时隔夯扔线。转向或倒线有困难时，应停机。清除夯盘内的土块、杂物时必须停机，严禁在夯机运转中清掏。

5. 作业时作业人员必须根据作业要求，佩戴防护用品，施工现场不得穿拖鞋，从事淋灰、筛灰作业时应穿好胶靴，戴好手套、口罩，不得赤脚、露体，应站在上风方向操作，四级以上强风禁止筛灰。

6. 配合其他专业工种人员作业时，必须服从该专业工种人员的指挥。

7. 取用槽帮土回填时，必须自上而下台阶式取土，严禁掏洞取土。

8. 作业后必须拉闸断电，盘好电线，把夯机放在无水浸危险的地方，并盖好苫布。

9. 回填沟槽(坑)时，应按技术交底要求在构造物胸腔两侧分层对称回填，两侧高差应符合规定要求。

续上表

<table>
<tr><td colspan="6">重点强调：
1. 使用电动打夯机时，必须绝缘良好。人工抬、移电动打夯机时必须切断电源。
2. 用小车向槽内卸土时，槽边必须设横木挡掩，待槽下人员撤至安全位置后方可倒土。
3. 使用电动打夯机时，作业人员必须穿绝缘鞋、戴绝缘手套。电线绞缠时必须停止操作，严禁夯机砸线。严禁在夯机运转中清掏。
4. 取用槽帮土回填时，必须自上而下台阶式取土，严禁掏洞取土。</td></tr>
<tr><td>审核人</td><td></td><td>交底人</td><td></td><td>接受交底负责人</td><td></td></tr>
<tr><td colspan="6">作业班组全体签名：</td></tr>
</table>

人工运材料作业安全交底

编号：

施工单位	
工程名称	
分部分项工程	
工　　种	

交底内容：

一、主要危险源与危害因素

1. 作业人员随意穿行社会道路，导致交通事故伤害。

2. 施工车辆伤害。

3. 未严格按照规定装卸搬运危险物品和有毒物品。

4. 乱抛乱扔装卸材料。

5. 槽边卸料时，前方、槽下有人。

6. 两人及以上抬运重物时，动作未能协调一致。

7. 把材料堆放在槽、坑、沟边口 1 米范围内；随意靠墙堆放物料。

二、安全注意事项

1. 作业人员穿行社会道路时必须遵守交通法规，听从指挥。

2. 作业人员作业时必须根据作业要求，佩戴防护用品，施工现场不得穿拖鞋。

3. 配合汽车、拖拉机运输材料的人员应注意以下事项：

(1)跟随汽车、拖拉机运料的人员，车辆未停稳不得下车。

(2)装卸材料时严禁抛掷，应按次序码放整齐，随车运料人员不得坐在物料前方。

(3)车辆倒退时，指挥人员应站在槽帮的侧面，并且与车辆保持一定距离，车辆行程范围内的砖垛、门垛下不得站人。

4. 作业时必须遵守劳动纪律，不得擅自动用各种机电设备。

5. 在从事装卸、搬运和辅助作业前作业人员必须熟悉作业内容、作业环境，对使用的工具要进行检修，不牢固者不得使用；作业时必须执行技术交底，服从带班人员指挥。

6. 装卸搬运危险物品(如炸药、氧气瓶、乙炔瓶等)和有毒物品时，必须严格按照规定的安全交底措施执行。装卸时必须轻拿轻放，不得互相碰撞或扔掷物品。作业人员应按照要求正确穿戴防护用品，严禁吸烟。

7. 配合其他专业工种人员作业时，必须服从该专业工种人员的指挥。

8. 不得在车辆下方休息。

9. 装卸运砖车应注意以下事项：

(1)装卸材料应轻搬稳放，不得乱抛乱扔。

(2)从料垛取料时，应自上而下阶梯状分层拿取。

(3)运砖时应用砖夹子装卸，码放整齐，不得倾倒卸车。

10. 作业前应对运输道路进行平整，保持道路坚实、畅通。便桥应支搭牢固，桥面宽度应比小车宽至少 1 米，且总宽度不得小于 1.5 米，便桥两侧必须设护栏和挡脚板。

11. 槽边卸料时，前方、槽下不得有人。车轮应挡掩，严禁猛推和撒把倒料。卸土方和砂

续上表

<table>
<tr><td colspan="6">石等颗粒材料时，应待车挡板打开后方可扬把卸料。
12. 用架子车装运材料，应两人以上操作，保持架子车平稳，拐弯示意，车上不得乘人。
13. 地上码放砖、砌块、模板的高度不得超过 1.5 米。架子上码砖、砌块、模板不超过 3 层。
14. 两人抬运时，上下肩要同时起落，多人抬运重物时，必须由专人统一指挥、同起同落、步调一致，前后互相照应，注意脚下障碍物，并提醒后方人员，所抬重物一般离地面 0.3 米为宜。
15. 使用手推车运输材料时，必须平稳，掌握重心，不得猛跑或撒把溜车；在平地上前后车间距不得小于 2 米。下坡时应稳步推行，前后车间距应根据坡度确定，但不得小于 10 米。
16. 运输大石块、盖板等重物时，应事先确定装卸方法，并设专人指挥。装运石块时应插紧，并不得抛掷。人工抬运石料或盖板时，木杠、绳索应坚实，捆绑应牢固，抬运步伐应一致，起落应呼应。
17. 装、运、卸路缘石、大方砖等材料时，应按顺序搬运，码放平稳、整齐，卸车时严禁扬把倒料。
18. 不得把材料堆放在槽、坑、沟边口 1 米范围内。不得将材料堆放在管道的检查井、消防井、电信井、燃气抽水缸井等设施上。不得随意靠墙堆放物料。
19. 用井架、龙门架、外用电梯垂直运输时，零散材料应码放整齐平稳，码放高度不得超过车厢，小推车应打好挡掩，运送长材料时，不得高出吊盘(笼)，且必须采用防滑措施。</td></tr>
<tr><td colspan="6">重点强调：
1. 作业人员不得随意穿行社会道路。
2. 配合汽车、拖拉机运输材料的人员应特别注意车辆伤害。
3. 装卸搬运危险物品和有毒物品时，必须严格按照规定的安全交底措施执行。
4. 不得在车辆下方休息。
5. 装卸材料应轻搬稳放，不得乱抛乱扔。
6. 槽边卸料时，前方、槽下不得有人。
7. 两人抬运材料时，上下肩要同时起落。多人抬运重物时，必须由专人统一指挥、同起同落、步调一致、前后互相照应。
8. 不得把材料堆放在槽、坑、沟边口 1 米范围内。不得随意靠墙堆放物料。</td></tr>
<tr><td>审核人</td><td></td><td>交底人</td><td></td><td>接受交底
负责人</td><td></td></tr>
<tr><td colspan="6">作业班组全体签名：</td></tr>
</table>

支搭临时设施作业安全交底

编号：

施工单位	
工程名称	
分部分项工程	
工　　种	

交底内容：

一、主要危险源与危害因素

1. 支搭临时工棚不符合有关要求。

2. 在高压线下搭建临时设施。

3. 在有社会车辆通行的地段作业时，无人疏导交通。

4. 暂停作业离开前，未检查所支搭的临时设施是否稳固。

二、安全注意事项

1. 作业时必须根据作业要求，佩戴防护用品，施工现场作业人员不得穿拖鞋。

2. 支搭临时工棚应符合以下要求：

(1)严禁站在没有连接牢固的构件上作业。

(2)传递构件时必须上下呼应，待上、下方人员接稳后方可松手。

(3)安装屋架(梁)和上、下屋面作业时，必须使用临时支架和马凳。

(4)在石棉瓦屋面上作业时，应铺设供作业用的木板，木板上应安装防滑条。

(5)支搭工棚过程中安装立柱、板墙和屋架(梁)时必须做好临时支撑，连接件应齐全，连接螺栓应牢固。

3. 在从事支搭临时设施作业前必须熟悉作业内容、作业环境，对使用的工具要进行检修，不牢固者不得使用；作业时必须执行专项技术交底，服从带班人员指挥。

4. 严禁在高压线下搭建临时设施。临时设施应远离危旧建筑物、沟槽(坑)。

5. 支搭临时设施施工作业中应设专人指挥，分工明确，协调一致。

6. 配合其他专业工种人员作业时，必须服从该专业工种人员的指挥。

7. 支搭围挡作业时，围挡结构的部件必须安装齐全并连接牢固。在有社会车辆通行的地段作业时，必须设专人疏导交通。

8. 作业时作业人员必须遵守劳动纪律。不得擅自动用各种机电设备。

9. 暂停作业时，必须检查所支搭的临时设施，确认稳固后作业人员方可离开现场。

续上表

<table>
<tr><td colspan="6">重点强调：
1. 支搭临时工棚必须符合有关要求。
2. 严禁在高压线下搭建临时设施。临时设施应远离危旧建筑物、沟槽(坑)。
3. 支搭围挡作业时，围挡结构的部件必须安装齐全并连接牢固。在有社会车辆通行的地段作业时，必须设专人疏导交通。
4. 暂停作业时，必须检查所支搭的临时设施，确认稳固后方可离开现场。</td></tr>
<tr><td>审核人</td><td></td><td>交底人</td><td></td><td>接受交底负责人</td><td></td></tr>
<tr><td colspan="6">作业班组全体签名：</td></tr>
</table>

龙门吊轨道基础施工安全交底

编号：

施工单位	
工程名称	
分部分项工程	
工　　种	

交底内容：

一、主要危险源与危害因素

1. 电动工具绝缘不良，触电伤害。

2. 电焊作业借用金属物代替导线用。

3. 焊接电缆横过通道时，未对电缆采取保护措施。

4. 吊装作业人员违章操作。

5. 恶劣天气未停止施工作业。

6. 夜间施工时，施工场地无照明。

二、安全注意事项

（一）总体要求

1. 工人入场前必须进行安全教育，经考试合格后，方可进入施工现场。

2. 所有人员进入施工现场必须戴合格安全帽，系好下颚带，锁好带扣；系好安全带，并挂靠牢固。

3. 禁止酒后作业，严禁嬉戏打闹，禁止操作与自己无关的机械设备。

（二）人工开挖基坑

1. 用手推车运土，应先平整好道路，不得放手让手推车自动翻转。

2. 土方外运时，在门口设立清扫站，派专人拍实车上的土，扫干净车轮上的土，确保道路上无遗洒，并设专人洒水降尘。

3. 注意来往车辆，保证作业人员人身安全。

（三）混凝土浇筑施工

1. 施工人员要严格遵守操作规程，振捣设备应安全可靠。

2. 混凝土振捣时，操作人员必须戴绝缘手套，穿绝缘鞋，防止触电。

3. 振捣棒使用前应检查其各部位连接牢固，旋转方向正确，清洁。

4. 作业转移时，电机电缆线要保持足够的长度和高度，严禁用电缆线拖、拉振捣器。

5. 振捣器连线必须正确，电机绝缘必须符合要求，并有可靠的接零保护。

6. 振捣工必须懂得振捣器的安全知识和使用方法，保养、作业后应及时清洁设备。

（四）电焊作业

1. 作业人员必须经过电、气焊专业培训并考试合格，取得特种作业操作证后方可持证上岗。

2. 电焊作业人员作业时必须使用头罩或手持面罩，穿干燥工作服、绝缘鞋，戴耐火防护手套、耐火的护腿套、套袖及使用其他劳动防护用品、安全用具。要求上衣不准扎在裤子里，裤脚不准塞在鞋（靴）里，手套套在袖口外。

续上表

3. 严禁借用金属管道、脚手架、轨道、结构钢筋等金属物代替导线用。

4. 焊接电缆横过通道时必须采取穿管、埋入地下、架空等保护措施。

5. 作业时如遇到以下情况必须切断电源：

(1)改变电焊机接头。

(2)更换焊件需要改接二次回路。

(3)转移工作地点搬运焊机。

(4)焊机发生故障需要进行检修。

(5)更换保险装置。

(6)工作完毕或临时离开操作现场。

(五)人机配合施工

1. 信号工要站在离冠梁 2 米以外的地方，如必须站在竖井边指挥时必须系好安全带。

2. 吊车进场前必须检查钢丝绳的磨损情况，有无损伤，是否需要更换。

3. 司机在作业中要按照信号指挥人员发出的信号、旗语、手势进行操作，操作前要鸣笛示意。如发现信号不清或指挥有误将引起事故时，司机有权拒绝执行并采取措施防止事故发生。

4. 不准用吊钩直接吊拉工字钢，必须用索具或专用器具吊装。

5. 吊钩起升高度与起重臂头部之间距离最少不得小于 1 米。

(六)雨期施工

1. 雨期施工时，必须注意电器设备的防雨、防潮、防触电，遇大雨等恶劣天气要停止施工作业。

2. 严禁在雷雨天气进行室外露天电工作业。

3. 对于所有露天放置的机电设备，下雨前必须切断电源锁好配电箱。

4. 雨后应立即对所有电器设备、线路进行检查，发现问题及时处理。配电箱、电器设备等，应停电后对潮湿部位进行处理，使其干燥恢复绝缘后，经摇测绝缘电阻到达合格后再送电作业。

(七)临时用电

1. 严格执行安全用电有关规定和规范标准，服从安全管理，做到不违章作业，拒绝违章指挥，并及时制止他人违章作业。

2. 每天对现场用电设备、设施、线路进行两次例行巡视检查，发现问题及时停电并监护，同时报有关领导组织处理，所有设备、设施、线路要防护到位。设备设施要保持整洁。

3. 必须一人作业，一人监护，作业人员穿绝缘鞋，停电验电后再作业。

(八)夜间施工

1. 夜间施工时，施工场地应有足够的照明，并设置红色标志灯。

2. 夜间施工照明灯电压不得大于 36 V。

续上表

<table>
<tr><td colspan="6">重点强调：
1. 混凝土振捣时，操作人员必须戴绝缘手套，穿绝缘鞋，防止触电。
2. 电焊作业严禁借用金属管道、脚手架、轨道、结构钢筋等金属物代替导线用。
3. 焊接电缆横过通道时必须采取穿管、埋入地下、架空等保护措施。
4. 吊装司机在作业中要按照信号指挥人员发出的信号、旗语、手势进行操作，操作前要鸣笛示意。如发现信号不清或指挥有误将引起事故时，司机有权拒绝执行并采取措施防止事故发生。
5. 雨期施工时，必须注意电器设备的防雨、防潮、防触电，遇大雨等恶劣天气要停止施工作业。
6. 夜间施工时，施工场地应有足够的照明，并设置红色标志灯；夜间施工照明灯电压不得大于 36 V。</td></tr>
<tr><td>审核人</td><td></td><td>交底人</td><td></td><td>接受交底
负责人</td><td></td></tr>
<tr><td colspan="6">作业班组全体签名：</td></tr>
</table>

脚手架搭设与拆除作业安全交底　　编号：

施工单位	
工程名称	
分部分项工程	
工　　种	

交底内容：

一、主要危险源与危害因素

1. 使用次品或不合格品的钢管;使用变形、裂纹和严重锈蚀钢管。

2. 在脚手架上作业的人员未穿防滑鞋,未正确佩戴使用安全带。

3. 脚手板未铺严、铺实,不平稳,有探头板。

4. 脚手架上放置钢管、配件;在搭设作业中,地面上配合人员站在可能落物的区域内。

5. 搭拆脚手架时,地面无警戒。

6. 脚手架在使用期间,随意拆除与脚手架有关的杆件。

7. 搭、拆脚手架时,随意抛掷杆件。

8. 恶劣天气未停止搭拆作业。

9. 雨雪天气后作业时未采取防滑措施。

二、安全注意事项

1. 脚手架所使用的钢管、扣件及零配件等须统一规格,杜绝使用次品和不合格品的钢管。材料管理人员要依据方案和交底检查材料规格和质量,履行验收手续和收存证明材质资料。

2. 使用钢管质量应符合有关规范要求,切口平整,严禁使用变形、裂纹和严重锈蚀钢管。

3. 架子作业必须由持有“特种作业人员操作证”的专业架子工进行,作业人员上岗前必须进行安全教育,考试合格后方可上岗。

4. 在脚手架上作业的人员必须穿防滑鞋,正确佩戴、使用安全带,着装灵便。

5. 进入施工现场的作业人员必须佩戴合格的安全帽,系好下颚带,锁好带扣。

6. 登高(2 米以上)作业时必须系合格的安全带,系挂牢固,高挂低用。

7. 脚手板必须铺严、铺实,平稳。不得有探头板,要与架体拴牢。

8. 架上作业人员应做好分工、配合,传递杆件应把握好重心,平稳传递。

9. 作业人员应佩带工具袋,不得将工具放在架子上,以免掉落伤人。

10. 架设材料要随上随用,以免放置不当掉落伤人。

11. 在搭设作业中,地面上配合人员应避开可能落物的区域。

12. 严禁作业人员在脚手架上作业时嬉戏、打闹、躺卧,严禁攀爬脚手架。

13. 严禁酒后上岗,严禁有高血压、心脏病、癫痫病等不适宜登高作业的人员上岗作业。

14. 搭拆脚手架时,要有专人协调指挥,地面应设警戒区,要有旁站人员看守,严禁非操作人员入内。

15. 脚手架在使用期间,严禁拆除与脚手架有关的任何杆件,必须拆除时,应经项目部主管领导批准。

续上表

<table>
<tr><td colspan="6">16. 脚手架每步距均设一层水平安全网(随层),以后每四层设一道。
17. 搭设脚手架的基础必须平整夯实,具有足够的承载力和稳定性,立杆下必须放置垫座和通板,有畅通的排水设施。
18. 搭、拆脚手架时必须设置物料提上、吊下设施,严禁抛掷。
19. 脚手架作业面外立面设挡脚板加两道护身栏杆,挂满立网。
20. 脚手架搭设完后,要经有关人员验收,填写验收合格单后方可投入使用。
21. 遇 6 级(含 6 级)以上大风、雷雨等特殊天气应停止脚手架作业。雨雪天气后作业时必须采取防滑措施。
22. 脚手架必须与建筑物拉结牢固,需安设防雷装置,接地电阻不得大于 4 Ω。
23. 扣件应采用锻铸钢制作的扣件,其材质应符合有关规定。采用其他材料制作的扣件,应有试验证明其质量符合该材料规定方可使用。</td></tr>
<tr><td colspan="6">重点强调:
1. 杜绝使用次品和不合格品的钢管。严禁使用变形、裂纹和严重锈蚀的钢管。
2. 在脚手架上作业的人员必须穿防滑鞋,正确佩戴、使用安全带,着装灵便。
3. 脚手板必须铺严、铺实、平稳。不得有探头板,要与架体拴牢。
4. 架设材料要随上随用;在搭设作业中,地面上配合人员应避开可能落物的区域。
5. 搭拆脚手架时,要有专人协调指挥,地面应设警戒区,要有旁站人员看守,严禁非操作人员入内。
6. 脚手架在使用期间,严禁拆除与脚手架有关的任何杆件。
7. 搭、拆脚手架时必须设置物料提上、吊下设施,严禁抛掷。
8. 遇 6 级(含 6 级)以上大风、雷雨等特殊天气应停止脚手架作业。雨雪天气后作业时必须采取防滑措施。</td></tr>
<tr><td>审核人</td><td></td><td>交底人</td><td></td><td>接受交底
负责人</td><td></td></tr>
<tr><td colspan="6">作业班组全体签名:</td></tr>
</table>

板房和简易工作间安装作业安全交底

编号：

施工单位	
工程名称	
分部分项工程	
工　　种	

交底内容：

一、主要危险源与危害因素

1. 同时交叉搭设安装。

2. 高处搭设作业下方无警戒。

3. 同一支柱和横梁上多人聚集，超荷载堆放材料。

4. 徒手向高处传送板、架。

5. 夜间进行安装作业。

二、安全注意事项

1. 作业人员进入施工现场必须戴好安全帽，正确使用劳保用品，高处临边作业，必须系好安全绳。

2. 房屋地基必须硬化，四周排水系统通畅。

3. 搭设房屋应按其构造顺序逐一、分层、分段进行。

4. 作业前，首先对安装点、搭设面进行班前安全检查。

5. 有高血压、贫血、恐高症等疾病的人员严禁从事高处或登高搭设作业。

6. 作业人员应服从指挥，穿工作鞋，站在稳固的结构部位上操作。

7. 安装作业应自下而上进行，禁止同时交叉搭设安装。当安装某一部位时，应防止其他部位发生脱落。高处搭设作业下方必须设警戒。

8. 房屋整体安装程度应配合进行。

9. 支柱和横梁上不许多人聚集，严禁超荷载堆放材料，以免发生危险。

10. 不得徒手向高处传送板、架，应对板、架进行捆绑，绳拉。

11. 夜间不得进行安装作业。

12. 现场不得追逐、嬉戏打闹。

13. 每班下班之前，必须对安装现场进行安全检查，对有安全隐患的安装，必须要在完全消除安全隐患之后，方可下班。不得留有安全隐患。

14. 安装现场，必须有畅通的安全通道，房屋板、架不得堵塞安全通道。

续上表

<table>
<tr><td colspan="6">重点强调：
1. 搭设房屋应按其构造顺序逐一、分层、分段进行。
2. 安装作业应自下而上进行，禁止同时交叉搭设安装。当安装某一部位时，应防止其他部位发生脱落。高处搭设作业下方必须设警戒。
3. 支柱和横梁上不许多人聚集，严禁超荷载堆放材料，以免发生危险。
4. 不得徒手向高处传送板、架；夜间不得进行安装作业。</td></tr>
<tr><td>审核人</td><td></td><td>交底人</td><td></td><td>接受交底负责人</td><td></td></tr>
<tr><td colspan="6">作业班组全体签名：</td></tr>
</table>

砂浆站成套设备安装作业安全交底 编号：

施工单位	
工程名称	
分部分项工程	
工　　种	

交底内容：

一、主要危险源与危害因素

1. 物体打击。

2. 高处坠落。

3. 夜间安装罐体。

4. 违章用电、违章焊接作业，导致触电伤害、高温灼伤或火灾。

二、安全注意事项

（一）一般要求

1. 进入施工现场的作业人员必须正确佩戴安全帽和个人防护用具，严禁酒后进场施工。

2. 起重机操作人员必须持证上岗，坚守岗位，辅助生产人员应服从信号指挥和起重司索工的工作安排，非持证特种作业人员严禁从事特种作业活动。

3. 按施工方案施工，吊装区域应设明显安全标志。

（二）吊装作业安全要求

1. 高处作业。

(1)施工负责人应对高处作业安全技术负责，并建立相应的责任制，每班必须进行班前安全检查。落实所有安全技术措施和人身防护用品，未经落实时不得进行施工。

(2)高处作业中的设施、设备，必须在施工前进行检查，确认其完好，方能投入使用。

(3)攀登和悬空作业人员，必须经过专业技术培训及考试合格，持证上岗。

(4)施工中对高处作业的安全技术设施，发现有缺陷和隐患时，必须及时解决。

(5)施工作业场所有坠落可能的物件，应一律先进行撤除或加以固定。

1)高处作业中所有的物料，均应堆放平稳，不得妨碍通行和装卸。

2)随手用的工具应放在工具袋内。

3)不得任意乱掷或向下丢弃物件，传递物件时禁止抛掷。

(6)雨天进行高处作业时，必须采取可靠的防滑措施。

(7)钢结构吊装前，应进行安全防护设施的逐项检查和验收，验收合格后，方可进行高处作业。

2. 悬空作业。

(1)安全悬空作业处应有牢固的立足点，并应有安全设施。

(2)井口、高处临边作业人员，必须系好安全带。

3. 防止人员高处坠落和物体落下伤人。

(1)为防止高处坠落，操作人员在进行高处作业时，必须正确使用安全带。安全带一般高挂低用，即将安全绳端挂在高的地方，而人在较低处操作。

续上表

(2)在高处安装构件时，要经常使用撬杆校正构件的位置。 (3)雨天后，构件上因潮湿容易使操作人员滑倒，应清扫后再安装。 (4)地面操作人员必须戴好安全帽，尽量避免在高处作业的正下方停留或通过，同时不得在起重机的吊杆和正在吊装的构件下停留或通过。 (5)粉煤灰罐塔安装后，必须检查连接质量，确认连接无误后，才能摘钩或拆除临时固定工具，以防止伤人事故发生。 (6)设置吊装禁区，禁止与吊装作业的无关人员入内。 4. 严格执行起重“十不吊”，严禁违章作业。 (三)砂浆系统安全要求 1. 粉煤灰罐体基础放线时，应将其基础及周围的杂物清理干净。 2. 夜间不得进行罐体安装。 3. 安装使用承重的操作平台，应由架子工按专项安全施工组织设计(施工方案)或安全技术措施交底搭设。并经交接验收合格后，方可使用。操作平台进料一侧的防护栏杆应及时恢复。平台上不得堆放材料或设备部件，严禁超负荷使用。 4. 粉煤灰本体吊装受力点应牢固可靠。锚点严禁拴在砖柱、砖墙或其他不稳固的构筑物上。 5. 吊装时必须遵守起重工、起重机司机和信号指挥的安全规定，严禁违章作业。 6. 操作人员高处作业必须系好安全带。在罐体安装过程中，立柱未焊牢之前，严禁上人操作。高处作业平台应铺设木板，作业人员站立可靠。 7. 粉煤灰罐本体的联台、护身栏、爬梯和扶手，必须随罐塔的安装同步进行。 8. 焊接钢架时，操作人员必须遵守有关规定，持证上岗。电焊机的二次线必须双线到位，并配有空载降压安全装置。严禁借用其他金属结构或钢管脚手架代替回路。 9. 螺旋出渣机做试车时，必须有电工配合进行。 10. 电气控制设备安装，必须按照施工工艺标准中安全规定和安全技术措施交底执行，严禁违章作业。 11. 安装机电设备试运转时，必须会同有关人员共同进行，不得擅自开动。试运转应听从专人指挥，不得任意改变或减少操作步骤。 12. 安装粉煤灰罐的技术文件和施工质量证明材料，在安装工程完工后，应移交机电部存入技术档案。

续上表

<table>
<tr><td colspan="6">重点强调：
1. 施工作业场所有坠落可能的物件，应一律先进行撤除或加以固定。
2. 钢结构吊装前，应进行安全防护设施的逐项检查和验收，验收合格后，方可进行高处作业。
3. 粉煤灰罐塔安装后，必须检查连接质量，确认连接无误后，才能摘钩或拆除临时固定工具，以防止伤人事故发生。
4. 夜间不得进行罐体安装。
5. 粉煤灰罐本体的联台、护身栏、爬梯和扶手，必须随罐塔的安装同步进行。
6. 电焊机的二次线必须双线到位，严禁借用其他金属结构或钢管脚手架代替回路。
7. 螺旋出渣机做试车时，必须有电工配合进行。</td></tr>
<tr><td>审核人</td><td></td><td>交底人</td><td></td><td>接受交底
负责人</td><td></td></tr>
<tr><td colspan="6">作业班组全体签名：</td></tr>
</table>

第三节 拆除作业安全交底

拆除作业安全交底(通用) 编号:

施工单位	
工程名称	
分部分项工程	
工　　种	

交底内容:

一、主要危险源与危害因素

1. 拆除作业未划定危险区域、未设置围栏、未做好警戒。

2. 凡在 2 米及以上高处拆除作业无可靠防护设施时,未使用安全带。

3. 恶劣天气条件下进行拆除作业。

4. 垂直交叉拆除作业。

5. 未查清管道及容器内残留物的种类、化学性质,未采取相应措施就进行拆除施工。

6. 发现不明物体仍继续施工。

7. 施工用电利用旧建(构)筑物的电气装置。

8. 易燃物、易燃气体集中的区域未设置禁火区;禁火区违章动用明火或吸烟。

二、安全注意事项

(一)一般安全注意事项

1. 每个拆除工程应配备排险及抢险的必要设备及工具,如支撑木、杠棒、钢丝绳、麻绳、千斤顶、卷扬机、切割机、电焊机及消防器材等。应根据各种拆除方法的规定要求,划定危险区域、设置围栏,做好警戒和警示标志,防止居民、行人等非施工人员进入。

2. 市区主要路段或临近公共场所等人流稠密的地方(机场、码头、车站和商业区),拆除施工必须采用封闭式围栏。围栏高度不低于 2.5 米,其他工地围栏不低于 1.8 米。在市区、闹市区安装围栏时,必须采用夹板、瓦楞板等轻质材料,其他区域可以采用砖砌围墙,围墙必须按标准砌筑,并用砂浆抹光作刷白处理。

3. 在市区主要干道两侧沿街面进行拆除施工时,必须搭设施工脚手架,必要时应搭设防护隔离棚。脚手架围栏封闭应采用符合规范规定的密目式安全网,同时脚手架应与被拆除物的主体结构同步拆下。

4. 机械拆除驾驶员必须按照国家有关规定经过专门的安全作业培训,并取得特种作业操作资格证书后,方可上岗作业。

5. 拆除作业人员操作和使用的机具设备,严禁超负荷或带故障运转。

6. 拆除作业人员必须配备相应的劳动保护用品,并应正确使用。

7. 凡在 2 米及以上高处拆除作业无可靠防护设施时,必须使用安全带。

8. 在大风、雪、暴雨、浓雾、高温天气条件下,严禁进行拆除作业。

9. 拆除施工应分段进行,不得垂直交叉作业。

续上表

10. 在正使用中的地下、水下管线两侧1米范围内，禁止用机械拆除。

11. 当建筑外侧有架空线路或电缆线路时，应与有关部门取得联系，采取拆除或防护措施，确认安全后方可施工。

12. 如拆除的建(构)筑物高度超过各类电力、电信等管线，而水平净距小于其超过高度的1.5倍时，严禁用推倒、拉倒方法向管线方向倾倒。

13. 拆除管道及容器时，必须查清其残留物的种类、化学性质，采取相应的中和、清洗等措施，并确保无安全隐患后，方可进行拆除施工。

14. 如遇相邻建(构)筑物或部分拆除施工时，应事先对相邻建(构)筑物进行踏勘、取证，要注意被保留物和拆除部分之间的静力连接方法和范围，积极采取各种技术措施包括相邻危旧建(构)筑物的加固方案，有效控制相邻建(构)筑物的倾斜、下沉、开裂等情况，并要在施工中实施全过程的动态观察和监护。工程对周围相邻建筑安全可能产生危险时，必须采取相应保护措施，并应对建筑内的人员进行撤离安置。

15. 工程作业中，发现不明物体，应停止施工，采取相应的应急措施，保护现场并应及时向有关部门报告。

16. 拆除房屋或者进行房屋爆破，洒水或者喷淋不会导致房屋结构疏松等安全问题的，应当对被拆除或者被爆破的房屋进行洒水或者喷淋。

17. 建筑垃圾应在48小时内完成清运。在48小时内不能完成清运的，应当采取遮盖、洒水等防尘措施。

18. 住宅区域夜间不得从事拆除施工。白天施工噪声不得大于75 dB。

19. 拆除施工要做到落手清，及时清除、整理拆除下来的易燃材料(如木材、油毡等)。做到材料堆放整齐，对拆除物的堆场，要留出防火间距。

20. 施工现场应做到场地平整，周围道路畅通，排水畅通，无大面积积水。

21. 拆除工地应配备足够的灭火器材、灭火设备，同时向工人普及消防知识，组织消防演习，使拆除人员能熟练报警，准确判断火情，正确选择、使用消防器材，组织自救。

22. 施工过程中，必须严格执行各项卫生制度，包括工地保洁、操作落手清、场容卫生等，保持工地环境的整洁。落实各项除害措施，严格控制“四害”(蚊子，苍蝇、老鼠和蟑螂)孳生。

23. 拆除地上、地下管道和化工设施等危险性较大的构筑物时，还必须配备防毒面具、潜水设备等。

24. 施工过程中，当发生重大险情或生产安全事故时，应及时启动应急救援预案排除险情、组织抢救、保护事故现场，并向有关部门报告。

(二)拆除作业用电安全

1. 用电必须依据《施工现场临时用电安全技术规范》的要求执行。施工用电操作人员必须持有“特种作业人员操作证”。

2. 施工用电严禁利用旧建(构)筑物的电气装置。

3. 不准违章拉接电源，使用电动工具应检查导线绝缘、接地(接零)是否良好。

4. 安全使用电热用具，禁止在照明灯上取暖、烘烤衣服。

(三)拆除作业动火安全

1. 拆除施工中，对易燃物、易燃气体集中的区域要设置禁火区，在禁火区域内不得吸烟，

续上表

<table>
<tr><td colspan="6">不得违章动用明火。
2. 施工作业用火时，必须履行用火审批手续，经现场防火负责人审查批准，领取用火证后，方可在指定时间、地点作业。
3. 动火作业时应配备专人监护。
4. 动火施工区域必须设置警戒。
5. 严禁与动火作业无关的设备进入施工区域。
6. 切割等动火作业前，应对作业现场的可燃物进行清理；对于作业现场及其附近无法移走的可燃物，应采用不燃材料对其覆盖或隔离。
7. 动火施工现场应根据动火级别配备消防器材或消防车。
8. 各种施工机械、工具、材料及消防器材应放置于动火上风向的地方。
9. 施工现场应设置消防车道，保证充足的消防水源，配备足够的灭火器材。</td></tr>
<tr><td colspan="6">重点强调：
1. 每项拆除工程应配备排险及抢险的必要设备及工具，划定危险区域、设置围栏，做好警戒。
2. 凡在 2 米及以上高处拆除作业无可靠防护设施时，必须使用安全带。
3. 在大风、暴雨、浓雾、大雪等恶劣天气条件下，严禁进行拆除作业。
4. 拆除施工应分段进行，不得垂直交叉作业。
5. 在正使用中的地下、水下管线两侧 1 米范围内，禁止用机械拆除。
6. 如拆除的建(构)筑物高度超过各类电力、电信等管线，而水平净距小于其超过高度的 1.5 倍时，严禁用推倒、拉倒方法向管线方向倾倒。
7. 拆除管道及容器时，必须查清其残留物的种类、化学性质，采取相应的中和、清洗等措施，并确保无安全隐患后，方可进行拆除施工。
8. 发现不明物体，应停止施工，采取相应的应急措施，保护现场并应及时向有关部门报告。
9. 施工用电严禁利用旧建(构)筑物的电气装置。
10. 拆除施工中，对易燃物、易燃气体集中的区域要设置禁火区，在禁火区域内不得吸烟，不得违章动用明火。
11. 动火作业时应配备专人监护。切割等动火作业前，应对作业现场的可燃物进行清理；对于作业现场及其附近无法移走的可燃物，应采用不燃材料对其覆盖或隔离。</td></tr>
<tr><td>审核人</td><td></td><td>交底人</td><td></td><td>接受交底
负责人</td><td></td></tr>
<tr><td colspan="6">作业班组全体签名：</td></tr>
</table>

机械拆除作业安全交底

编号：

施工单位	
工程名称	
分部分项工程	
工　　种	

交底内容：

一、主要危险源与危害因素

1. 拆除机械设备作业时，未与高压架空线保持规定的安全距离。

2. 夜间拆除作业无充足的灯光照明。

3. 拆除作业无专职指挥员指挥或指挥不当。

4. 拆除机械超高作业。

5. 机械掏空建筑物内部或局部，使其原地倒塌或定向倒塌。

6. 多台拆除机械上下、立体交叉作业。

7. 人机上下交叉作业。

二、安全注意事项

（一）准备阶段

1. 对所有进场设备进行严格的验收（包括自购设备和分包队伍自带设备）。对设备进行详细的检查，确认其证明材料齐全，机械性能合格，安全装置齐全有效，严禁带病运行。

2. 操作人员应具备上岗资格，不具备资格的不得进入施工现场。

3. 开工前应查看施工现场是否存在高压架空线，拆除施工的机械设备、设施在作业时，必须与高压架空线保持安全距离。

4. 拆除施工现场应为机械作业提供道路、水电、停机场地等必备的条件，供机械设备使用的场地必须保证足够的承载力。

5. 夜间拆除作业应设置充足的灯光照明。

（二）作业阶段

1. 拆除施工现场必须设专职指挥员，直接指挥作业人员按施工方案和约定的指挥信号，完成建（构）筑物的解体拆除作业。专职指挥员应监视被拆除物的动向，及时用对讲机指挥机械操作员进退。当发现有不稳定状态的趋势时，必须停止作业，采取有效措施，消除隐患。

2. 严格按机械作业的有效高度选择拆除机械，严禁超高作业。待拆建筑物的高度不得超过机械设备的有效作业高度。

【案例】某镐头机拆除一幢 4 层的框架结构建筑。由于其电梯间高出其余房间一层，镐头机够不到，施工人员特意将旁边的土方填高。拆除时，电梯间拆下的构件直接砸到镐头机上，致使镐头机翻倒，司机受伤。

3. 打击点必须选在顶层，不可选在次顶层甚至以下。

4. 机械拆除时，严禁超载作业或任意扩大使用范围。

5. 机械拆除作业应自上而下，分段逐层进行，严禁用机械掏空建筑物内部或局部，使其原地倒塌或定向倒塌。使用拆除机械逐跨拆除建筑物时，必须确保未拆除部分结构的完整和稳定。

续上表

6. 机械拆除时应划定安全警戒范围，其范围的大小应根据以下情况考虑：在拆除过程中若该建筑物发生意外倒塌时，其散落物构件（包括可能崩出的混凝土碎块）的最大散落范围。划定安全警戒范围可以防止发生倒塌事故时伤及机械设备、施工人员和其他人员。

7. 用于拆除施工的各类机械设备的最大升降、回旋范围，要与高压电线保持规定的安全距离。

8. 机械行走应严格执行相关规定。不得擅自将机械交给无证人员操作。实行多班作业，严格执行交接班制度。

9. 操作机械时，作业人员不准站立驾驶，禁止无关人员进入机械操作室。

10. 拆除机械严禁在无保护措施的有地下管线的地面上作业，严禁在地下管线 1 米范围内使用机械开挖。

11. 待拆建（构）筑物的高度超过各类电力、电信等管线，而水平距离又小于其高度的 1.5 倍时，严格禁止用机械设备采取推、拉的方法，使建筑构件向管线方向倾倒。

12. 除指挥人员和机械作业人员外，其他辅助人员必须距工作点 10 米以外；拆除区域（包括下层空间）不得有人从事其他作业。

13. 拆除机械严禁在架空预制楼板上或未经填平压实的碎渣堆上作业。

14. 在现浇楼板上作业时，应选用合适的拆除机械或采用适当的加固措施。

15. 高处拆除作业时，配合的作业人员及机械设备严禁接近建筑物的边缘进行作业。

16. 机械翻渣时，挖斗与保留的建筑物墙体的距离不得小于 2 米，作业时机身的中心位置距离保留建筑物墙体不得小于 4 米。

17. 多台拆除机械不得上下、立体交叉作业。拆除机械作业与停放必须置于拆除物有倒塌可能的范围以外。

18. 两台拆除机械平行作业时，其间距不得小于拆除机械有效操作半径的 2 倍。

19. 严禁人机上下交叉作业。在机械拆除施工过程中需要人工拆除配合的，人工拆除施工应符合相关的规定。

20. 为提高拆除机械的作业高度，可用碎渣铺设坡道和作业平台，坡道和作业平台应符合下列要求：

（1）坡道的坡度按机械出厂说明书设置。

（2）坡道的最高点不得高于 3 米。

（3）坡道坡面的宽度不得小于拆除机械机身两履带间宽度的 1.5 倍。

（4）坡道两侧的坡度不得大于 45°。

（5）坡道、作业通道应用机械填平、压实。

（6）作业平台的大小应能保证拆除机械操作、调头、换位和危险时撤离的需要。

21. 机械严禁在有地下管线处作业，如果一定要作业，必须在地面垫 2～3 米的整块钢板或走道板，保护地下管线安全。

22. 当进行高处拆除作业时，对较大尺寸的构件或沉重的材料，必须采用起重机具及时吊下。

（三）作业结束

当日拆除施工结束后，所有机械设备应停放在远离被拆除建筑的地方。

续上表

<table>
<tr><td colspan="6">重点强调：
1. 拆除施工的机械设备、设施在作业时必须与高压架空线保持安全距离。
2. 夜间拆除作业应设置充足的灯光照明。
3. 专职指挥员应监视被拆除物的动向，及时用对讲机指挥机械操作员进退。当发现有不稳定状态的趋势时，必须停止作业，采取有效措施，消除隐患。
4. 严格按机械作业的有效高度选择拆除机械，严禁超高作业。待拆建筑物的高度，不得超过机械设备的有效作业高度。
5. 机械拆除作业应自上而下，分段逐层进行，严禁用机械掏空建筑物内部或局部，使其原地倒塌或定向倒塌。
6. 多台拆除机械不得上下、立体交叉作业。拆除机械作业与停放必须置于被拆除物有倒塌可能的范围以外。
7. 严禁人机上下交叉作业。</td></tr>
<tr><td>审核人</td><td></td><td>交底人</td><td></td><td>接受交底负责人</td><td></td></tr>
<tr><td colspan="6">作业班组全体签名：</td></tr>
</table>

静力破碎剂拆除作业安全交底　　编号：

施工单位	
工程名称	
分部分项工程	
工　　种	

交底内容：

一、主要危险源与危害因素

1. 临街被拆除建筑与交通道路的安全距离不足时，未采取相应的安全隔离措施。

2. 恶劣天气条件下进行拆除作业。

3. 遇易燃、可燃物及保温材料时，明火作业。

4. 立体交叉拆除作业。

5. 采用具有腐蚀性的静力破碎剂作业时，灌浆人员未戴防护手套和防护眼镜。

6. 静力破碎剂与其他材料混放。

7. 静力破碎发生异常情况时仍继续作业。

二、安全注意事项

1. 施工区域应设置硬质封闭围挡及醒目警示标志，围挡高度不应低于 1.8 米，非施工人员不得进入施工区。当临街的被拆除建筑与交通道路的安全距离不能满足要求时，必须采取相应的安全隔离措施。

2. 当拆除工程对周围相邻建筑安全可能产生危险时，必须采取相应保护措施，对建筑内的人员进行撤离安置。

3. 作业前，检查建筑内各类管线情况，确认全部切断后方可施工。

4. 依据拆除工程安全施工组织设计或安全专项施工方案，在拆除施工现场划定危险区域，并设置警戒线和相关的安全标志，派专人监管。

5. 建立健全动火管理制度，施工作业动火时，必须履行动火审批手续，领取动火证后，方可在指定时间、地点作业。作业时配备专人监护，作业后确认无火源危险后方可离开作业地点。

6. 配备相应的劳动保护用品，并正确使用。

7. 拆除施工采用的脚手架、安全网，由专业人员按设计方案搭设，经有关人员验收合格后方可使用，水平作业时，操作人员应保持安全距离。

8. 严禁在恶劣的气候条件下进行拆除作业。

9. 拆除工程施工时，必须采取防止扬尘和降低噪声的措施。

10. 当日拆除施工结束后，所有机械设备应远离被拆除建筑。施工期间的临时设施，应与被拆除建筑保持安全距离。

11. 地下的各类管线，在地面上设置明显标识。对水、电、气的检查井、污水井采取相应的保护措施。

12. 拆除建筑时，当遇有易燃、可燃物及保温材料时，严禁明火作业。

13. 建筑基础破碎拆除时，挖出的土方应及时运出现场或清理出工作面。距基坑边沿 1 米内严禁堆放物料。

续上表

<table>
<tr><td colspan="6">14. 拆除施工严禁立体交叉作业。
15. 作业人员使用手持机具时，严禁超负荷或带故障运转。
16. 楼层内的施工垃圾，采用封闭的垃圾道或垃圾袋运走，不得向下抛掷。
17. 根据拆除工程施工现场作业环境，制定相应的消防安全措施，施工现场应设置消防车通道，保证充足的消防水源，配备足够的灭火器材。
18. 在拆除工程作业中，发现不明物体，应立即停止施工，采取相应的应急措施，保护好现场，及时向有关部门报告。
19. 采用具有腐蚀性的静力破碎剂作业时，灌浆人员应戴防护手套和防护眼镜。孔内注入破碎剂后，作业人员应保持足够的安全距离，严禁在注孔区域行走。
20. 静力破碎剂严禁与其他材料混放。
21. 在相邻的两孔之间，严禁钻孔与注入破碎剂同步进行施工。
22. 静力破碎时，发生异常情况应立即停止作业。查清原因并采取相应措施确保安全后继续施工。
23. 拆除工程完工后，及时将渣土清运出场。
24. 清运渣土的车辆应封闭或覆盖，出入现场时有专人指挥。清运渣土的作业时间应遵守工程所在地的有关规定。</td></tr>
<tr><td colspan="6">重点强调：
1. 当临街的被拆除建筑与交通道路的安全距离不能满足要求时，必须采取相应的安全隔离措施。
2. 严禁在恶劣的气候条件下进行拆除作业。
3. 拆除建筑时，当遇有易燃、可燃物及保温材料时，严禁明火作业。
4. 拆除施工严禁立体交叉作业。
5. 采用具有腐蚀性的静力破碎剂作业时，灌浆人员应戴防护手套和防护眼镜。孔内注入破碎剂后，作业人员应保持足够的安全距离，严禁在注孔区域行走。
6. 静力破碎剂严禁与其他材料混放。
7. 在相邻的两孔之间，严禁钻孔与注入破碎剂同步进行施工。
8. 静力破碎时，发生异常情况应立即停止作业。查清原因并采取相应措施确保安全后继续施工。</td></tr>
<tr><td>审核人</td><td></td><td>交底人</td><td></td><td>接受交底
负责人</td><td></td></tr>
<tr><td colspan="6">作业班组全体签名：</td></tr>
</table>

液压分裂机拆除作业安全交底

编号：

施工单位	
工程名称	
分部分项工程	
工　　种	

交底内容：

一、主要危险源与危害因素

1. 液压分裂机带病作业。

2. 违章操作液压分裂机。

3. 液压分裂机发生异常情况时，仍继续作业。

二、安全注意事项

1. 在地铁工程施工前的拆除作业中，液压分裂机适用于以下情况：

(1)钢筋混凝土基础或结构的拆除与局部改造。

(2)对冲击、振动要求严格控制的地面、墙体拆除与改造。

(3)室内或狭窄空间，如隧道内混凝土结构拆除。

(4)钢筋混凝土桩头的剔除。

(5)在不允许爆破、振动、噪声、废气及狭窄空间中的岩石精确开挖。

2. 操作工认真学习本岗位的生产知识和操作技术，了解机械设备的性能和主要结构，熟悉机械安全装置的使用和保养方法。严格遵守安全生产的各项规章制度。

3. 凡是作业人员必须定期进行体格检查，凡患有伤寒、痢疾、结核、肺炎、化脓性皮肤病都不能直接参加液压分裂机的操作作业。

4. 非操作工不得擅自进行机器操作。操作时作业人员要集中精力，严格按照《机械安全操作规程》谨慎操作。严禁在操作液压分裂机时吸烟，严禁顶岗、串岗、酒后上岗和嬉戏打闹。

5. 操作工开机前要认真检查线路，检查气压、机械是否完好，确认完好后再启动机器。如发现机器异常应及时关电停机，等维修正常后再进行操作。

6. 液压分裂机发生异常情况时，必须停止作业，查清原因并采取相应措施确保安全后，方可继续施工。

续上表

<table>
<tr><td colspan="6">重点强调：
1. 非操作工不得擅自进行机器操作。操作时作业人员要集中精力，严格按照《机械安全操作规程》谨慎操作。严禁在操作液压分裂机时吸烟，严禁顶岗、串岗、酒后上岗和嬉戏打闹。
2. 操作工开机前要认真检查线路，检查气压、机械是否完好，确认完好后再启动机器。如发现机器异常应及时关电停机，等维修正常后再进行操作。
3. 液压分裂机发生异常情况时，必须停止作业，查清原因并采取相应措施确保安全后，方可继续施工。</td></tr>
<tr><td>审核人</td><td></td><td>交底人</td><td></td><td>接受交底
负责人</td><td></td></tr>
<tr><td colspan="6">作业班组全体签名：</td></tr>
</table>

梯子使用安全交底

编号：

施工单位	
工程名称	
分部分项工程	
工　　种	

交底内容：

一、主要危险源与危害因素

1. 梯子随意放置。

2. 使用梯子前未按规定做好各项检查。

3. 上、下梯子时背对梯子、一步多级、两点或一点接触。

4. 站在梯子顶端进行作业；人在梯子上挪动梯子。

5. 将梯子作为支撑架、滑板、跳板使用。

6. 人字梯顶端无铰链或铰链不坚固。

7. 梯子与高压电线、转动设备安全距离不足时，未采取隔离措施。

8. 梯子脚支撑在不牢靠的支撑物上使用。

9. 梯子脚未采取包扎布片或橡胶套等防滑措施。

二、安全注意事项

1. 梯子不使用时必须横放保存在通风干燥的室内。

2. 梯子不应随意放置，以免倾倒砸伤附近人员，或拌跌施工人员或行人。

3. 使用梯子前应做好如下检查：

(1)梯子的长度是否适合工作需要。

(2)目视检查梯子的安全性，例如是否弯曲变形、破损、断裂、腐蚀、踏板间距不等或少踏板(踏棍)等。

(3)梯子的攀登或抓握表面是否有冰雪、油、蜡等易滑物质。

(4)需要用绳索操作的梯子应目视检查绳索和滑轮的安全性。

(5)目视检查撑杆的安全性。

(6)确认有无良好的安全止滑装置。

(7)确认梯子有无检查合格目视标识。

4. 直梯、延伸梯应单人单侧使用；人字梯应单人双侧使用，不可合拢当直梯使用。

5. 上、下梯子时应面向梯子，一步一级，三点接触。手不能拿东西，用两手交替攀爬。

6. 一个梯子上不许有两人以上作业。

7. 操作时双手离梯且双脚离地高于 2 米时，必须系好安全带。

8. 不许站在梯子顶端进行作业。

9. 严禁人在梯子上挪动梯子。

10. 4 米以上直梯或延伸梯放置时，梯脚至墙角距离与梯子搭设长度之比约为 1∶4。

11. 进入高处平面(屋顶或平台)时，梯子应延伸出平台上方 1 米，伸出部分仅供手扶用。

12. 在通道或门口使用时，将门锁住或有专人监护，防止突然开门撞到梯子。

续上表

13. 禁止将梯子做支撑架、滑板、跳板及其他用途。 14. 电气工作或在电线附近工作时应使用专用绝缘梯，禁止使用金属梯子。 15. 放置人字梯和车梯时应遵循“四点接触”原则。 16. 有横挡的人字梯在使用时应谨防横挡绞链夹手。进行固定或解开绳索时，应有专人扶梯子。 17. 放置直梯、延伸梯时，两个扶手的顶端应牢牢地依靠在坚实的墙体上，两条梯腿稳固地支撑在坚硬、水平、干燥的基础上。 18. 4 米以下的直梯与地面夹角 60°～70°为宜。 19. 人字梯顶端铰链应坚固，并有限制张开度的链子或绳子，且使用中一定要系结牢靠。 20. 梯子的位置必须能够让操作人员方便操作，不得将梯子伸长到离身体较远的地方去操作。不要过度地向外延展肢体来完成任务。 21. 梯子与高压电线、转动设备要保持安全距离或进行隔离。 22. 手不能放在可伸缩梯子的伸缩口处，以防夹伤。 23. 梯子切不可架在不牢靠的支撑物上勉强使用。 24. 梯子脚应包扎布片或用橡胶套，以防止滑动或滑倒。 25. 梯子靠在管道上使用时，上部应有牢固的挂钩挂牢。 26. 影响上下梯子的物品应背在背后。					
重点强调： 1. 梯子不应随意放置，以免倾倒砸伤附近人员，或拌跌施工人员或行人。 2. 使用梯子前应按规定做好各项检查。 3. 上、下梯子时应面向梯子，一步一级，三点接触。手不能拿东西，用两手交替攀爬。 4. 不许站在梯子顶端进行作业。严禁人在梯子上挪动梯子。 5. 禁止将梯子做支撑架、滑板、跳板及其他用途。 6. 人字梯顶端铰链应坚固，并有限制张开度的链子或绳子，且使用中一定要系结牢靠。 7. 梯子与高压电线、转动设备要保持安全距离或进行隔离。 8. 梯子切不可架在不牢靠的支撑物上勉强使用。 9. 梯子脚应包扎布片或用橡胶套，以防止滑动或滑倒。					
审核人		交底人		接受交底负责人	
作业班组全体签名：					

管线处理安全交底

编号：

施工单位	
工程名称	
分部分项工程	
工　　种	

交底内容：

一、主要危险源与危害因素

1. 管道漏水(气)时，悬吊前无专人修理。

2. 管线下部和附近的土方采用机械开挖。

3. 跨越基坑的悬吊管线两端伸出基坑边缘外距离不足1.5米。

4. 碰撞管道悬吊系统和利用其做起重架、脚手架或模板支撑等。

二、安全注意事项

1. 管道漏水(气)时，必须修理好后方可悬吊。如跨基坑的管道较长或接口有断裂危险时，应更换钢管后悬吊或直接架设在钢梁上。

2. 悬吊或架设管道的钢梁，连接应牢固。吊杆或钢梁与管底应密贴并保持管道原有坡度。为保持地下管线悬吊时的原有坡度，要求在管线下原状土开挖前悬吊。

3. 为保证悬吊工程质量，防止损坏管线，管线下部和附近的土方要求采用人工开挖。

4. 管线应在其下方的原状土开挖前吊挂牢固，经检查合格后，用人工开挖其下部土方。

5. 种类不同的管线，宜单独悬吊或架设，如同时悬吊或架设时，应取得有关单位同意并采取可靠措施。

6. 跨越基坑的便桥上不得设置管道悬吊，利用便桥墩台作悬吊支撑结构时，悬吊梁应独立设置，并不得与桥梁或桥面系统发生联系。

7. 支护桩或地下连续墙支护的基坑，可利用支护桩或地下连续墙做钢梁或钢丝绳悬吊的支撑结构，但必须稳固可靠。放坡开挖基坑的钢梁支撑墩柱或钢丝绳悬吊的锚桩，锚固端应置于边坡滑动土体以外并经计算确定。基坑较宽而中间增加支撑柱时，梁、柱连接应牢固。

8. 跨越基坑的悬吊管线两端应伸出基坑边缘外距离不小于1.5米，其附近基坑应加强支护，并采取防止地面水流入基坑的措施。

9. 基坑土方及其他工序施工时，不得碰撞管道悬吊系统和利用其做起重架、脚手架或模板支撑等。

10. 基坑悬吊两端应设防护，行人不得通行。基坑两侧正在运行的地下管线应设标志，并不得在其上堆土或放材料、机械等，也不得修建临时设施。

11. 基坑回填土前，悬吊管线下应砌筑支墩加固，并按设计要求恢复管线和回填土。

12. 应做好管线的保护工作，避免损坏。

13. 跨越基坑的便桥，是为交通和施工运输而设置的，当大型机械和车辆通过时，会产生一定的振动，引起管线接口松动。为保证安全，除柔性较大的直埋通信、电力电缆外，其他管线不能直接架设或悬吊在便桥上。

续上表

<table>
<tr><td colspan="6">14. 利用支护桩或地下连续墙作为悬吊梁的支撑墩柱时，支撑必须牢固，不得松动和变形。</td></tr>
<tr><td colspan="6">重点强调：
1. 管道漏水(气)时，必须修理好后方可悬吊。如跨基坑的管道较长或接口有断裂危险时，应更换钢管后悬吊或直接架设在钢梁上。
2. 管线下部和附近的土方必须采用人工开挖。
3. 跨越基坑的悬吊管线两端应伸出基坑边缘外距离不小于 1.5 米，其附近基坑应加强支护，并采取防止地面水流入基坑的措施。
4. 基坑土方及其他工序施工时，不得碰撞管道悬吊系统和利用其做起重架、脚手架或模板支撑等。</td></tr>
<tr><td>审核人</td><td></td><td>交底人</td><td></td><td>接受交底
负责人</td><td></td></tr>
<tr><td colspan="6">作业班组全体签名：</td></tr>
</table>

第四节 降水施工安全交底

降水井施工安全交底

编号：

<table>
<tr><td>施工单位</td><td colspan="5"></td></tr>
<tr><td>工程名称</td><td colspan="5"></td></tr>
<tr><td>分部分项工程</td><td colspan="5"></td></tr>
<tr><td>工　　种</td><td colspan="5"></td></tr>
<tr><td colspan="6">交底内容：
一、主要危险源与危害因素
1. 施工用电绝缘不良；带电作业。
2. 施工中遇地下管线仍继续施工。
二、安全注意事项
1. 设备操作人员及电工必须持证方能上岗。进入施工现场必须佩戴安全帽，严禁穿拖鞋及酒后作业。现场应设置必要的安全警示标志及标语。
2. 凿井前应做好一切施工前的准备工作，并检查是否有不安全因素存在。
3. 每眼井需要用人工挖掘探坑，探坑深度不小于2～2.5米，探坑成孔后，用钎棒再往下探1米左右，以便查明并避开管线。
4. 加强用电安全措施，电器设备的检修及安装，必须由专职电工进行，施工用电注意绝缘防水，严禁带电作业。
5. 施工现场应严格控制水源，必须设置必要的灭火装置，对现场工作人员进行消防教育，以免发生火灾事故。
6. 施工中如遇地下管线，应立即报告施工负责人，经有关人员处理后方可继续施工。
7. 所有施工现场以外的公用场地禁止堆放垃圾等杂物，保持现场周围清洁卫生。
8. 报废材料立即运出施工现场，并进行处理。对施工中废弃的边角料、水泥袋、包装箱、生活垃圾等及时收集、清理，并搞好现场卫生。
9. 现场施工污水严禁乱排，严禁泥浆漫流污染环境。场地出口设洗车槽，设专人对所有车辆进行冲洗，砂石料等运输车辆必须覆盖车箱，防止落土掉渣污染环境。</td></tr>
<tr><td colspan="6">重点强调：
1. 凿井前应做好一切施工前的准备工作，并检查是否有不安全因素存在。
2. 施工用电注意绝缘防水，严禁带电作业。
3. 施工中如遇地下管线，应立即报告施工负责人，经有关人员处理后方可继续施工。</td></tr>
<tr><td>审核人</td><td></td><td>交底人</td><td></td><td>接受交底
负责人</td><td></td></tr>
<tr><td colspan="6">作业班组全体签名：</td></tr>
</table>

第五节　交通疏解安全交底

交通疏解安全交底　　编号：

<table>
<tr><td>施工单位</td><td colspan="5"></td></tr>
<tr><td>工程名称</td><td colspan="5"></td></tr>
<tr><td>分部分项工程</td><td colspan="5"></td></tr>
<tr><td>工　　种</td><td colspan="5"></td></tr>
<tr><td colspan="6">交底内容：
一、主要危险源与危害因素
1. 在施工场地进出车辆时，无专人在路口疏解汽车、行人交通。
2. 施工场地围挡施工时，施工人员未穿反光衣，在围挡前方、后方未设施工缓行标志。
二、安全注意事项
1.施工场地进、出口设立警示标牌，围挡顶部安装警示灯并在主要周边交通线路上、军用梁便桥地段布设限速、禁停等标志标牌。
2.在施工场地进出车辆时，安排专职交通指挥员，在路口疏解汽车、行人交通。
3.施工前，组织施工人员进行技术交底和安全教育。
4.施工场地围挡施工时，所有人员均佩戴安全帽，穿反光衣，在围挡前方、后方200米处设立施工缓行标志，用拉绳(带三角彩旗)进行简单围挡。
5.监控量测地表测量项目在车辆较少的夜间进行时，安排一人指挥交通，所有人员必须穿反光衣。
6.施工机械停放在施工围挡内，不得停放在围挡外面、道路边，以免造成交通堵塞。</td></tr>
<tr><td colspan="6">重点强调：
1. 在施工场地进出车辆时，应有专人在路口疏解汽车、行人交通。
2. 施工场地围挡施工时，所有人员均佩戴安全帽，穿反光衣，在围挡前方、后方200米处设立施工缓行标志，用拉绳(带三角彩旗)进行简单围挡。
3. 施工机械停放在施工围挡内，不得停放在围挡外面、道路边，以免造成交通堵塞。</td></tr>
<tr><td>审核人</td><td></td><td>交底人</td><td></td><td>接受交底负责人</td><td></td></tr>
<tr><td colspan="6">作业班组全体签名：</td></tr>
</table>

第二章　明挖车站工程施工安全交底

第一节　基坑围护与地基处理安全交底

袖阀管注浆加固既有建筑物作业安全交底　　编号：

施工单位	
工程名称	
分部分项工程	
工　　种	

交底内容：

一、主要危险源与危害因素

1. 浆液进入眼睛时未立即进行充分清洗，未及时就医。

2. 施工前未做好检查，注浆设备带病作业。

3. 吊、放喷射管路时，管下站人。

4. 电缆线浸泡在水和泥浆中。

二、安全注意事项

1. 浆液目前一般以水泥浆为主，但有时也加入其他化学添加剂，一般情况下浆液硬化后对人畜均无害，但硬化前的浆液进入眼睛时，必须立即进行充分清洗，并及时到医院治疗。

2. 高压泥浆泵、空压机、高压清水泵必须指定专人操作，压力表应定期检修检定，以保证正常工作。

3. 钻机操作人员的操作技术应熟练。

4. 注浆过程中，作业人员应使用防护用具。

5. 施工前应做好如下检查与检验工作。

(1)检查高压设备和管路系统，其压力和流量需满足设计要求，应检查管道的耐久性以及管道连接是否可靠，泵体、注浆管及喷嘴内不得有任何杂物，各类密封圈必须良好，无渗漏现象。否则接头断开、软管破裂，将会导致浆液、高压水流飞散、软管甩出等安全事故。

(2)安全阀中的安全销要进行试压检验(试压检验到当地压力容器检验所检验)，必须确保在达到规定压力时能断销卸压，绝不能轻易安装未经试压检验的自制安全销。

6. 吊、放喷射管路时，严禁管下站人。

7. 电缆线不得浸泡在水和泥浆中，防止漏电伤人。

8. 其他注意事项。

(1)引孔时，排出的泥浆应沉淀处理后排放，并符合环保要求。

(2)水泥、石灰细颗粒散体材料，应遮盖存放；运输时必须封闭覆盖，不得沿途撒落。

续上表

<table>
<tr><td colspan="6">(3)制定洒水防尘措施,指定专人负责现场洒水降尘。
(4)不得随意排放废弃的加固料。
(5)有害气体、噪声控制在国家规定允许的范围内。
(6)合理处理生活和建筑垃圾,保证不污染地方环境。
(7)优化施工方案,尽量避免和减少夜间施工对环境及居民的影响。
(8)爱护环境,保证绿化及现有植被。</td></tr>
<tr><td colspan="6">重点强调:
1. 浆液进入眼睛时,必须立即进行充分清洗,并及时到医院治疗。
2. 施工前应按规定要求做好检查工作,尤其是管道连接是否可靠,泵体、注浆管及喷嘴内不得有任何杂物,各类密封圈必须良好,无渗漏现象。
3. 吊、放喷射管路时,严禁管下站人。
4. 电缆线不得浸泡在水和泥浆中,防止漏电伤人。</td></tr>
<tr><td>审核人</td><td></td><td>交底人</td><td></td><td>接受交底负责人</td><td></td></tr>
<tr><td colspan="6">作业班组全体签名:</td></tr>
</table>

钻孔灌注桩(围护基坑)施工安全交底　　编号:

施工单位	
工程名称	
分部分项工程	
工　　种	

交底内容:

一、主要危险源与危害因素

1. 钢筋笼焊接作业未严格遵守“十不烧”要求。

2. 钢筋笼吊装未严格执行起重作业的有关规定。

3. 钢筋笼吊装结束摘钢丝绳时,钢丝绳一端通过吊车加力拽出。

4. 桩机钻架基础不平整、不坚实,未设置斜撑或缆风绳。钻进过程中有异常情况时,仍继续作业。

5. 对于已埋设护筒未开钻或已成桩护筒尚未拔出的,未加设护筒顶盖或铺设安全网罩。

6. 未设置坚实的钢筋笼接笼作业平台。

7. 混凝土灌注施工时,操作人员未站在有防护栏杆的作业平台上,以防掉落孔中。

8. 电动设备绝缘不良或违章用电。

二、安全注意事项

(一)钢筋笼加工与吊装安全要点

1. 钢筋笼应严格按技术交底进行加工,绑扎应牢固,焊接应符合相应技术规定。

2. 钢筋笼焊接作业应严格遵守“十不烧”要求,注意防火和防触电事故。

3. 钢筋笼应按照吊装条件确定分段加工长度,并设置钢筋保护层定位装置和焊接吊装耳环。

4. 钢筋笼吊装时,要指定专人指挥,吊车司机必须听从指挥。晚上作业时要有足够的照明。

5. 吊车应支撑在坚实平整的地方,垫块要垫牢;禁止支在松软的地面上。

6. 吊装前应检查钢丝绳是否符合要求,滑轮是否破损,紧固件是否松动,吊车的吊钩是否有裂痕或其他缺陷等。

7. 移动10米以上的钢筋笼时,钢筋笼至少有4个受力点,且受力点应沿钢筋笼长度方向均匀分布。

8. 起吊钢筋笼时固定钢丝绳的U型卡一定要旋紧;如果U型卡的旋丝部分已损坏或滑丝,不得再使用。确认钢丝绳连接牢固后,方能起吊,并且要慢、稳,禁止快速移动或吊起。

9. 钢筋笼起吊时,吊车拔杆的角度不能太大,防止吊车翘起。

10. 钢筋笼吊装区域,非操作人员禁止入内;旋转区域及拔杆下禁止站人。

11. 钢筋笼吊装中途摘换钢丝绳时,操作人员必须系安全带,爬钢筋笼时要慢,手要抓牢,脚要踩稳;禁止穿硬底鞋。

续上表

12. 钢筋笼吊装结束摘钢丝绳时，禁止一端摘掉，另一端通过吊车加力拽出；应人工取出，取钢丝绳时要用力均匀，不得生拉硬扯，防止钢丝绳弹出伤人。

13. 钢筋笼刚度较差时应补强，吊运中不应变形。

14. 钢筋笼应吊直扶稳，对准孔位慢慢下沉，不得摇晃、碰撞孔壁和强行入孔。

15. 分段吊装时，将下段吊入孔内后，其上端应留 1 米左右临时固定在孔口处，上下段钢筋笼的主筋对正连接合格后继续下沉。

16. 在吊散钢筋时，必须要将其捆绑牢固，在吊装移动范围之内，不得有人员。汽车吊的指挥和工班安全协管员负责监督，汽车吊指挥在发现吊装物移动线路上有人员时，要停止吊运，工班安全协管员负责将人员撤离。

17. 汽车吊在吊运时，只允许汽车吊指挥员负责指挥吊车吊运，其他人员不得指挥吊车。

（二）钻孔机操作安全要点

1. 作业人员进入施工现场必须正确佩戴安全帽和个人防护用具，严禁酒后进场施工。

2. 桩机操作人员必须持证上岗，坚守岗位，辅助生产人员应服从桩机操作人员的工作安排，严禁擅自启动桩机设备。

3. 安装桩机前，应掌握勘探资料，并确认地质条件符合该钻机的要求，地下无埋设物，作业范围内无障碍物，施工现场与架空输电线路的安全距离符合规定。

4. 桩机钻架基础应夯实、整平，移动走管钻架下应铺设枕木，垫起后应保持整机处于水平位置。

5. 钻头的组装应按照说明书规定进行，竖立或放倒钻架时，应由桩机操作人员进行。

6. 钻架的吊重中心、钻机的卡孔和护进管中心应在同一垂直线上，钻杆中心允许偏差为 20 毫米。

7. 钻头和钻杆连接螺纹应良好，滑扣时不得使用。

8. 钻头焊接应牢固，不得有裂纹，钻杆连接处应加设便于拆卸的橡胶垫圈。

9. 作业区应有明显警示标志和围栏，非工作人员不得进入围栏区域内。

10. 上岗操作前，应首先认真检查周围的工作环境，所使用设备、工具是否完好、可靠。

11. 严格按照施工方案所规定的要求施工，严禁违章指挥、违章作业、盲目野蛮施工和违反劳动纪律的现象发生。

（三）钻孔作业安全要点

1. 钻孔机械就位后，应对钻机及配套设施进行全面检查，钻机安设必须平稳、牢固；钻架应加设斜撑或缆风绳，稳定安全。架设好后经现场工程师检查合格后方可使用。

2. 开钻前应检查钻具联结、电气、压气部分、风管和排尘装置等，确认其状况良好。

3. 正、反循环钻机及潜水钻机使用的电缆要定期检查，接头必须牢固，确保不透水、不漏电；对经常处于水、泥浆浸泡处的电线应架空搭设。挪移钻机时，不得挤压电缆线及风、水管路。

4. 潜水钻机钻孔时，一般在完成一根钻孔桩时要检查一次电机的封闭状况。钻进速度应根据地质变化加以控制，以保证安全运转。

续上表

5. 电闸箱要立放，移动式电闸箱底要离地 1.3～1.6 米，配电要设漏保，一箱内设多个开关时，要标出控制电器的名称，防止拉错，电闸箱上锁。 6. 钻孔过程中要有专人随时对钻孔机具检查维修。卷扬机卷绕钢丝绳时，严禁工作人员在其上跨越，同时卷筒上的钢丝绳不得放完，至少应保留 3 圈；卷扬机钢丝绳断丝超过 5% 应及时更换。 7. 钻进时，要紧密监视掘进情况，观察孔内有无异常情况，钻架是否倾斜、各连续部位是否松动、是否有塌孔征兆，如发现有异常，立即纠正。 8. 电动卷扬机在工作中，如遇停电或停机检查保养时，应将电源关闭。钻机停钻，必须将钻头提出孔外，置于钻架上不得滞留孔内。钻机停止工作后，应立即切断电源。 9. 钻孔作业时，回转马达不得反转，以防钻杆脱口发生意外。 10. 摘卸钻杆时，必须使用专用叉手，司机和辅助人员密切配合，防止失手。当拆钻杆为双层作业时，上下应紧密配合，防止落物伤人；严禁用机械动力拆接钻杆。 11. 对于已埋设护筒未开钻或已成桩护筒尚未拔出的，应加设护筒顶盖或铺设安全网罩。 （四）混凝土灌注安全要点 1. 成孔钢筋笼吊装完成后，暂时不进行下道工序的孔必须设有安全防护设施，并有专人看守。 2. 钢筋笼接笼过程中，必须设置坚实牢固的作业平台，防止人员掉落孔中；接笼的电焊工相关操作及要求参照钢筋笼加工中的相关要求。施工作业平台必须规整平顺，杂物必须清除干净，防止拆除导管时将工作人员绊倒造成事故。 3. 导管安装及混凝土浇筑前，井口必须设有导管卡，搭设工作平台（留出导管位置），并且要求能保证人员的安全。 4. 导管安装注意：导管对接必须注意手的位置，防止手被导管夹伤。混凝土浇筑过程中，混凝土搅拌运输车倒车时，指挥员必须站在司机能够看到的固定位置，防止指挥员走动过程中栽倒而发生机械伤人事故。轮胎下必须垫有枕木。倒车过程中，车后不得有人。同时，吊车提升拆除导管过程中，各现场人员必须注意吊钩位置，以免将头砸伤。 5. 混凝土灌注施工时，操作人员必须站在有防护栏杆的作业平台上，以防掉落孔中。导管提升不宜用力过猛，防止导管拉断，同时要防止将导管提离混凝土面，造成断桩事故。 6. 配电箱以及其他供电设备不得置于水中或者泥浆中，电线接头要牢固，并且要绝缘，输电线路必须设有漏电开关。 7. 夜间施工，应配置足够的照明，照明灯高度≥3 米，其金属外壳必须有可靠保护接地零线。 8. 导管吊装、拆卸的操作严格按照操作规程进行，同时参考钢筋笼吊装的相关机械操作。 9. 吊车工作之前必须进行机械安全检查。吊车工作时，必须有专人指挥，并且在其工作范围内不得站人。

续上表

<table>
<tr><td colspan="6">重点强调：
1. 钢筋笼焊接作业必须严格遵守“十不烧”要求，注意防火和防触电事故。
2. 钢筋笼吊装须严格执行起重作业的有关规定。
3. 钢筋笼吊装结束摘钢丝绳时，禁止一端摘掉，另一端通过吊车加力拽出；应人工取出，取钢丝绳时要用力均匀，不得生拉硬扯，防止钢丝绳弹出伤人。
4. 桩机钻架基础应夯实、整平，移动走管钻架下应铺设枕木，垫起后应保持整机处于水平位置。
5. 钻头的组装应按照说明书规定进行，竖立或放倒钻架时，应由桩机操作人员进行。
6. 钻孔机械就位后，应对钻机及配套设施进行全面检查，钻机安设必须平稳、牢固；钻架应加设斜撑或缆风绳，稳定安全。架设好后经现场工程师检查合格后方可使用。
7. 钻进时，要紧密监视掘进情况，观察孔内有无异常情况，钻架是否倾斜、各连续部位是否松动、是否有塌孔征兆，如发现有异常，立即纠正。
8. 钻孔作业时，回转马达不得反转，以防钻杆脱口发生意外。
9. 摘卸钻杆时，必须使用专用叉手，司机和辅助人员密切配合，防止失手。当拆钻杆为双层作业时，上下应紧密配合，防止落物伤人；严禁用机械动力拆接钻杆。
10. 对于已埋设护筒未开钻或已成桩护筒尚未拔出的，应加设护筒顶盖或铺设安全网罩。
11. 钢筋笼接笼过程中，必须设置坚实牢固的作业平台，防止人员掉落孔中；接笼的电焊工相关操作及要求参照钢筋笼加工中的相关要求。施工作业平台必须规整平顺，杂物必须清除干净，防止拆除导管时将工作人员绊倒造成事故。
12. 导管安装及混凝土浇筑前，井口必须设有导管卡，搭设工作平台（留出导管位置），并且要求能保证人员的安全。
13. 混凝土灌注施工时，操作人员必须站在有防护栏杆的作业平台上，以防掉落孔中。
14. 配电箱以及其他供电设备不得置于水中或者泥浆中，电线接头要牢固，并且要绝缘，输电线路必须设有漏电开关。</td></tr>
<tr><td>审核人</td><td></td><td>交底人</td><td></td><td>接受交底
负责人</td><td></td></tr>
<tr><td colspan="6">作业班组全体签名：</td></tr>
</table>

人工挖孔桩(基坑围护)施工安全交底　　编号：

施工单位	
工程名称	
分部分项工程	
工　　种	

交底内容：

一、主要危险源与危害因素

1. 高处坠落:地面作业人员或过往人员不慎坠入桩孔中;孔内作业人员在上下孔过程中失稳坠落孔底。

2. 物体打击:地面物体掉入桩孔中,孔中升降的工器具掉下,活底吊桶或箩筐装载的弃土掉下,或绳索断裂、吊桶脱钩掉下击中孔底作业人员。

3. 淹溺:遇有流沙或涌泥,或地下水位高、压力大,孔内瞬间大量涌水,孔内人员被淹没、掩埋。

4. 坍塌:桩孔无护壁,或未按土质情况采取防流沙、涌泥措施,孔壁坍塌,掩埋孔内作业人员。

5. 触电:人工挖孔配备的施工机具中有部分电动机具和照明设施,因漏电造成作业人员触电。

6. 窒息:桩孔内缺氧,导致孔内人员有疲劳感,注意力减退,动作极易失误。严重缺氧时,有头痛、恶心、眼花、呕吐,甚至丧失意识、言行不能自主的症状。空气中氧气的体积比低于6%时,为致命缺氧,此时人心跳微弱,血压大幅度下降,抢救不及时,就会因停止呼吸和心跳而死亡。

7. 机械伤害:提升设备带病作业、机械运转部位未设防护装置、钢丝绳卡扣安设不符合标准或存在断丝现象,在提升操作过程中发生断裂伤人、人员身体部位卷入隐患。

二、安全注意事项

(一)一般安全注意事项

1. 根据《建筑施工安装工人安全、技术操作规程》等有关规定凡从事特种作业或特种环境作业人员要定期体检,凡患高血压、心脏病、贫血病以及其他不适合深孔桩作业人员不得从事人工孔桩作业。

2. 进入施工现场的作业人员必须戴好安全帽,孔上作业人员必须正确使用安全带,高挂低用,并将系扣在牢固处。

3. 作业人员必须按有关人工挖孔桩作业规范、标准接受三级安全教育。

4. 遵守劳动纪律,严格遵守施工现场“十不准”、“三不伤害”和杜绝“三违”现象。

5. 进场的设备必须经过验收且合格方可使用。

6. 人员上下严禁乘坐挖桩提升设备,不得攀爬或蹬踏护壁上下,施工井口必须设置软爬梯。

7. 锁扣高度不得低于30厘米,孔内运出的土石料应堆放在离井口以外的地方并及时清理出场,在井口周边1米范围内不得堆放杂物,保持作业场所整洁。

续上表

8. 挖孔桩作业人员下班休息前，必须盖好孔口，采用钢管焊接钢板网将孔口封闭围挡，钢板网必须有一定的抗冲击力，确保人员不坠入孔桩内。 （二）防止高处坠落事故的安全要求 1. 施工现场项目部建立预防高处坠落应急预案及应急救援措施。 2. 孔桩作业区采取带警戒色钢管双护栏防护措施隔离，并设安全标志，夜间施工安设警示红灯。 3. 地面孔口必须设护栏，高度不低于 1.2 米，无关人员不得靠近桩孔口，孔口机械操作人员不准离开岗位。 4. 作业人员进入施工现场必须戴好安全帽，佩戴相应劳动保护用品，特别是井下工作人员，必须穿好长筒绝缘胶鞋，井口作业人员必须拴好安全带和系保险钩。 5. 桩孔洞口应设置应急悬挂软爬梯，并随桩孔深度放长，供人员上下孔桩使用的电动吊篮或吊笼等应安全可靠并配有防坠落安全装置，不得使用麻绳和尼龙绳吊挂或脚踏井壁上下，作业人员上下井时必须乘坐专用安全吊笼，不得随意攀爬护壁和乘坐吊桶（或土筐）、吊绳等方式上下井，上下孔桩必须有可靠的联络信号。 （三）防止物体打击事故的安全要求 1. 施工现场项目部建立预防物体打击应急预案及应急救援措施。 2. 混凝土护壁浇筑前，锁口高于自然地面高度不得低于 30 厘米，保护井口和防止物体滑落井内伤人。 3. 孔内运出的土石料应堆放在离井口以外的地方并及时清理出场，在井口周边 1 米范围内不堆放杂物，保持作业场所整洁，混凝土护壁不得放置与施工无关的工具或站人。 4. 孔桩口应该严格管理，防止地面石头或其他杂物等被踢入桩孔内。作业井口保证有专人配合作业，不得随意变换。 5. 桩孔下作业人员必须戴好安全帽，穿好绝缘胶鞋，桩孔口与下部作业人员应有可靠的联络设施。如桩孔口管理混乱，桩孔内应立即停止作业回到地面上。当井下有工作人员作业时，井上作业人员不得擅自离开岗位，应密切注意井下作业状况，并做到井下人员每 2 小时轮换一次作业，地面孔口作业人员需待井下作业人员上来后方可离岗。 6. 利用提料桶运土时必须保证钢丝绳与提料桶之间三个绳卡正确固定，并采用保险沟，防止提料桶滑脱，严禁使用开口销。 提升机绳卡和钢丝绳应符合以下安全要求：(1)绳卡规格应与钢丝绳的绳径相匹配，数量不得少于 3 个，间距不得小于钢丝绳直径的 6 倍，绳卡滑鞍应在受力绳一侧，不得正反交错设置绳卡，绳头距最后一个绳卡的长度不小于 100 毫米。(2)绳卡数量须达到有关规范要求，绳卡压板应在钢丝绳长头一边，绳卡间距不应小于钢丝绳直径的 6 倍。(3)吊钩采用吊环，使用圆钢制作，并具有反扣装置，严禁使用螺纹钢。 7. 提料桶采用电动绞架提放时，上下对准桩孔中心，在任何情况下严禁提升设备超载运行，上下班前对提升架及轨道进行检查，工作时发现异常应立即停止工作，找出原因，认真检修，不准带病作业。 8. 提料桶不能装的太满，防止提升过程逸出物落物砸伤孔底作业人员。 9. 井孔上下设立可靠的联络信号或喊话等方式经常与井下保持联络，发现异常时应立即帮助井下作业人员系好安全带撤离井底返回地面。

续上表

10. 当孔超深时，应在距井底处设置一道半圆形钢筋防护网并牢固固定。

11. 在吊运物料时，井下人员应紧贴护壁站在半圆形防护网下，以防落物伤人，半圆形钢筋防护网设置时应每2米向下移动一次并固定，始终保持在设置高度范围内。

12. 开挖中遇到大粒径漂石时，应先将其破碎起吊或由人员将漂石装好后，先离开桩孔后起吊，严禁未处理直接起吊。

(四)防止坍塌事故的安全要求

1. 施工现场项目部建立预防坍塌应急预案及应急救援措施。

2. 人工挖孔桩开挖顺序，应采取间断挖孔方法，以减少水的渗透和防止土体滑移，防止成孔过程中因邻桩混凝土未初凝而发生窜孔现象。

3. 在熟悉场地地质条件的基础上，开挖桩孔应按设计要求做钢筋混凝土护壁，混凝土护壁每节1米，厚0.15米，应加钢筋，混凝土强度等级不低于C20，每节护壁混凝土应保证设计厚度、同心度、直径及垂直度，每挖成一节就应及时绑扎钢筋支模并浇灌混凝土，护壁混凝土浇灌要周围同步上升，振捣密实，待混凝土达到规定强度后方可拆模。严禁不按设计要求不作混凝土护壁，严禁采用挖地道的开挖方法。

4. 井下作业人员在作业过程中，应随时注意井内的各种变化情况，如地下水、流沙、流泥、塌方、井圈护壁变形、有害气体、不明物等，发现问题及时回到井上报告项目管理负责人员采取措施处理解决。

5. 每节挖空进尺深度应根据实际土质和地下水位而定，地下水压力较大，出现较多涌沙、涌泥等可直接采取机械成孔作业。

6. 遇有异常情况，如孔洞、地下水、黑土层、有害气体等，立即停止作业，撤离危险区，不得擅自处理，严禁冒险作业。

7. 施工过程中严禁超挖，如遇不稳定土层时，根据现场实际情况调节每节护壁开挖长度，及早支护、及早浇筑护壁混凝土。

(五)防止中毒事故的安全要求

1. 施工现场项目部建立预防窒息中毒应急预案及应急救援措施。

2. 地下特殊地层中因有机物腐化或其他化学物质往往含有CH_4、SO_2、H_2S、CH_4或其他有毒气体，可能造成作业人员中毒甚至死亡事故。故当挖孔深度超过一定深度时，每日开工前应检测井下有无危害气体和不安全因素，孔深大于10米以及腐殖质土层较厚时，应有专门送风设备，风量不应小于25 L/s，采用风力压管引至井底进行送风，特别是对存在臭水、污泥和异味的井孔，下井作业前必须对井内送风，送风时间要超过20分钟以上，并用小动物(如鸽子)等检测，确认无有毒气体后方可下井。作业过程中要不间断送风，以防中毒窒息事故发生，地面还需常备氧气瓶等急救设备，并且配备具有一定窒息中毒抢救知识的专业人员在现场按应急救援措施实施救援和抢救。

3. 配置氧气检测仪和有毒有害气体检测仪，每班作业前打开孔盖进行30分钟的强制通风，作业中每隔2小时进行一次强制通风，安排专人进行看护，发现有害气体必须采取防范措施，每班作业2小时进行一次轮换。

(六)防止触电事故的安全要求

1. 施工现场项目部建立预防触电应急预案及应急救援措施。

2. 施工现场的一切临时用电安装和拆除必须由持有特种作业证和上岗证的专业电工操作。

续上表

<table>
<tr><td colspan="6">3. 井底抽水时，原则上应在挖孔作业人员上到地面后再合闸抽水，然后立即关闭电源，严禁带电作业。
4. 孔内用电设备用电箱应采用“一机一闸一漏一箱”，实行 TN—S 接零保护系统，使用潜水泵或手持机具的漏电保护器漏电动作电流为 15 毫安，漏电动作时间 0.1 秒，电缆应采用潜水电机防水橡胶护套电缆，不得有接头，且应架空敷设，不得承受外力，还应有防磨损、防潮、防断等保护措施，严禁使用绝缘性能差的护套线或石棉线。
5. 如遇水量较大需边抽水边挖时，应在项目经理同意下采取足够的安全防护（如穿密封绝缘服），并有专人监护设置专门保护电源方可进行井下作业，井孔内作业应采用 12 V 安全电压防水带罩灯泡，防水绝缘电缆引下进行照明。
（七）防止机械伤害事故的安全要求
1. 施工现场项目部建立预防机械伤害事故应急预案及应急救援措施。
2. 每天工作开始前及施工中，现场的作业人员都应配合项目机电人员认真检查提升机的轱辘轴、支架、吊绳、挂钩、保险装置和吊桶（或土篮）、刹车制动等设备和工具是否完好无损，防护措施是否安全到位和正确牢固可靠，发现问题及时向机电人员报告，并在修复及设备试运行正常完好后方准许正式使用。
3. 施工中应随时检查垂直运输设备的完好情况，钢丝绳是否设置三个，钢丝绳直径是否满足规范、标准要求，钢丝绳磨损是否超标，严禁提升机带病作业，严禁钢丝绳滑脱。
4. 严禁采用钢管，木头等作支架，沙袋等做配重而发生倾覆事故。</td></tr>
<tr><td colspan="6">重点强调：
1. 孔上作业人员必须系扣好安全带。
2. 开挖时，遇到大块漂石，应破碎或人员先出孔后出渣。
3. 锁口高度不得低于 30 厘米，孔口周边 1.5 米范围内严禁堆土石。
4. 作业前强制通风不得少于 30 分钟，作业中每隔 2 小时进行一次强制通风。监护人员必须进行现场监护。作业人员必须使用安全绳索，每班作业不得超过 2 小时。
5. 人员上下严禁随桶提升，应使用专用爬梯。
6. 下班后必须对孔口进行可靠覆盖。
7. 孔内照明使用 24 V 以下安全电压；极度潮湿时，应使用 12 V 安全电压。
8. 提料桶不能装的太满，防止提升过程逸出物砸伤孔底作业人员，装渣容器应采用软质塑料容器，高度不大于 0.6 米，直径不大于 0.4D（D 为孔径）。
9. 配置有毒有害气体检测仪，每次作业前应对孔内进行监测，确保安全。
10. 挖孔桩周边设置不低于 1.2 米的护栏。</td></tr>
<tr><td>审核人</td><td></td><td>交底人</td><td></td><td>接受交底负责人</td><td></td></tr>
<tr><td colspan="6">作业班组全体签名：</td></tr>
</table>

旋喷桩(围护基坑)施工安全交底 编号:

施工单位	
工程名称	
分部分项工程	
工　　种	

交底内容:

一、主要危险源与危害因素

1. 桩机机架不稳。

2. 施工过程中桩机无人监控。

3. 恶劣天气时仍继续作业。

4. 桩机发生异常情况时,未立即停机检查。

5. 登高检查和维修时,未系安全带,工具随手放置,向下随意抛物。

6. 近地面喷射时,未控制压力和流量。清洗机具时喷头对人。

7. 水泥浆泵基础架不稳。

二、安全注意事项

(一)施工现场安全措施

1. 桩施工前,对邻近施工范围内的原有建筑物、构筑物、地下管线等进行调查,对有影响的工程,应采取有效的加固防护措施或隔振措施,并加强观测,确保施工安全。

2. 桩施工前先全面检查机械各个部分及润滑情况,发现有问题及时解决。检查后要进行试运转,严禁带病作业。桩机设备应由专人操作,并经常检查机架部分有无脱焊、螺栓松动,注意机械的运转情况,加强机械的保养,以保证机械正常使用。

3. 桩机机架安设铺垫平稳、牢固,防止钻具突然下落造成人员伤亡和设备损坏。

4. 现场操作人员要戴安全帽,高处作业时系安全带。有心脏病、高血压病者,不得从事高处作业。

5. 夜间施工,应设足够的照明设施,雷雨天、大风、大雾天应停止桩施工作业。

6. 对所有从事管理和生产的人员进行全面的安全教育,树立“安全第一、预防为主”的思想,并提高作业人员遵守施工安全纪律的自觉性,认真执行安全操作规程。

7. 施工期间保持道路平整、畅通。施工现场的洞、坑、沟、井口等危险处,应设安全防护设施及安全警示牌。

8. 施工现场的消防器材应有专人管理,不得乱拿乱动。

9. 施工现场配备的安全设施不得擅自拆除或移动,因施工需要移动时,需采取相应的临时安全措施。

10. 现场的各类材料的堆放不得超过规定的高度。

11. 旋喷桩施工过程中每台桩机必须保证有一人以上监控桩机施工安全问题。

12. 大雨天停止各项作业,人员和运输设施应有防雨遮盖措施和截排水措施,高处作业要做好雷电防护。

13. 雷雨期施工的桩机,应装避雷器。在雷电期间,人员必须远离桩机。

续上表

14. 遇有大雨、雪、雾和6级以上大风等恶劣气候，应停止作业，当风速超过7级或有强台风警报时，应将桩机顺风向停置，并增加缆风绳，必要时，应将桩架放在地面上。 （二）高压旋喷桩桩机安全操作 1. 桩机作业区应无高压线路，作业区内应有明显标志和围栏。 2. 机组人员作登高检查和维修时，必须系安全带；工具和其他物件应放在工具包内，高处作业人员不得向下随意抛物。 3. 作业场地距电源变压器或供电主干线距离应在200米以内，启动时电压升降不得超过额定电压的10%。 4. 电动机和控制箱应有良好的接地装置。 5. 桩机应放置平稳、坚实，并应用自动微调或线锤调整钻杆，使之保持垂直。 6. 启动前应检查并确认桩机各部件连接牢固，传送带的松紧度适当，减速箱内油位符合规定。 7. 启动前应将操纵杆放在空挡位置，启动后，应做空运转试验，检查仪表、温度、音响、制动等各项工作，正常后方可作业。 8. 开机时，应先送浆后开钻；停机时，应先停浆后停钻。泥浆泵应有专人看管，对泥浆质量和浆面高度应随时测量和调整，保证浓度合适。停钻时，出现漏浆应及时补充，并应随时清理沉淀池中杂物，保持泥浆纯净。 9. 桩机施工时应随时观察桩机运转情况，当发生异常情况时，应立即停机检查，排除故障后方可继续施工。 10. 注浆前，应检查高压设备和管理系统，密封圈必须完好，各管道和喷嘴内不得有杂物。 11. 桩机作业时应控制空压机、高压水泵、送浆泵的压力和提管喷浆速度。 12. 近地面喷射时，应控制压力和流量，防止伤人。 13. 作业后清洗机具时，喷头严禁对人。 14. 桩机移位和拆卸，应按照机械说明书规定进行，在转移和拆卸过程中，应防止碰撞机架。 15. 遇有雷雨、大雾和6级以上大风等恶劣气候时，应停止一切作业。 （三）水泥浆泵安全操作 1. 水泥浆泵应安装在稳固的基础架上，不得松动。 2. 启动前，应做好各项安全检查项目。 3. 启动前，吸水管、底阀及泵体内应注满引水，压力表缓冲器上端应注满油。 4. 启动前使活塞往复活动两次，无阻碍时方可空载启动。启动后，应待运转正常，再逐步增加荷载。 5. 运转中不得变速；当需要变速时，应停泵进行换挡。 6. 运转中，当出现异响、水量、压力不正常，或有明显高温时应停泵检查。 7. 长期停用时，应清洗各部位泥砂、油垢，将曲轴箱内润滑油放尽，并采取防锈、防腐措施。

续上表

重点强调：

1. 桩机机架安设铺垫平稳、牢固，防止钻具突然下落造成人员伤亡和设备损坏。

2. 旋喷桩施工过程中每台桩机必须保证有一人以上监控桩机施工安全问题。

3. 遇有大雨、雪、雾和6级以上大风等恶劣气候，应停止作业，当风速超过7级或有强台风警报时，应将桩机顺风向停置，并增加缆风绳，如必要时，应将桩架放在地面上。

4. 桩机施工时应随时观察桩机运转情况，当发生异常情况时，应立即停机检查，排除故障后方可继续施工。

5. 机组人员作登高检查和维修时，必须系安全带；工具和其他物件应放在工具包内，高处作业人员不得向下随意抛物。

6. 近地面喷射时，应控制压力和流量，防止伤人。作业后清洗机具时，喷头严禁对人。

7. 水泥浆泵应安装在稳固的基础架上，不得松动。

审核人		交底人		接受交底负责人	

作业班组全体签名：

水泥搅拌桩(围护基坑)施工安全交底　　编号：

施工单位	
工程名称	
分部分项工程	
工　　种	

交底内容：

一、主要危险源与危害因素

1. 施工前，搅拌桩机未做全面安全检查，搅拌桩机带病作业。

2. 违章用电；碰撞、碾压临电线路和注浆管等。

3. 搅拌桩机移位过程中无人指挥、监护。

4. 停靠、作业基础不稳。

二、安全注意事项

1. 进入施工现场作业人员必须正确佩戴安全帽和个人防护用具，严禁酒后进场施工。凡患有高血压及视力不佳等人员，不得进行机上作业。

2. 施工现场道路应平坦、坚实、畅通，交叉点及危险地区应设明显标志。

3. 搅拌桩机进场后，桩机负责人安排人员装机、竖支架、布设临时用电，做到安全合理。

4. 桩机操作人员必须持证上岗，坚守岗位，辅助生产人员应服从桩机操作人员的工作安排，严禁擅自启动桩机设备。

5. 搅拌桩机按要求就位后，应进行施工前全面安全检查。检查内容有：用电安全、桩架的稳定性、操作部位的性能、导向部件的稳固程度等，确保安全且符合要求后才准予施工。

6. 每次施工前，还应对搅拌机进行例行安全检查，不符合安全要求的禁止强行施工。

7. 搅拌机转动，应设专人看管，严禁伤人。

8. 电气设备的电源，应按有关规定架设安装。电气设备均需有良好的接地接零，接地电阻不大于 4 Ω，并装有可靠的漏电保护装置。配电箱、启动柜内严禁放置非定点装配设施、杂物。严禁私拉乱接电线。

9. 搅拌桩机在移位前，应将临电线路、注浆管等设施先行疏解移位，严禁碰撞、碾压临电线路和注浆管等。

10. 搅拌桩机在移位过程中必须有专人指挥、监护，防止在移位过程中倾倒，造成人员伤害。

11. 在地质条件较差的作业面进行作业时，应确保其停靠、作业基础稳固，防止在钻孔作业过程中，因地基层发生突变，而造成伤害事故。

12. 桩机电气、控制、制动机构应完好、有效，传动机构防护罩必须齐全，严禁设备带病运转。

13. 水泥浆搅拌系统周围必须设置有效的隔离装置，水泥浆液搅拌池周围应设置防护栏或铺设钢筋格栅，防止人员误入受伤。

14. 采取有效措施，控制水泥扬尘，做好泥浆、废水外溢防护，做好施工现场文明施工。

续上表

<table>
<tr><td colspan="6">重点强调：
1. 搅拌桩机按要求就位后，应进行全面的施工前安全检查。
2. 电气设备的电源，应按有关规定架设安装；严禁私拉乱接电线。
3. 搅拌桩机在移位前，应将临电线路、注浆管等设施先行疏解移位，严禁碰撞、碾压临电线路和注浆管等。
4. 搅拌桩机在移位过程中必须有专人指挥、监护，防止在移位过程中倾倒，造成人员伤害。
5. 在地质条件较差的作业面进行作业时，应确保其停靠、作业基础稳固，防止在钻孔作业过程中，因地基层发生突变，而造成伤害事故。</td></tr>
<tr><td>审核人</td><td></td><td>交底人</td><td></td><td>接受交底负责人</td><td></td></tr>
<tr><td colspan="6">作业班组全体签名：</td></tr>
</table>

地下连续墙(基坑围护)施工安全交底　编号：

施工单位	
工程名称	
分部分项工程	
工　　种	

交底内容：

一、主要危险源与危害因素

1. 成槽机、起重机工作时，吊臂下站人。

2. 挖槽未采用间隔式开挖。

3. 保护设施不齐全、监护人员不到位时，作业人员下槽、孔内清理障碍物。

4. 导墙混凝土强度未达到设计规定，开挖导墙槽段下的土方。

5. 遇到阻碍时仍强行下放钢筋笼。

二、安全注意事项

(一)成槽施工

1. 挖槽时，抓斗中心平面应与导墙中心平面相吻合。

2. 成槽机、起重机工作时，吊臂下严禁站人。

3. 单元槽段长度应符合设计规定，并采用间隔式开挖，一般地质应间隔一个单元槽段。

4. 挖槽过程中，应观测槽壁变形、垂直度、泥浆液面高度，并应控制抓斗上下运行速度。

5. 槽段挖至设计高程后应及时检查槽位、槽深、槽宽和垂直度，并做好记录，然后进行清底。

6. 清底应自底部抽吸并及时补浆，清底后的槽底泥浆容重不应大于 1.15 克/立方厘米，沉淀物淤积厚度不应大于 100 毫米。

7. 开挖到槽底设计高程后，应对成槽质量进行检查，确认符合技术规定并记录。

8. 现场应设泥浆沉淀池，周围应设防护栏杆。废弃泥浆和钻渣应妥善处理，不得污染环境。

9. 挖槽应按已划分的单元节段，决定各段开挖先后次序。开始后应连续进行，直至节段完成。

10. 挖掘的槽壁和接头处应竖直，竖直度允许偏差应符合技术规定；接头处相邻两槽段中心线在任一深度的偏差值不得大于墙厚的 1/3。

11. 成槽机械开挖一定深度后，应立即输入调好的泥浆，并保持槽内浆面不低于导墙顶面 30 厘米。泥浆浓度应满足槽壁稳定的要求，重复使用的泥浆如性能发生变化，应进行再生处理。

12. 准备一定数量黏土，出现塌孔情况时立即回填黏土，避免槽壁坍塌范围扩大。

13. 挖槽时应加强观测，遇槽壁发生坍塌、沟槽偏斜等故障时，应立即停止作业，查明原因，采取相应的安全技术措施，待确认安全后，方可继续作业。

14. 遇严重大面积坍塌，应先提出挖掘机械，采取安全技术措施确认安全后方可挖掘。

续上表

15. 清理槽底和置换泥浆工作结束1小时后，应检查槽底以上20厘米处的泥浆密度，确认符合施工设计的规定；并检查槽底沉淀物厚度，确认符合施工设计的要求。 16. 清底前应检查节段平面、横截面和竖面位置。遇槽壁竖向倾斜、弯曲和宽度不足等超过允许偏差时，应进行修槽，并确认符合要求。 17. 节段接头处应用刷子或高压射水清扫。 18. 成槽过程中遇到底下障碍物时，采用自制的钢套箱入槽中打捞；遇到软硬土层突变时应及时调整施工参数，确保施工机械安全和成槽正常施工。 19. 成槽后，接头箱下放过程中如发现因坍方而导致接头箱无法下沉至规定位置时，不得强冲，先提起修槽后再放，锁口管应插入槽底以下50～80厘米。 20. 在保护设施不齐全、监护人员不到位的情况下，严禁作业人员下槽、孔内清理障碍物。 （二）连续墙施作 1. 起重机外露传动系统必须有防护罩，转盘方向轴必须设有安全警示。 2. 起重机工作前，必须检查距其尾部的回转半径外500毫米内无障碍物。 3. 地下连续墙施工前，应平整场地，清除成槽范围内的地面、地下障碍物，对需要保留的地下管线应挖露出来，封堵地下空洞并测放出导墙位置。 4. 在施工二次结构前，墙体应凿毛，清理干净，调直预留钢筋，经检查合格后，方可施工二次结构。 5. 地下连续墙支护和基坑为软弱土层时，应在加固浆体达到设计强度后方可进行土方开挖。 6. 导墙施工应注意如下事项。 (1)安装预制块导墙时，块件连接处应严密，防止渗漏。 (2)导墙分段施工时，段落划分应与地下连续墙划分的节段错开。 (3)导墙混凝土强度达到设计规定后，方可开挖该导墙槽段下的土方。 (4)混凝土导墙浇筑和养护时，重型机械、车辆不得在其附近作业。 (5)导墙土方开挖后，直至导墙混凝土浇筑前，必须在导墙槽边设围挡或护栏和安全标志。 (6)导墙模板拆除后，及时在两导墙间每隔1米设ϕ100圆木横撑3根，防止导墙变形失稳。 (7)导墙支撑应每隔1～1.5米距离设置。 (8)导墙的平面轴线应与地下连续墙轴线平行，两导墙的内侧间距宜比地下连续墙体厚度大4～6厘米。 (9)导墙底端埋入土内深度宜大于1米，基底土层应夯实，遇特殊情况应妥善处理。 (10)导墙顶面应高出地面，遇地下水位较高时，导墙顶端应高出地下水位。 (11)墙后应填土，并与墙顶平齐，全部导墙顶面应保持水平，内墙面应保持垂直。 7. 钢筋笼下放前必须对槽壁垂直度、平整度、清孔质量及槽底高程进行严格检查。 8. 下放过程中，遇到阻碍，钢筋笼放不下去时，不允许强行下放。 9. 如发现槽壁土体局部凸出或坍落至槽底，则必须整修槽壁，并清除槽底坍土后，方可下放钢筋笼。 10. 严禁割短或割小钢筋笼。 11. 起重机吊钢筋笼时，应先吊离地面20～50厘米，检查起重机的稳定性，制动器的可靠性、吊点和钢筋笼的牢固程度确认可靠后，才能继续起吊。

续上表

12. 两台起重机同时起吊，必须注意负荷的分配，每台起重机分担质量的负荷不得超过该机允许负荷的 80%，防止任何一台负荷过大造成事故。

13. 钢筋笼起吊时，必须对两台起重机进行统一指挥，使两台起重机动作协调相互配合，在整个起吊过程中，两台起重机的吊钩滑车组必须保持垂直状态。

14. 为了防止钢筋在吊装过程中产生不可复原的变形，各类钢筋笼均需设置纵向抗弯桁架，拐角钢筋笼增设定位斜拉杆。

15. 为了保证钢筋笼吊装安全，宜用 HPB 235 级钢筋和 A3 钢板做吊装环，吊环必须与钢筋相交的水平钢筋笼每个交点都焊接牢固。

16. 对于端头井拐角幅钢筋笼除设置纵、横向起吊桁架和吊点外，另需增设“人”字桁架和斜杆进行加强，以防止钢筋笼在空中翻转时发生变形。

17. 混凝土灌注应注意如下安全事项。

(1)钢筋笼就位后，应立即进行灌注，钢筋笼入孔后至浇筑混凝土完毕的时间不得超过 4 小时。

(2)各导管储料斗内混凝土储量应保证开始灌注混凝土时埋管深度不小于 500 毫米。

(3)各导管剪断隔水栓吊挂线后应同时均匀连续灌注混凝土，因故中断灌注时间不得超过 30 分钟。

(4)导管随混凝土灌注应逐步提升，其埋入混凝土深度应为 1.5～3.0 米，相邻两导管内混凝土高差不应大于 0.5 米。

(5)混凝土不得溢出导管落入槽内。

(6)置换出的泥浆应及时处理，不得溢出地面。

(7)混凝土灌注应高出设计高程 300～500 毫米。

重点强调：

1. 成槽机、起重机工作时，吊臂下严禁站人。

2. 挖槽应按已划分的单元节段，决定各段开挖先后次序。开始后应连续进行，直至节段完成。

3. 在保护设施不齐全、监护人员不到位的情况下，严禁作业人员下槽、孔内清理障碍物。

4. 导墙混凝土强度达到设计规定后，方可开挖该导墙槽段下的土方。

5. 下放过程中，遇到阻碍，钢筋笼放不下去时，不允许强行下放。

6. 钢筋笼起吊时，必须对两台起重机进行统一指挥，使两台起重机动作协调相互配合，在整个起吊过程中，两台起重机的吊钩滑车组必须保持垂直状态。

审核人		交底人		接受交底负责人	

作业班组全体签名：

土钉墙(基坑围护)施工安全交底

编号:

施工单位	
工程名称	
分部分项工程	
工　　种	

交底内容:

一、主要危险源与危害因素

1. 喷射混凝土和注浆作业人员未按规定佩戴防护用品,裸露身体作业。

2. 沟槽坍塌、危石打击。

3. 喷射支护施工未紧跟土方开挖面。

4. 未按"自上而下"顺序分层喷射;开挖后裸露时间长,未及时喷射混凝土。

5. 墙体发生裂缝、有坍塌征兆时,人员未立即撤出危险区。

6. 土钉作业时触摸钻杆;搬运、安装土钉时碰撞人、设备。

7. 钻孔完成后未及时注浆。

8. 土钉墙的土钉注浆和喷射混凝土层不足 12 小时且未达到设计强度的 70%前,开挖下层土方。

二、安全注意事项

1. 喷射混凝土和注浆作业人员应按规定佩戴防护用品,禁止裸露身体作业。

2. 土钉墙支护,应先喷射混凝土面层后施工土钉。

3. 进入沟槽和支护前,应认真检查和处理作业区的危石、不稳定土层,确认沟槽土壁稳定。

4. 喷射管道安装应正确,连接处应紧固密封。管道通过道路时,应设置在地槽内并加盖保护。

5. 土钉必须和面层有效连接,应设置承压板或加强钢筋等构造措施,承压板、加强筋应分别与土钉螺栓、钢筋焊接连接。

6. 喷射支护施工应紧跟土方开挖面。每开挖一层土方后,应及时清理开挖面,安设骨架、挂网、喷射混凝土。并应符合下列要求:

(1)骨架和挂网应安装稳固,挂网应与骨架连接牢固。

(2)喷射混凝土过程中,应设专人随时观察土壁变化状况,发现异常必须立即停止喷射,采取安全技术措施,确认安全后方可继续进行。

7. 土钉墙支护应分段分片依次进行,同一分段内喷射应自上而下分层进行,随开挖随支护。

8. 施工中应随时观测土体状况。发现墙体裂缝、有坍塌征兆时,施工人员应立即撤出基坑、沟槽的危险区,并及时处理,确保安全。

续上表

9. 土钉宜在喷射混凝土终凝 3 小时后进行施工；钻孔应应连续完成；作业时，严禁人员触摸钻杆；搬运、安装土钉时，不得碰撞人、设备。 10. 钻孔完成后应及时注浆，并应符合下列要求： (1)作业中注浆罐内应保持一定数量的浆液，防止放空后浆液喷出伤人。 (2)作业中遗洒的浆液和刷洗机具、器皿的废液，应及时清理，妥善处置。 (3)注浆机械操作工和浆液配制人员，必须经安全技术培训，考核合格方可上岗。 (4)第一次注浆初始压力须符合规定。注浆应分级，逐步升压至控制压力。 (5)浆液原材料中有强酸、强碱等材料时，必须储存在专用库房内，设专人管理，建立领发料制度，且余料必须及时退回。 (6)注浆的材料、配比和控制压力等必须根据土质情况、施工工艺设计要求，通过试验确定。浆液材料应符合环境保护要求。 (7)使用灰浆泵应符合下列要求： 1)作业后应将输送管道中的灰浆全部泵出，并将泵和输送管道清洗干净。 2)作业前应检查并确认球阀完好，泵内无干硬灰浆等物。各连接件紧固牢靠，安全阀调到预定安全压力。 3)故障停机时，应先打开泄浆阀使压力下降，再排除故障。灰浆泵压力未达到零时，不得拆卸空气室、安全阀和管道。 11. 遇有不稳定的土体，应结合现场实际情况采取防塌措施，并应符合下列要求。 (1)施工中应加强现场观测，掌握土体变化情况，及时采取应急措施。 (2)支护面层背后的土层中有滞水时，应设水平排水管，并将水引出支护层外。 (3)在修坡后应立即喷射一层砂浆、素混凝土或挂网喷射混凝土，待达到规定强度后方可设置土钉。 12. 土钉墙的土钉注浆和喷射混凝土层 12 小时后或达到设计强度的 70%后，方可开挖下层土方。

续上表

<table>
<tr><td colspan="6">重点强调：
1. 喷射混凝土和注浆作业人员应按规定佩戴防护用品，禁止裸露身体作业。
2. 进入沟槽和支护前，应认真检查和处理作业区的危石、不稳定土层，确认沟槽土壁稳定。
3. 喷射支护施工应紧跟土方开挖面。每开挖一层土方后，应及时清理开挖面，安设骨架、挂网、喷射混凝土，并符合有关要求。
4. 土钉墙支护应分段分片依次进行，同一分段内喷射应自上而下分层进行，随开挖随支护。
5. 发现墙体裂缝、有坍塌征兆时，施工人员应立即撤出基坑、沟槽的危险区，并及时处理，确保安全。
6. 土钉作业时，严禁人员触摸钻杆；搬运、安装土钉时，不得碰撞人、设备。
7. 钻孔完成后应及时注浆，并符合有关要求。
8. 遇有不稳定的土体，应结合现场实际情况采取防塌措施，并应符合有关要求。
9. 土钉墙的土钉注浆和喷射混凝土层 12 小时后或达到设计强度的 70%后，方可开挖下层土方。</td></tr>
<tr><td>审核人</td><td></td><td>交底人</td><td></td><td>接受交底负责人</td><td></td></tr>
<tr><td colspan="6">作业班组全体签名：</td></tr>
</table>

钢支撑(基坑围护)施工安全交底　　编号：

施工单位	
工程名称	
分部分项工程	
工　　种	

交底内容：

一、主要危险源与危害因素

1. 吊装钢支撑作业无人指挥、违章指挥、违章作业、疲劳作业、酒后作业。

2. 在钢支撑上施加荷载。

3. 架设钢支撑时，钢支撑下有人。

4. 支撑连接处未垫紧贴密，钢支撑偏心受压。

5. 坑上人员向坑内扔抛工具、物件。

6. 非专职安全检查人员在混凝土支撑梁、钢支撑梁上行走、停留、作业。

7. 吊装拆除的钢支撑时，未系好溜绳。

8. 拆除钢支撑时，作业区下方安全警戒区域内仍进行施工作业。

9. 割除托板及钢管支撑牛腿时，在托板(或牛腿)下方作业或站在托板(或牛腿)上作业。

二、安全注意事项

(一)施工准备阶段

1. 作业人员入场前必须熟悉并遵守安全生产规章制度及相关工种的安全操作规程。

2. 所有人员进入施工现场必须戴合格安全帽，系好下颚带，锁好带扣。

3. 吊装钢支撑作业必须有指挥人员指挥，严禁违章指挥、违章作业及违反安全生产纪律的行为，做到安全生产、文明施工。

4. 钢支撑安装危险性较大，作业人员操作前不得喝酒，严禁酒后作业，合理安排作息时间，严禁疲劳作业。

(二)施工阶段

1. 钢支撑架设必须严格按照钢支撑技术交底进行。

2. 钢支撑在安装前，确保钢围檩与钢支撑安装角度成90°，钢支撑两端水平。

3. 钢围檩要水平放至托架上，将围檩与托架不平处用钢板垫平焊牢，确保钢围檩水平稳固。

4. 钢支撑架设时需要50 t汽车吊配合转移、拼装、吊放钢支撑，因此地面指挥要及时提醒汽车吊周围的作业和非作业人员，确保汽车吊的作业范围内无人员滞留。

5. 按设计宽度在地面组拼成一端固定、一端活动的钢支撑，微调采用特制钢楔块。钢支撑的螺栓必须拧好紧固方可起吊。

6. 在地面分段拼装好的钢支撑下放至基坑内时，汽车吊地面指挥需要基坑内的指挥人员相互配合好，及时将信息反馈给汽车吊司机，同时钢支撑上应该系牵引绳索以配合吊机共同控制支撑下放时的方向，使钢支撑下放过程中不碰撞混凝土支撑梁及基坑内的护坡桩，确保基坑安全。

续上表

7. 钢管支撑活动端用短钢丝绳与腰梁连接，防止千斤顶作业时将对撑钢管顶到支托之外，掉落基坑之内。 8. 千斤顶预加轴力必须分级加载。 9. 不得在支撑上施加荷载，以防支撑失稳，造成事故。 10. 吊放钢支撑到钢支架上，并用固定端旋转法使活动端较宽位置支撑于钢围檩上。吊装时要小心谨慎，避免碰撞安装好的支撑，同时防止钢丝绳缠住安装的支撑。 11. 钢支撑拼装时地面指挥有时必须在已经施做的第一道混凝土支撑上行走时，必须按照高处作业人员的安全准备措施佩戴安全带，并将其固定在安全牢固的固定端。 12. 钢支撑拼装作业时连系梁与护坡桩、钢支撑与地连墙、连系梁与钢支撑这些关键部位的牛腿必须按技术交底焊接，支撑拼装时法兰上螺栓必须鸳鸯穿，保证钢支撑拼装安全可靠。 13. 钢管横撑的设置时间必须严格按设计情况掌握，土方开挖时应分段分层，按基坑开挖深度及开挖时间及时架设钢支撑。 14. 支撑安装与基坑挖土是不可分割的整体，必须互相协调、配合，做到当天挖土，20 小时内支撑安装完毕。 15. 架设钢支撑时，钢支撑下严禁人员施工作业。 16. 所有支撑连接处，均应垫紧贴密，防止钢管支撑偏心受压。 17. 端头斜撑处钢围檩及支撑头，必须严格按设计尺寸和角度加工焊接、安装，保证支撑为轴心受力且焊接牢实。 18. 钢围檩上钢肋板以及钢牛腿必须按照技术交底以及图纸施工。 19. 钢围檩下托架膨胀螺栓和钢支撑上方斜拉筋焊接螺栓必须锚入混凝土围护桩内大于 10 厘米(该数值不含螺栓锚入围护桩护壁中长度)，确保钢支撑和钢围檩的安全。 20. 钢围檩架设前，该位置围护桩须凿平，确保钢围檩与围护桩紧密接触。 21. 在地面拼装焊接好的钢围檩下放至基坑内时，履带吊地面指挥要需基坑内的指挥人员相互配合好，及时将信息反馈给履带吊司机，同时钢围檩上应该系牵引绳索以配合吊机共同控制钢围檩下放时的方向，使钢围檩下放过程中不碰撞钢支撑及基坑内的喷混面，确保基坑安全。 22. 若钢围檩或钢支撑两端头在施顶中出现变形应即时加钢板补强，确保施顶质量安全。 23. 施工现场的临时用电严格按照施工现场临时用电安全技术规范的规定执行，吊装设备、提升系统由专人定期检查，操作人员严格按操作规程操作。 24. 起重作业严格按照《建筑机械使用安全技术规程》和《建筑安装工人安全技术操作规程》规定的要求执行。 25. 氧气乙炔瓶必须分开摆放，最小安全距离不小于 5 米。 26. 坑上人员不得向坑内扔抛物品，避免物体打击事故，施工现场内人员不得赤膊、赤

续上表

脚，不准穿拖鞋、高跟鞋。 27. 为使钻孔桩、钢围檩、支撑结合紧密，并有效减少基坑外地层之沉陷及减少围护结构墙体的向内的位移，支撑安设好后，必须施加向外的预加轴力。 28. 施工中若发现支撑松动、滑移、变形时，应及时查找原因，采取核正、加固措施，重新施加预应力；施工时加强监测，支撑竖向挠曲变形在接近允许值时，必须及时采取措施，防止支撑挠曲变形过大，保证钢支撑受力稳定，确保基坑安全。 (三)施工完成后检修维护阶段 1. 安排专人巡视检查，发现问题及时处理。 2. 未经施工负责人批准，不得任意拆除架子设施及安全装置。 3. 除专门安全检查人员外，其余人员严禁在混凝土支撑梁、钢支撑梁上行走、停留、作业。 (四)支撑拆除 1. 待混凝土到达龄期或达到设计要求的强度时，根据施工进度要求即可分段拆除钢支撑。钢支撑拆除时应经技术人员同意，由专人组织拆除。 2. 拆除前施工人员应按规定佩戴好个人防护用品，如安全帽、安全带、手套等。 3. 起重机械起吊前，应进行试吊，连接装置必须安全可靠，吊具捆扎应牢固，防止脱勾、溜滑事故发生。 4. 起重工在工作时应集中精力，明确分工，服从统一指挥。 5. 起重工必须熟悉施工方法、起重设备的性能、所起重物的特点和确切重量以及施工安全要求。 6. 吊装拆除的钢支撑时，支撑两端必须系长麻绳，以保持钢管支撑的稳定，防止在基坑内起吊作业时碰撞已安装完成的钢管支撑。 7. 拆除钢支撑时，作业区下方安全警戒区域内严禁所有施工作业。 8. 钢支撑拆除作业时，应将起重机的钢丝绳先系在钢支撑两端，系完后检查是否安全可靠。拆除时应分级释放轴力，避免瞬间预加应力释放过大导致结构局部变形、开裂，同时对围护结构顶位移、墙心侧压力进行监测。 9. 预加应力释放完成后拆除活动端的钢板楔块，拆下的钢楔块应集中放置在特制的容器内及时吊出，避免坠物伤人。 10. 钢楔块拆除完毕后再拆除千斤顶，检查钢支撑上无杂物时人员撤离，在信号工的指挥下方能开始起吊。 11. 使用氧气、乙炔进行托板拆除作业时，操作人员必须持证上岗。 12. 钢支撑拆除过程中，严禁操作人员在钢管支撑上行走。 13. 整个钢管支撑拆除过程中，现场生产人员及安全员应旁站监督，避免高处坠物。 14. 需要割除托板及钢管支撑牛腿时应搭设平台，作业人员站在侧面割除，严禁在下方作业或站在托板上作业。

续上表

<table>
<tr><td colspan="6">重点强调：
1. 吊装钢支撑作业必须有指挥人员指挥，严禁违章指挥、违章作业。
2. 钢支撑安装危险性较大，作业人员操作前不得喝酒，严禁酒后作业，合理安排作息时间，严禁疲劳作业。
3. 钢支撑在安装前，确保钢围檩与钢支撑安装角度成90°，钢支撑两端水平。
4. 不得在支撑上施加荷载，以防支撑失稳，造成事故。
5. 架设钢支撑时，钢支撑下严禁人员施工作业。
6. 所有支撑连接处，均应垫紧贴密，防止钢管支撑偏心受压。
7. 坑上人员不得向坑内扔抛物品，避免物体打击事故。
8. 除专门安全检查人员外，其余人员严禁在混凝土支撑梁、钢支撑梁上行走、停留、作业。
9. 吊装拆除的钢支撑时，支撑两端必须系长麻绳，以保持钢管支撑的稳定，防止在基坑内起吊作业时碰撞已安装完成的钢管支撑。
10. 拆除钢支撑时，作业区下方安全警戒区域内严禁所有施工作业。
11. 需要割除托板及钢管支撑牛腿时应搭设平台，作业人员站在侧面割除，严禁在下方作业或站在托板上作业。</td></tr>
<tr><td>审核人</td><td></td><td>交底人</td><td></td><td>接受交底负责人</td><td></td></tr>
<tr><td colspan="6">作业班组全体签名：</td></tr>
</table>

锚杆(基坑围护)施工安全交底　　编号：

施工单位	
工程名称	
分部分项工程	
工　　种	

交底内容：

一、主要危险源与危害因素

1. 边坡开挖后无人看护。

2. 注浆管路堵塞、堵泵。

3. 当转移喷射地点时，未关闭喷射机，喷头正对人。

4. 处理管道堵塞时喷头前站人。

二、安全注意事项

(一)一般安全要求

1. 任何人进入施工现场，必须佩戴安全帽。

2. 施工现场应整洁有序，各类材料应分类码放整齐。各班组每天收工前应做到活完料净脚下清。

3. 水泥、砂等易飞扬的细颗粒散体材料，应安排在仓内存放，若露天存放时应采取遮盖措施。

4. 应派专人对边坡开挖进行看护，禁止车辆在开挖边坡上方停车，发现异常情况，立即停止施工并采取相应的措施。

5. 如遇到雨天将工作面进行苫盖，避免雨水进入混凝土面与原状路基的接缝。

6. 锚杆外端部的连接应牢靠。

7. 注浆管路应畅通，防止塞管、堵泵，造成爆管。

8. 避免使用高噪声设备；在比较干燥浮土多的地段，要洒水降尘。

9. 施工现场细颗粒散体材料装卸运输时，采取遮盖等措施，避免遗洒飞扬。

10. 现场出土，随挖随清，并对未开挖边坡进行保护。

(二)喷射混凝土安全要求

1. 喷射作业时，应专人负责，仔细检查接头喷射机等设备和机具是否受损，接头断开等不良现象，确保各种机具处于良好状态时方可进行。

2. 进行喷射混凝土作业时，作业人员必须佩戴防护用品。

3. 当转移喷射地点时必须关闭喷射机，喷头前方不得站人。

4. 处理管道堵塞时喷头前不准站人，以防消除堵塞后突然喷出物料发生伤人事故。

5. 为避免供料、拌和、运输、喷射作业之间的干扰，应有联络信号，喷射作业应由班组长按规定信号、方法进行指挥，以防因喷射操作人员和机械操作人员联络不佳造成事故。

6. 喷射混凝土后应经常注意观察，发现有变形和裂缝，及时支护和加固，必要时作业人员应撤离到安全地带。

续上表

<table>
<tr><td colspan="6">重点强调：
1. 应派专人对边坡开挖进行看护，禁止车辆在开挖边坡上方停放。
2. 注浆管路应畅通，防止塞管、堵泵，造成爆管。
3. 当转移喷射地点时，必须关闭喷射机，喷头前方不得站人。
4. 处理管道堵塞时喷头前不准站人，以防消除堵塞后突然喷出物料发生伤人事故。
5. 喷射混凝土后应经常注意观察，发现有变形和裂缝，应及时支护和加固。</td></tr>
<tr><td>审核人</td><td></td><td>交底人</td><td></td><td>接受交底
负责人</td><td></td></tr>
<tr><td colspan="6">作业班组全体签名：</td></tr>
</table>

锚索(基坑围护)施工安全交底　　编号：

施工单位	
工程名称	
分部分项工程	
工　　种	

交底内容：

一、主要危险源与危害因素

1. 临边作业时高处坠落;乱抛物品;物体打击。

2. 无防护设施时,钢筋张拉后方区域内站人。

3. 拉伸机在有压力情况下,拆卸液压系统中的零件。用手摸或脚踩张拉中的钢筋,碰撞千斤顶。

4. 拉伸中,测量钢筋伸长值或拧紧螺母;测量人员正对钢筋。

5. 注浆作业人员未戴防护眼镜、口罩和防护手套。

二、安全注意事项

1. 进入施工现场作业人员必须正确戴好安全帽,临边作业必须系好安全带,严禁穿拖鞋或硬底鞋进入施工现场。严禁酒后作业,施工现场禁止吸烟。着装整齐,施工现场禁止打赤膊,穿短裤。

2. 禁止在临边 2 米范围内放置物品,禁止乱抛物品。

3. 夜间施工要有充足的照明,使用电器要由专门的电工负责,禁止私拉电线。

4. 作业场地两端外侧应设有防护栏杆和警告标志。严禁随意破坏现场的安全防护设施。

5. 采用钢模配套张拉,两端要有地锚及匹配的锚具卡具,钢筋两端应有墩头,场地两端外侧应有防护栏杆和警告标志。

6. 作业前应检查卡具、锚具及被拉钢筋两端墩头是否完好,如有裂纹或损坏应及时修复或更换。电源电箱电线接零保护必须符合规范要求,触电保护器灵敏有效。

7. 高压油泵启动前,应将各油路调节阀松开,然后开动油泵,待空载运转正常,油路无泄漏,确认正常后方可作业。油泵不得超载作业,安全阀应按设备额定油压调整,严禁任意调整。

8. 预应力钢筋不得超过张拉机械设备所能胜任的规格。

9. 钢筋张拉前,应在横梁内侧钢筋端头加螺母或焊绑条,防止钢筋拉断打伤人员。

10. 作业中,操作要平稳、均匀,张拉后方区域内严禁站人,必要时应在可能有人员出入的位置设置警示牌和防护设施。

11. 拉伸机在有压力情况下,严禁拆卸液压系统中的任何零件。

12. 张拉钢筋时,不准用手摸或脚踩钢筋、钢丝,不得碰撞千斤顶。

13. 用电热张拉法带电操作时,操作人员必须穿绝缘胶鞋和戴绝缘手套。

续上表

<table>
<tr><td colspan="6">14. 测量钢筋伸长值或拧紧螺母时,应先停止拉伸,操作人员须站在两侧作业,防止钢筋断裂伤人。
15. 进行张拉钢筋时效处理时,应注意防止烫伤。
16. 夜间作业应有足够照明,灯具应在现场两侧危险区外,高度不低于 5 米,灯泡应加装防护罩。电源电线不准挂、搭、压任何物品,不准用裸线。
17. 注浆作业人员必须配戴防护眼镜、口罩和防护手套,避免腐蚀性物质对人员造成伤害。</td></tr>
<tr><td colspan="6">重点强调:
1. 钢筋张拉操作要平稳、均匀,张拉后方区域内严禁站人,必要时应在可能有人员出入的位置设置警示牌和防护设施。拉伸机在有压力情况下,严禁拆卸液压系统中的任何零件。张拉钢筋时,不准用手摸或脚踩钢筋、钢丝,不得碰撞千斤顶。测量钢筋伸长值或拧紧螺母时,应先停止拉伸,操作人员须站在两侧作业,防止钢筋断裂伤人。
2. 注浆作业人员必须配戴防护眼镜、口罩和防护手套,避免腐蚀性物质对人员造成伤害。</td></tr>
<tr><td>审核人</td><td></td><td>交底人</td><td></td><td>接受交底负责人</td><td></td></tr>
<tr><td colspan="6">作业班组全体签名:</td></tr>
</table>

桩间网喷混凝土(基坑围护)施工安全交底　　编号：

施工单位	
工程名称	
分部分项工程	
工　　种	

交底内容：

一、主要危险源与危害因素

1. 焊接人员未按规定配戴防护用品，违章焊接作业。

2. 处理机械故障时，未断电、停风；喷管对人。

3. 喷射人员未按规定配戴防护罩或防护眼镜。

4. 冠梁上方坠物伤人。

5. 电动工具绝缘不良，违章用电。

二、安全注意事项

(一)焊接作业安全

1. 作业人员必须是经过电气焊专业培训和考试合格，取得特种作业操作证的电气焊工，并持证上岗(在有效期内)。

2. 作业人员必须经过安全教育且考核合格后才能上岗作业。

3. 进入施工现场作业人员必须戴好合格的安全帽，系紧下颚带，高处作业必须系好合格的防火安全带，高挂低用。

4. 进入作业地点后，熟悉作业环境，检查设备及各项安全防护设施。若发现不安全因素、隐患，必须及时处理或向管理人员汇报，确认安全后再进行施工作业。对施工过程中发现危及人身安全的隐患，应立即停止作业，及时要求有关部门处理解决。现场所有安全防护设施和安全标志，严禁私自移动和拆除，如需暂时移动或拆除的须经有关负责人批准后，在确保作业人员及其他人员安全的前提下才能拆移，并在工作完毕(包括中途休息)后立即复原。

5. 电焊作业人员作业时必须使用头罩或手持面罩，穿干燥工作服、绝缘鞋、耐火防护手套、耐火的护腿套、套袖及其他劳动防护用品。要求上衣不准扎在裤子里，裤脚不准塞在鞋(靴)里，手套套在袖口外。

6. 严禁借用金属管道、金属脚手架、轨道、结构钢筋等金属物代替导线。

7. 焊接电缆横过通道时必须采取穿管、埋入地下或架空等保护措施。

8. 作业时如遇到以下情况必须切断电源：1)改变电焊机接头；2)更换焊件需要改接二次回路；3)转移工作地点搬运焊机时；4)焊机发生故障需要进行检修；5)更换保险装置；6)工作完毕或临时离开操作现场。

9. 焊工必须站在稳定的操作台上作业，焊机必须放置平稳、牢固，设有良好的接零(接地)保护。

续上表

10. 在狭小空间或金属容器内作业时，必须穿绝缘鞋，脚下垫绝缘垫，作业时间不能过长，应两人轮流作业，一人作业一人监护，监护人应随时注意操作人员的操作是否正确，一旦发现危险情况应立即切断电源，进行抢救。身体出汗，衣服潮湿时，严禁将身体靠在金属及工件上，以防触电。 11. 电焊机及金属防护笼(罩)必须有良好的接零(接地)保护。 12. 电焊机必须使用防触电保护器，并设单独开关箱。 13. 严禁在起吊部件的过程中，边吊边焊。 14. 作业完毕必须及时切断电源锁好开关箱。 (二)混凝土喷射作业安全 1. 喷射机、水箱、风包、注浆罐等应进行密封性能和耐压试验，合格后方可使用。 2. 喷射混凝土施工作业中，要经常检查出料弯头、输料管、注浆管和管路接头等有无磨薄、击穿或松脱现象，发现问题，应及时处理。 3. 处理机械故障时，必须使设备断电、停风。向施工设备送电、送风前，应通知有关人员。 4. 喷射作业中处理堵管时，应将输料管顺直，必须紧按喷头防止摆动伤人，疏通管路的工作风压不得超过 0.4 MPa。 5. 喷射混凝土施工用的工作台应牢固可靠，并应设置安全护栏。 6. 喷射混凝土的作业人员工作时，宜配戴电动送风防尘口罩、防尘帽、压风呼吸器等防护用具。 7. 严禁将喷管对准施工人员，以免突然出料伤人。 8. 喷射作业时，喷管不出料并出现往复摆动时，可能有大石块堵住送料管，此时应立即停机处理，切勿将大石块强行吹出。 9. 用振动疏通的方法处理堵管石，喷射操作和辅助操作人员要紧握喷管，以免送风时喷管甩动伤人，处理堵管时，料罐风压不能超过 0.4 MPa。 10. 处理堵管和清理料罐时，严禁在开动电机、分配盘转动的情况下将手伸入喷管和料罐。 11. 喷射操作人员应配戴防护罩或防护眼镜、胶布雨衣和手套。 12. 适当增加砂石的含水率，是减少搅拌、上料、喷射过程中产生粉尘的有效方法。砂的含水率宜控制在 5%～7%，石子含水率宜控制在 2%左右。 13. 加强通风和水幕喷雾，对降尘有显著效果。一般通风管距作业面以 10～15 米为宜。 14. 严格控制工作压力，在满足工艺要求的条件下，风压不宜过大，水灰比要控制适当，避免干喷。 15. 作业后，必须将仓内和输料软管内的干混合料(不加水)全部喷出，再将喷嘴拆下清洗干净，并清除喷射机内外粘附的混凝土和砂浆，同时应清理输料管，使密封件处于放松状态。拉闸切断电源，锁好电箱。 16. 清理桩间土过程中注意工具伤人，并注意冠梁上方坠落物品伤人，清理的桩周边不应有堆高超过 2 米的土方，以免垮塌伤人。 17. 打设膨胀螺栓及焊接工程中注意工具伤人及触电事故，应有专门的防触电措施，用电安全参照机电部门的安全用电要求。

续上表

重点强调： 1. 电焊作业人员须按规定配戴防护用品，不得违章操作。 2. 处理机械故障时，必须使设备断电、停风。向施工设备送电、送风前，应通知有关人员。 3. 严禁将喷管对准施工人员，以免突然出料时伤人。 4. 处理堵管和清理料罐时，严禁在开动电机、分配盘转动的情况下将手伸入喷管和料罐。 5. 喷射操作人员应配戴防护罩或防护眼镜、胶布雨衣和手套。 6. 清理桩间土过程中注意工具伤人，并注意冠梁上方坠落物品伤人。 7. 打设膨胀螺栓及焊接工程中注意工具伤人及触电事故，应有专门的防触电措施。					
审核人		交底人		接受交底负责人	
作业班组全体签名：					

砂及砂石地基处理作业安全交底　　编号：

施工单位	
工程名称	
分部分项工程	
工　　种	

交底内容：

一、主要危险源与危害因素

1. 机械伤害；工具伤害。

2. 电动工具绝缘不良；违章用电。

3. 施工机械距离挖方边坡边缘安全距离不足，边坡失稳。

二、安全注意事项

1. 进入现场的施工人员必须戴好安全帽，系好安全带。

2. 在机械回转半径以外 1.5 米范围内，严禁人员进入。

3. 人工清坑底人员相互间应有足够的工作面及间距，以免工具伤人。

4. 挖土装车，挖斗提升高度不得小于 2.5 米，以免在回转中碰撞人员及其他物件。

5. 距离基坑开口线不小于 0.8 米外设置 ϕ48 钢管封闭围护，横杆二道，立杆间距1.5 米，栏杆高度不小于 1.2 米，红白相间油漆，周围挂明显的注意安全的警示牌，并有专人进行周边巡视，在危险地段设置警戒标志。

6. 对现场留设的标志桩应加强保护，防止倾斜、位移以及车辆碰撞。

7. 在挖方边坡上侧移动施工机械时，应与挖方边缘保持一定的距离，以保证边坡的稳定。

8. 安排专职人员现场统一指挥机械的挖土幅度、运输车辆的接土次序，以及进出场地车辆的先后顺序，以免发生意外。

9. 在开挖时，须安排 1 名专职安全人员负责现场的施工安全。

10. 基坑开挖完毕后，沿基坑脚部进行排水沟、集水坑施工，保护基坑，确保安全。

11. 基坑内的杂物、积水、垃圾等应清理干净。

12. 现场施工用电应配设三级保护装置，做到一机一闸，一配电箱，防止人员、机械意外触电。

13. 人工铺砂石应有足够的操作面，相互之间应有足够的操作安全间距，以免工具伤人。

14. 应随时了解近期天气情况，尽量避开雨天，如不能避开，则采取地基预留 200～300 毫米土层或采用塑料布进行全部覆盖，以保证基底不被浸泡。

15. 施工现场准备充足的塑料薄膜及抽水泵、水管，雨天及时覆盖抽水。

16. 基坑开挖应连续进行，在其外围设挡土以防止地面水流入。

17. 各种车辆在出入施工现场大门时，应进行冲洗，保持轮胎清洁。

18. 土方外运时，严禁将土抛洒路面，并安排专人随时在现场及门口道路处进行清扫。

19. 土方开挖及运输时，应降低土方抛洒高度和行车速度，经常洒水湿润或铺细砂，降低扬尘。

20. 夜间施工时，应尽量减少噪声，以免扰民。

21. 运输土方及拌合灰土时，防止尘土飞扬。

续上表

<table>
<tr><td colspan="6">重点强调：
1. 在机械回转半径以外 1.5 米范围内，严禁人员进入。
2. 在挖方边坡上侧移动施工机械时，应与挖方边缘保持一定的距离，以保证边坡的稳定。
3. 现场施工用电应配设三级保护装置，做到一机一闸，一配电箱，防止人员、机械意外触电。
4. 人工铺砂石应有足够的操作面，相互之间应有足够的操作安全间距，以免工具伤人。</td></tr>
<tr><td>审核人</td><td></td><td>交底人</td><td></td><td>接受交底负责人</td><td></td></tr>
<tr><td colspan="6">作业班组全体签名：</td></tr>
</table>

第二节 土方工程安全交底

基坑放坡开挖安全交底

编号：

施工单位	
工程名称	
分部分项工程	
工　　种	

交底内容：

一、主要危险源与危害因素

1. 大雨天开挖基坑；切割坡脚开挖基坑。

2. 基坑开挖时，一次开挖深坑，掏底开挖。

3. 推土机在陡坡上转弯。

4. 吊斗出土时无指挥；土斗无溜绳，装土或卸土后未关好斗门；吊机扒杆和土斗下面站人。

5. 挖掘机工作回转半径内站人或进行其他作业。

二、安全注意事项

1. 尽量避开雨天施工。

2. 开挖边坡土方，严禁切割坡脚，以防导致边坡失稳。当地面坡度陡于1∶5，不得在挖方上侧堆土。

3. 土石方开挖应符合下列规定。

(1)开挖时应按自上而下的顺序进行。

(2)需要爆破开挖石方时，应控制炸药用量，减小爆破振动的影响，开挖后应立即进行边坡防护。

(3)在松软地层开挖边、仰坡时，应随挖随支护。

(4)存土点不得选在建筑物、地下管线和架空线附近，基坑两侧10米范围内不得存土。在已回填的车站结构顶部存土时，应核算沉降量后确定堆土高度。

4. 放坡基坑的基底至隧道结构边缘距离不得小于0.5米。设排水沟、集水井或其他设施时，可根据需要适当加宽；支护桩或地下连续墙临时支护的基坑，车站结构边缘至桩、墙边距离不得小于1米。

5. 机械行驶道路应平整、坚实；底部应铺设路基箱垫道，防止作业时下陷；当机械在基坑内开挖并利用通风道或车站出入口做运输马道时，不得损坏地基原状土。

6. 基坑必须自上而下分层、分段依次开挖，严禁掏底施工，放坡开挖基坑应随基坑开挖及时刷坡，边坡应平顺并符合设计规定；支护桩支护的基坑，应随基坑开挖及时护壁；地下连续墙或混凝土灌注桩支护的基坑，应在混凝土或锚杆浆液达到设计强度后方可开挖。支护桩或地下连续墙支护的基坑应在土方挖至其设计位置后及时施工横撑或锚杆。

续上表

7. 挖土应合理放坡，防止塌方、溜坡等造成机械倾翻、掩埋等事故。用推土机回填，铲刀不得超出坡沿，以防倾覆。陡坡地段堆土设专人指挥，严禁在陡坡上转弯。推土机陷车时，用钢丝绳缓缓拖出，不得用另一台推土机直接推出。 8. 用小板车出土时，应根据开挖的深度搭好出土走道。基坑较深时，还应搭上、下跳板或梯子，其宽度、坡度及强度应符合有关规定。 9. 用卷扬机牵引小车上坡时，宜用钢丝绳牵引，在小车正前方和后方不应站人。 10. 处在土石松动坡脚下的基坑，应做好安全防护设施。 11. 在粉砂、细砂层开挖基坑时，应进行基底涌砂验算，并采取相应的防护措施。 12. 用吊斗出土时，应设有信号指挥。土斗上应拴溜绳，装土或卸土后应将斗门关好。吊机扒杆和土斗下面严禁站人。 13. 多台挖掘机在同一作业面机械开挖，挖掘机间距应大于 10 米；多台挖掘机械在不同台阶同时开挖，应验算边坡稳定，上下台阶挖掘机前后应相距 30 米以上，挖掘机离下部边坡有一定的安全距离，以防造成翻车事故。 14. 机械施工区域禁止无关人员进入场地内。挖掘机工作回转半径内不得站人或进行其他作业。挖掘机、装载机卸土，应待整机停稳后进行，不得将铲斗从运输汽车驾驶室顶部越过；装土时人员不得停留在装土车上。 15. 挖掘机操作和汽车装土行驶要听从现场指挥；所有车辆必须严格按规定的开行路线行驶，防止撞车。 16. 挖掘机行走和自卸汽车卸土时，必须注意上空电线，不得在架空输电线路下工作；如在架空输电线一侧工作时，垂直与水平距离分别不得小于 2.5 米与 4～6 米(110～220 kV 时）。 17. 机具、材料、弃土等应堆放在基坑边坡周边安全距离以外。 18. 在严寒地区采用冻结法开挖基坑时，必须根据当地地质、水文、气象等实际情况，制定施工安全技术措施。严禁破坏表面冻土层。 19. 基坑开挖接近基底 200 毫米时，应配合人工清底，不得超挖或扰动基底土。 20. 基底超挖、扰动、受冻、水浸或发现异物、杂土、淤泥、土质松软及软硬不均等现象时，应做好记录，并会同有关单位研究处理。 21. 基坑顶面边坡以外的四周，应开挖排水沟，并经常保持其畅通。 22. 基坑底部用汇水井或井点法排水时，应保持基坑不被浸泡。 23. 采用挡板支撑护壁时，应根据土质情况，逐段支撑，并经检查确认安全后，方可继续开挖。如基坑较深，四周应挂软梯。在开挖过程中，应经常检查，如发现支护变形等异常情况，应立即撤离人员，待加固并确认安全后，方可继续开挖。 24. 拆除支护应根据土质情况，自下而上分段进行，边拆边回填夯实。 25. 采用钢筋混凝土围圈护壁时，除顶层可一次整体灌注外，往下应根据土质情况，控制开挖高度和长度，并随挖随灌注。遇有流砂、涌砂时，应有切实可靠的防护措施。 26. 钢筋混凝土围圈顶面应高出地面 0.5 米。围圈内应挂好梯子，其顶部不应摆放料具。 27. 土方及打桩、降水、地下连续墙等施工机械，在架空输电线路和通信线路下作业时，其施工的安全距离应符合规范要求。 28. 雨期施工应沿基坑做好挡水捻和排水沟，冬季施工应及时用保温材料覆盖，基底不得受冻。

续上表

<table>
<tr><td colspan="6">重点强调：
1. 应避开雨天开挖基坑。
2. 开挖边坡土方，严禁切割坡脚，以防导致边坡失稳。
3. 当机械在基坑内开挖并利用通风道或车站出入口做运输马道时，不得损坏地基原状土。
4. 基坑必须自上而下分层、分段依次开挖，严禁掏底施工。
5. 严禁推土机在陡坡上转弯。
6. 用吊斗出土时，应设有信号指挥。土斗上应拴溜绳，装土或卸土后应将斗门关好。吊机扒杆和土斗下面严禁站人。
7. 挖掘机工作回转半径内不得站人或进行其他作业。挖掘机铲斗不得从运输汽车驾驶室顶部越过。</td></tr>
<tr><td>审核人</td><td></td><td>交底人</td><td></td><td>接受交底负责人</td><td></td></tr>
<tr><td colspan="6">作业班组全体签名：</td></tr>
</table>

基坑支护开挖安全交底　　编号：

施工单位	
工程名称	
分部分项工程	
工　　种	

交底内容：

一、主要危险源与危害因素

1. 大雨天开挖基坑；切割坡脚开挖基坑。

2. 基坑开挖时，一次开挖深坑，掏底开挖；支护开挖时，支护不及时。

3. 挖土机械碰撞支撑体系。

4. 边坡不稳，有坍塌危险征兆时，施工人员未及时撤离现场。

5. 挖土过程中遇有管线或其他不能辨认的异物和液体、气体时，仍继续挖土。

6. 人机混合作业；夜间作业指挥人员未穿戴好反光衣。

二、安全注意事项

1. 基坑应根据地质、环境条件和支护类型等确定开挖方法，当机械在基坑内开挖并利用通风道或车站出入口做运输通道时，不得损坏地基原状土。

2. 基坑必须自上而下分层、分段依次开挖，严禁掏底施工。支护桩支护的基坑，应随基坑开挖及时支撑与网喷混凝土；地下连续墙或钻孔灌注桩支护的基坑，应在混凝土或锚杆浆液达到设计强度后方可开挖；土钉墙支护要随挖土随做土钉，严禁挖到底再做土钉；桩(墙)围护的基坑应在土方开挖至设计位置后严格按设计要求及时施作横撑或锚杆(索)。

3. 基坑施工期间应有专人负责基坑周围地面变化情况的巡查，如发现裂缝或坍陷，应及时处理。

4. 挖土时应严格按照施工技术交底进行。开挖坑(槽)沟深度超过 1.5 米时，必须根据土质和深度情况，按规定进行放坡或加可靠支撑，并设置人员上下专用坡道或爬梯；开挖深度超过 2 米时，必须在周边设置两道牢固的护身栏杆，并立挂密目安全网。在危险处，夜间应设红色标志灯。

5. 根据交底内开挖尺寸，土方开挖到各层钢管支撑底部指定位置时，及时施作钢围挡和钢管支撑并施加预应力。支撑完成后才能进行下一层土方开挖。

6. 机械开挖的同时应辅以人工，为减少对围护结构钻孔灌注桩的影响，基坑内靠近桩体部分(1 米范围)土方采用人工开挖；基底以上 50 厘米的土层应采用人工开挖，严禁超挖，以免扰动土体；基坑纵向放坡不得大于安全坡度(建议不大于 13°)，对暴露时间较长或可能受暴雨冲刷的纵坡采用钢丝网水泥喷浆等坡面保护措施，严防纵向滑坡。

7. 严格按照管线保护交底内尺寸进行管线周边土体开挖，在管线保护措施未完成之前不得随时开挖管线附近土体。

续上表

8. 对于不能及时施作钢支撑的区段应注意抽槽开挖、留土护壁；由于天气原因，需较长时间停止开挖，要及时留土护壁。 9. 在基坑边缘设置安全防护栏并架设密目网，且高度不低于 1.2 米，并稳固可靠。 10. 基坑周围应悬挂醒目的安全警示牌。夜间施工必须有充足的灯光照明。 11. 基坑开挖过程中要防止挖土机械碰撞支撑体系，以防支撑失稳。 12. 土石方开挖过程中应注意坑外降水井的保护，降水井电缆及出水管附在钢管支撑上引至基坑外排水系统，派专人维护降水井、排水沟、集水井，确保降水、排水系统的正常运转。开挖至要求高程后立即进行基底检查，及时进行封底垫层施工。 13. 在开挖时要求注意观察，并且备好应急物资、水泵、沙袋等。 14. 挖土过程中，如遇边坡不稳，有坍塌危险征兆时，作业人员必须立即撤离现场，并及时报告施工负责人，采取安全可靠排险措施后，方可继续挖土。 15. 挖土过程中遇有管线或其他不能辨认的异物和液体、气体时，应立即停止作业，并报告施工负责人，待查明处理后，再继续挖土。 16. 坑(槽)沟边 1 米以内不得堆土、堆料、停置机具。坑(槽)沟边与建筑物、构筑物的距离不得小于 1.5 米，特殊情况时，必须采取有效措施。 17. 用挖掘机进行施工时，挖掘机的工作范围内不得有人员进行其他作业。 18. 基坑开挖应严格按照要求进行放坡，操作时应注意边坡的稳定性，如发现有裂纹或部分塌落现象，要及时进行支撑或改缓放坡，并注意支撑的稳固和边坡的变化。 19. 机械挖土，启动前应检查离合器、液压系统等，经空车试运转正常后再开始作业。 20. 机械操作中进铲不得过深，提升不应过猛。 21. 配合基坑修坡、清底的人员，不准在挖掘机的工作范围内工作。现场指挥挖掘机的指挥人员不得站在挖机铲斗回转半径范围内对挖掘机进行指挥。 22. 人工修基坑壁时，两人操作间距至少应保持 2～3 米。随着开挖深度的增加，操作人员在操作时应随时注意沟槽边坡稳定情况，如发现有裂纹或坍塌现象，要及时进行支撑，并注意支撑的稳固和沟槽边的变化。 23. 夜间指挥车辆、冲洗车辆及指挥挖土机人员必须穿戴好反光衣，防止车辆伤人。 24. 雨天开挖后，必须随即采取支撑措施，以免土壁坍塌或滑移。并采用塑料布或聚丙烯编织物等不透水薄膜加以覆盖，防止地表水或渗漏水冲刷。 25. 设置专人对出入车辆的轮胎进行冲洗清理，并且每天安排专人打扫场地内遗撒的渣土。如遇雨季施工，更应做好冲洗清理工作，尽量减小对周围道路的环境影响。 26. 夜间施工，施工现场、大门口冲洗车辆地段必须配备足够的照明。 27. 机械在危险地段作业时，必须设明显的安全警告标志，并应设专人站在操作人员能看清的地方指挥。驾机人员只能接受指挥人员发出的规定信号。 28. 机械在边坡、边沟作业时，应与边缘保持必要的安全距离，使轮胎(履带)压在坚实的地面上。 29. 配合机械作业的清底、平地、修坡等辅助工作应与机械作业交替进行。机上、机下人

续上表

员必须密切配合，协同作业。当必须在机械作业范围内同时进行辅助工作时，应停止机械运转后，辅助人员方可进入。

30. 车站深基坑支护开挖还应注意以下事项。

(1)车站端头井的开挖，应首先撑好标准段内的2根对撑，再挖斜撑范围内的土方，最后挖除坑内的其余土方。

(2)车站端头井的开挖，斜撑范围内的土方，应自基坑角点沿垂直于斜撑方向向基坑内分层、分段、限时地开挖并架设支撑。

(3)车站端头井的开挖，对长度大于20米的斜撑，应先挖中间再挖两端。

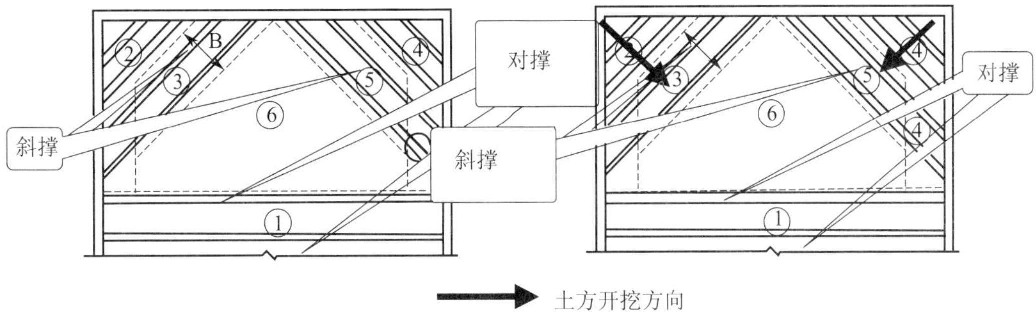

(4)基坑开挖过程中严禁超挖。分层开挖的每一层开挖面高程不得低于该层支撑的底面或设计基坑底高程。

(5)基坑纵向放坡不得大于安全坡度，并进行必要的人工修坡。应对暴露时间较长或可能受暴雨冲刷的纵坡采用坡面保护措施，严防纵向滑坡。

(6)开挖过程中应及时封堵墙体上的渗漏点。

(7)坑底开挖与底板施工：1)设计坑底高程以上30厘米的土方，应采用人工开挖，局部洼坑应用砾石砂填实至设计高程。2)坑底应设集水坑，及时排除坑底积水。集水坑与基坑挡墙内侧的距离应不小于1/4基坑宽度。3)在开挖到底后，必须在设计规定时间内浇筑混凝土垫层(包括混凝土垫层以下的砾石砂垫层或倒滤层)。垫层所用混凝土的强度以及达到强度的时间必须满足设计要求。4)必须在设计规定的时间内浇筑钢筋混凝土底板。

续上表

<table>
<tr><td colspan="6">重点强调：
1. 基坑必须自上而下分层、分段依次开挖，严禁掏底施工。支护桩支护的基坑，应随基坑开挖及时支撑与网喷混凝土；地下连续墙或钻孔灌注桩支护的基坑，应在混凝土或锚杆浆液达到设计强度后方可开挖；土钉墙支护要随挖土随做土钉，严禁挖到底再做土钉；桩（墙）围护的基坑应在土方开挖至设计位置后严格按设计要求及时施作横撑或锚杆（索）。
2. 基坑开挖过程中要防止挖土机械碰撞支撑体系，以防支撑失稳。
3. 挖土过程中，如遇边坡不稳，有坍塌危险征兆时，作业人员必须立即撤离现场，并及时报告施工负责人，采取安全可靠排险措施后，方可继续挖土。
4. 挖土过程中遇有管线或其他不能辨认的异物和液体、气体时，应立即停止作业，并报告施工负责人，待查明处理后，再继续挖土。
5. 用挖掘机进行施工时，挖掘机的工作范围内不得有人员进行其他作业，挖土要自上而下，逐层进行，严禁先挖坡脚的危险作业。
6. 夜间指挥车辆、冲洗车辆及指挥挖土机人员必须穿戴好反光衣，防止车辆伤人。
7. 配合机械作业的清底、平地、修坡等辅助工作应与机械作业交替进行。机上、机下人员必须密切配合，协同作业。当必须在机械作业范围内同时进行辅助工作时，应停止机械运转后，辅助人员方可进入。</td></tr>
<tr><td>审核人</td><td></td><td>交底人</td><td></td><td>接受交底负责人</td><td></td></tr>
<tr><td colspan="6">作业班组全体签名：</td></tr>
</table>

基坑回填施工安全交底

编号：

施工单位	
工程名称	
分部分项工程	
工　　种	

交底内容：

一、主要危险源与危害因素

1. 坑壁有松土掉落或塌方的危险时，施工人员未立即撤离；基坑顶边缘上堆放物料。

2. 向基坑内卸土时，基坑内人员处于危险区域。

二、安全注意事项

1. 施工人员上下深基坑应预先搭设稳固安全的爬梯，避免上下时发生坠落事故。

2. 基坑回填前，应检查坑壁有无塌方迹象，下坑操作人员要戴安全帽。回填土应自下而上分层进行，基坑有支护时，回填土必须和支护结构的拆除协调一致，不得破坏支护结构。

3. 在回填过程中，要随时注意边坡土的变化，对坑壁有松土掉落或塌方的危险时，现场的施工人员要立即离开并采取适当的支护措施。基坑边上不得堆放重物。

4. 现场使用土坡道运输应符合下列要求。

(1)坡道土体应稳定、坚实，坡面宜硬化处理。

(2)坡道宽度应较运输车辆宽 1 米以上，坡度不宜陡于 1∶6。坡道应顺直，不宜设弯道。坡道两侧边坡必须保持稳定。

(3)作业中应经常维护，保持坡道完好，并应采取防扬尘措施。

5. 使用推土机向基坑内推土时，应设专人指挥。指挥人员应站在推土机侧面，确认基坑内人员已撤至安全位置，方可向推土机操作人员发出向基坑内推土的指令。

6. 基坑边必须对车轮设牢固挡掩。用手推车、自卸汽车、机动翻斗车、装载机等向基坑内卸土时，基坑内人员必须位于安全位置，任何人严禁在基坑下面休息。手推车严禁撒把倒土。

7. 卸土前指挥人员必须检查挡掩和坑下人员情况，确认安全后，方可向车辆、机械操作人员发出卸车信号。配合机械回填的人员，不准在机械回转半径内工作。

8. 使用蛙式打夯机时，要两人操作，其中一人负责移动橡胶线。操作夯机人员，必须戴橡胶手套，以防触电。打夯时人员要精神集中，两机平行间距不得小于 3 米，在同一夯行路线上，前后间距不得小于 10 米。电动夯实机具必须由电工接线与拆卸，并随时检查机具、缆线和接头，确认无漏电。使用夯实机具必须按规定配置操作人员，操作人员应经过安全技术培训，且人员相对固定。

9. 使用压路机时，指挥人员应走行于机械行驶方向后面或安全的一侧，并与压路机司机密切配合，及时疏导周围人员至安全地带。压路机运行中，施工人员不得攀登机械或触摸机械转动部位。

续上表

重点强调：					
1. 在回填过程中，要随时注意边坡土的变化，对坑壁有松土掉落或塌方的危险时，现场的施工人员要立即离开并采取适当的支护措施。基坑边上不得堆放重物。 2. 使用推土机向基坑内推土时，应设专人指挥，指挥人员应站在推土机侧面，确认基坑内人员已撤至安全位置，方可向推土机操作人员发出向基坑内推土的指令。 3. 向基坑内卸土时，基坑内人员必须位于安全位置，任何人严禁在基坑下面休息。					
审核人		交底人		接受交底负责人	
作业班组全体签名：					

第三节 主体结构工程安全交底

模板作业安全交底

编号：

施工单位	
工程名称	
分部分项工程	
工　　种	

交底内容：

一、主要危险源与危害因素

1. 物体打击；高处坠落。

2. 模板倒塌；抛扔模板。

3. 与架空输电线路距离不足；违章用电。

4. 未严格遵守吊装机械使用安全有关规定进行吊装作业。

5. 恶劣天气进行模板作业。

二、安全注意事项

（一）一般要求

1. 模板上架设电线和使用电动工具应采用 36 V 的低压电源。

2. 登高作业时，各种配件放在工具箱内或工具袋内，严禁放在模板或脚手架上。

3. 装拆施工时，上下应有人接应，随拆随运转，并将活动部件固定牢靠，严禁将物料堆放在脚手板上或抛掷。

4. 安装墙柱模板时，应随时支撑固定，防止倾覆。

5. 预拼装模板的安装，边就位、边校正、边安设连接件，并加设临时支撑稳固。

6. 拆除承重模板，应设临时支撑，防止突然整块塌落。

7. 在架空输电线路下面安装和拆除组合钢模板时，吊机起重臂、吊物、钢丝绳、外脚手架和操作人员等与架空线路的最小安全距离应符合下表要求。

架空线路电压	1 kV 以下	1～10 kV	35～110 kV	154～220 kV	330～500 kV
最小安全距离（米）	4	6	8	10	15

8. 安装整块柱模板，不得将柱子钢筋代替临时支撑。

9. 吊装模板时，必须在模板就位并连接固定后，方可脱钩。并严格遵守吊装机械使用安全有关规定。

10. 拆除模板时应有专人指挥和切实可靠的安全措施，并在下面标出作业区，严禁非操作人员进入作业区。操作人员配挂好安全带，禁止站在模板的横杆上操作，拆下的模板集中吊运，并多点捆牢，不准向下乱扔。拆模间歇时，将活动的模板、栏杆、支撑等固定牢固，严防突然掉落、倒塌伤人。

续上表

11. 拆模起吊前，复查拆墙螺栓是否拆净，再确定无遗漏且模板与墙体完全脱离方可吊起。

12. 雨、雪及5级大风等天气情况下禁止施工。

13. 基础及地下工程模板安装时，先检查基坑土壁、壁边坡的稳定情况，发现有滑坡、塌方危险时，必须采取有效加固措施后方可施工。

14. 操作人员上下基坑要投扶梯。基坑上口边缘1米以内不允许堆放模板构件和材料，模板支在护壁上时，必须在支点上加垫板。

15. 模板放置时不得压电线、气焊管线等。

16. 大模板放置角度大于其自稳角。

17. 模板安装时，应采取触电保护措施，操作人员带绝缘手套、穿绝缘鞋。模板安装就位后由专人将大模板串起来，并与避雷网接通，防止漏电伤人。

18. 清扫模板和涂刷大模板脱模剂时，必须将模板支撑牢固，两板中间保持不小于60厘米宽的走道。

19. 模板拆除时严禁使用大杠或重锤敲击，拆除后的模板应及时清理混凝土渣块。由专人负责校对模板几何尺寸，偏差过大应及时修理。

20. 板、梁保证三层支撑，且支撑点在同一位置。

(二)大模板堆放要求

1. 平模立放满足75°～80°自稳角要求，采用两块大模板板面对板面对放，中间留出50厘米宽作业通道，模板上方用拉杆固定。

2. 没有支撑或自稳角不足的大模板(阴阳角模、异型角模)存放于专用插放架，存放地点硬化、平稳且下垫100毫米×100毫米方木。

3. 大模板按编号分类码放。

4. 存放于施工楼层上的大模板必须有可靠的防倾倒措施，不得沿建筑物周边放置，要垂直于建筑物外边线存放。

5. 平模叠放时，垫木必须上下对齐，绑扎牢固。

6. 大模板拆除后在涂刷隔离剂时要临时固定。

7. 大模板堆放处严禁坐人或人员逗留。

续上表

<table>
<tr><td colspan="6">重点强调：
1. 登高作业时，各种配件放在工具箱内或工具袋内，严禁放在模板或脚手架上。
2. 安装墙柱模板时，应随时支撑固定，防止模板倾覆。
3. 在架空输电线路下面安装和拆除组合钢模板时，须与带电线路保持安全距离。
4. 吊装模板时，必须在模板就位并连接固后，方可脱钩。并严格遵守吊装机械使用安全有关规定。
5. 严禁非操作人员进入拆模作业区。操作人员应配挂好安全带，禁止站在模板的横杆上操作，拆下的模板集中吊运，并多点捆牢，不准向下乱扔。拆模间歇时，将活动的模板、栏杆、支撑等固定牢固，严防突然掉落、倒塌伤人。
6. 雨、雪及 5 级大风等天气情况下禁止施工。</td></tr>
<tr><td>审核人</td><td></td><td>交底人</td><td></td><td>接受交底
负责人</td><td></td></tr>
<tr><td colspan="6">作业班组全体签名：</td></tr>
</table>

脚手架作业安全交底

编号：

施工单位	
工程名称	
分部分项工程	
工　　种	

交底内容：

一、主要危险源与危害因素

1. 脚手架未按规定搭设；高处作业时坠落；钢管、配件等落下打击伤害。

2. 脚手架拆除时未划定作业区，未设警戒，无专人监护。

3. 硬拉、敲击拆卸连接部件；抛掷钢管与配件。

二、安全注意事项

1. 满堂脚手架搭设应满足下列要求。

(1)四周外排立杆必须设置剪刀撑，中间每隔三排立杆必须沿纵横方向设通长剪刀撑。

(2)剪刀撑从底到顶连续设置。

(3)封顶立杆大头朝上，并用双股绑扎。

(4)搭设从底到顶不得分层。

(5)当架体高于 5 米时，在四角及中间每隔 5.4 米处，剪刀撑斜杆的每一端部位置，均应加设与竖向剪刀撑同宽的水平剪刀撑。

(6)立杆底板设置 100 毫米×100 毫米×6 毫米钢板支撑，横杆与立杆连接牢固。

2. 脚手架安装应满足下列要求。

(1)设置纵向水平加固杆应连续。

(2)加固杆、剪刀撑必须与钢管架同步搭设。

(3)严禁不按设计方案搭设脚手架，不得随意加大木楞、横杆、立杆、螺栓拉杆等的间距。

(4)剪刀撑每 3 米一道，接长时须采用搭接连接。其连接均按三道扣件连接，不得少扣、漏扣扣件。

(5)脚手架安装完毕后，应进行全面检查，验收合格后方能进行下一道工序的施工。

(6)保证混凝土结构、构件的位置、形状、尺寸符合设计要求，保证工程结构和构件各部分形状尺寸和相互位置的正确。

(7)各种连接件、支承件、加固配件必须安装牢固，无松动现象。

3. 脚手架拆除应满足下列要求。

(1)脚手架应在混凝土板强度达到下表要求后方可拆除。

混凝土板强度要求

结构类型	结构跨度(米)	混凝土设计强度标准值的百分率(%)
板	≤2	50
	>2,≤8	75
	>8	100

续上表

<table>
<tr><td colspan="6">(2)拆除时应划定作业区，设置围栏和警戒标志，并设专人监护。操作人员应系安全带，戴安全帽。拆除过程中，必须设专人指挥，作业人员必须听从指挥。
(3)操作人员应站在安全处，以免发生事故。待该段模板全部拆除后，方准将模板、木方、支撑等运出堆放。拆下的模板等配件，严禁抛扔，要有人接应传递，按指定地点堆放。并做到及时清理、维修和涂刷脱模剂，以备待用。
(4)拆除过程中应注意脚手架缺扣、崩扣及不符合要求的部位，严禁踩在松动的杆件上。
(5)拆卸连接部件时，不得硬拉，严禁敲击。拆下的钢管与配件，应防止碰撞，严禁抛掷。
(6)应随拆除及时清运脚手架模板系统材料，并分类堆放。运料人员必须同拆除人员协调配合。
(7)暂停拆除时，必须检查作业范围内未拆除部位的材料，确认稳定后方可离开现场。
4. 模板脚手架维护和注意事项
(1)商品混凝土泵送到浇筑地点，人工进行铺开，混凝土堆放不能过高，在这个过程中要注意尽量避免剧烈振动，振棒要均匀施加压力，不能随便乱冲乱撞，快进慢出。
(2)浇筑过程中应经常巡视模板支撑情况，查看有无漏支、漏顶、缺少水平及斜拉杆现象，特别是注意正在浇捣混凝土的部位，如有松动、倾斜、下沉等情况，应立即暂停施工，派人员加固补强。
(3)如发现高支模板系统中有个别垂直立杆支撑出现扭曲情况，倾斜量达到 3 厘米，中心最大下沉量超过 2 厘米等现象之一时，必须立即暂停施工。
(4)支模整体搭设安装完毕，经项目部技术和安全负责人或其书面委托人主持整体验收合格后，方能进行下一步工序。
(5)支模搭设、拆除和混凝土浇筑期间，无关人员不得进入支模底下，并由安全员在现场监护。
(6)混凝土浇筑时，专职安全员观察模板及其支撑系统的变形情况，发现异常现象时，应立即暂停施工，迅速疏散人员，待排除险情并经施工现场安全责任人检查同意后方可复工。</td></tr>
<tr><td colspan="6">重点强调：
1. 脚手架四周外排立杆必须设置剪刀撑，中间每隔三排立杆必须沿纵横方向设通长剪刀撑。
2. 严禁不按设计方案搭设脚手架，不得随意加大木楞、横杆、立杆、螺栓拉杆等的间距。加固杆、剪刀撑必须与钢管架同步搭设。
3. 脚手架拆除时应划定作业区，设置围栏和警戒标志，并设专人监护。
4. 拆卸连接部件时，不得硬拉，严禁敲击。拆下的钢管与配件，应防止碰撞，严禁抛掷。</td></tr>
<tr><td>审核人</td><td></td><td>交底人</td><td></td><td>接受交底
负责人</td><td></td></tr>
<tr><td colspan="6">作业班组全体签名：</td></tr>
</table>

钢筋加工及绑扎作业安全交底

编号：

施工单位	
工程名称	
分部分项工程	
工　　种	

交底内容：

一、主要危险源与危害因素

1. 作业中出现不安全险情时，未立即停止作业，施工人员未撤离危险区域。

2. 绑扎框架柱和墙体钢筋时，作业人员站在钢筋骨架上或攀登骨架上下。

3. 绑扎钢筋时，随意将工具、箍筋或短钢筋放在脚手架或模板上。

4. 夜间施工，工作面无足够照明。

二、安全注意事项

(一)钢筋绑扎安全要求

1. 绑扎基础钢筋，应按规定安放钢筋支架、马凳，铺设走道板(脚手板)。

2. 在高处(2米或2米以上)、基坑内施工时，侧墙钢筋、中板、顶板钢筋必须搭设脚手架或操作平台，临边应搭设防护栏杆且作业人员应佩戴齐全劳动防护用品。

3. 在高处(2米以上含2米)绑扎立柱和墙体钢筋时，作业人员不得站在钢筋骨架上或攀登骨架上下，必须搭设脚手架或操作平台和马道。脚手架应搭设牢固，作业面脚手板要满铺、绑牢，不得有探头板、飞跳板，临边应搭设防护栏杆和支挂安全网。

4. 脚手架或操作平台上不得集中码放钢筋，应随使用随运送，不得将工具、箍筋或短钢筋随意放在脚手架上。

5. 严禁从高处(基坑边)向下方抛扔或从低处向高处投掷物料。

(二)钢筋加工安全要求

1. 钢筋切断操作要求。

(1)操作前必须检查切断机刀口，确定安装正确，刀片无裂纹，刀架螺栓紧固，防护罩牢靠，空运转正常后再进行操作。

(2)钢筋切断应在调直后进行，断料时要握紧钢筋，螺纹钢一次只能切断一根。

(3)切断钢筋，手与刀口的距离不得小于15厘米。断短料手握端小于40厘米时，应用套管或夹具将钢筋短头压住或夹住，严禁用手直接送料。

(4)机械运转中严禁用手直接清除刀口附近的断头和杂物，在钢筋摆动范围内和刀口附近，非操作人员不得停留。

(5)发现机械运转异常、刀片歪斜等，应立即停机检修。

(6)作业中严禁进行机械检修、加油、更换部件，维修或停机时，必须切断电源，锁好箱门。

2. 钢筋弯曲操作要求。

(1)工作台和弯曲工作盘台应保持水平，操作前应检查芯轴、成型轴、挡铁轴、可变挡架有无裂纹或损坏，防护罩牢固可靠，经空运转确认正常后，方可作业。

(2)操作时要熟悉倒顺开关控制工作盘旋转的方向，钢筋放置要和挡架、工作盘旋转方向相配合，不得放反。

(3)改变工作盘旋转方向时，必须在停机后进行，即正转—停—反转，不得直接正转—反转或反转—正转。

续上表

<table>
<tr><td colspan="6">（三）钢筋运输安全要求
1. 作业前应检查运输道路和工具，确认安全。
2. 搬运钢筋人员应协调配合，互相呼应。搬运时必须按顺序逐层从上往下取运，严禁从下抽拿。
3. 运输较长钢筋时，必须事先观察清楚周围的情况，严防发生碰撞。
4. 使用手推车运输时，应平稳推行，不得抢跑，空车应让重车。卸料时，应设挡掩，不得撒把倒料。
5. 使用汽车运输，现场道路应平整坚实，必须设专人指挥。
6. 用吊车吊运时，吊索具必须符合起重机械安全规程要求，短料和零散材料必须用容器吊运。
（四）成品码放安全要求
1. 严禁在配电箱、消防设施周围码放钢筋。
2. 钢筋码放场地必须平整坚实，不积水。
3. 加工好的成品钢筋必须按规格尺寸和形状码放整齐，高度不超过 150 厘米，并且下面要垫枕木，标识清楚。
4. 弯曲好的钢筋码放时，弯钩不得朝上。
5. 调直过的钢筋必须将钢筋整理平直，不得相互乱压和单头挑出，未拉盘筋的引头应盘住。
6. 散乱钢筋应随时清理堆放整齐。
7. 直条钢筋要按捆成行叠放，端头一致平齐，应控制在三层以内，并且设置防倾覆、滑坡设施。
8. 材料分堆分垛码放，不可分层叠压。</td></tr>
<tr><td colspan="6">重点强调：
1. 当现场施工人员有变化（调动）时，应及时上报以便对新作业人员进行入场安全教育培训。
2. 作业中出现不安全险情时，必须立即停止作业，撤离危险区域，报告项目负责人，严禁冒险作业。
3. 绑扎框架柱和墙体钢筋时，不得站在钢筋骨架上或攀登骨架上下。
4. 绑扎钢筋时，不得将工具、箍筋或短钢筋随意放在脚手架或模板上。
5. 绑扎钢筋的绑丝头，应弯回至骨架内侧。
6. 暂停绑扎时，应检查所绑扎的钢筋或骨架，确认连接牢固后方可离开现场。
7. 夜间施工，工作面必须有足够的照明。</td></tr>
<tr><td>审核人</td><td></td><td>交底人</td><td></td><td>接受交底
负责人</td><td></td></tr>
<tr><td colspan="6">作业班组全体签名：</td></tr>
</table>

混凝土作业安全交底　　　编号：

施工单位	
工程名称	
分部分项工程	
工　种	

交底内容：

一、主要危险源与危害因素

1. 电动工具绝缘不良；违章用电。

2. 夜间照明不良；恶劣天气仍继续作业。

3. 泵车违章操作。

4. 高处坠落伤害；物体打击伤害。

二、安全注意事项

1. 施工人员必须进行入场前安全教育，经考核合格后方可进入施工现场。

2. 作业人员进入施工现场必须戴合格安全帽，系好下颚带，锁好带扣。

3. 施工人员要严格遵守操作规程，振捣设备应安全可靠

4. 泵送混凝土浇筑时，输送管道头应紧固可靠，不漏浆，安全阀完好，管道支架要牢固，检修时必须卸压。

5. 中板、侧墙混凝土浇筑属于高处作业，应搭设操作平台，铺满绑牢跳板，严禁直接站在模板或支架上操作；作业人员必须佩戴好劳动防护用品。

6. 使用溜槽、串桶时必须固定牢固，操作部位应设护身栏，严禁作业人员站在溜槽上操作。

7. 用料斗吊运混凝土时，要与信号工密切配合，缓慢升降，防止料斗碰撞伤人。

8. 混凝土振捣时，操作人员必须戴绝缘手套，穿绝缘鞋，防止触电。

9. 夜间施工照明行灯电压不得大于36 V，行灯、流动闸箱不得放在墙模平台或顶板钢筋上，遇有大风、雨、雪、大雾等恶劣天气应停止作业。雨期施工要注意电气设备的防雨、防潮、防触电。

10. 浇筑顶板时，外防护架搭设应超出作业面。

11. 底板混凝土浇筑时，必须在钢筋上面设置人行通道，避免踩空，人员掉落在钢筋空隙中受伤。

12. 振捣棒使用前应检查其各部位连接牢固，旋转方向正确，清洁。

13. 作业转移时，电机电缆线要保持足够的长度和高度，严禁用电缆线拖、拉振捣器。

14. 振捣工必须懂得振捣器的安全知识和使用方法及保养，作业后及时清洁设备。

15. 振捣器接线必须正确，电机绝缘电阻必须合格，并有可靠的零线保护，必须装设合格漏电保护开关。

16. 插入式振捣器应两人操作，一人控制振捣器，一人控制电机及开关，棒管弯曲半径不得小于50厘米，且不能多于两个弯，振捣棒自然插入、拔出，不能硬插拔或推，不得蛮碰钢筋或模板等硬物，不能用棒体拔钢筋等。

续上表

17. 冬季施工如因润滑油凝结不易启动振捣器时，可用火缓烤，不准用猛火烤或沸水冲烫。 18. 使用平板振捣器时，拉线必须绝缘干燥，移动或转向时，不得蹬踩电机，电源闸箱与操作点距离不得超过 3 米，设专人看管，检修时必须拉闸断电。 19. 泵送混凝土时，运行前应检查各部件和连接是否完好无损。 20. 臂架管与配管之间必须通过连接软管连接，严禁臂管与配管直接连接，软管前端混凝土出口处应与混凝土浇灌面保持一定距离。 21. 应随时监视各种仪表和指示灯，发现不正常应及时调整处理。作业中，严禁充润滑油保养。保持水箱内储满清水，发现水质混浊并有较多砂粒时，应及时处理。料斗上的方格网在作业中不得随意移去。 22. 泵机运转时，严禁将手伸入料斗或用手抓握分配阀，若要在料斗或分配阀上工作时，应先关闭电机和消除蓄能器压力（按点动按钮即可），并应认真执行工作前、压送中、停机后的各注意事项。 23. 炎热天气要防止油温过高，如达到 70℃或发生烫伤时，应停止机械运行。寒冷季节要采取防冻措施，以防冻坏机械。 24. 输送管路要固定、垫实，严禁将输送软管弯曲，以免软管爆炸，当采用空气清洗管理时，必须严格按操作规程执行。 25. 不得随意调整液压系统压力，不许吸空和无料泵送。 26. 作业完毕后要释放蓄能器的液压油压力，严禁非机械操作人员操作，工作时操作人员不得随意离岗。 27. 泵车司机要持证上岗。泵送结束后，要及时进行管道清洗，清洗输送管道的方法有两种：即水洗和气洗，分别用压力水或压缩空气推送海绵或塑料球进行。清洗之前应反转吸料，减低管路内的剩余压力，减少清洗力。清洗时先将泵车尾部的大弯管卸下，在锥形球内塞入一些废纸或麻袋，然后加入海绵球，将水洗槽加满水后盖紧盖子。若水洗，打开进水阀，关闭进、扩气阀；若气洗，打开进气阀，关闭进水阀。清洗时，注意压力表应不超过规定的最高压力限值，防止爆管。水洗和气洗不准同时采用，清洗时，所有人员应远离管口，并在管口处加设防护装置，以防混凝土从管中突然冲出，造成人员伤害事故。 28. 泵管往楼上人力运输时，运输人员要量力而行。搬运时要注意脚下及周围环境，以防磕绊，两人合作时要相互步调一致，轻拿轻放，严禁抛扔；塔吊吊运时，要放在吊斗中，严禁超出吊斗上口，以防坠落伤人。泵管安装人员临边作业时，要挂好安全带，将泵管拿稳抱牢，必要时将长泵管拴上安全绳，以防泵管脱落伤人。安装人员要精力集中，相互配合，安装时要放好各种连接件，严禁乱放乱扔，以防坠落伤人。要有专人经常检查泵管的连接情况，有异常情况及时修整，以防爆管伤人；工作前应确认所有管接头及连接件完好、牢固。 29. 布料杆工作时，四支腿底板必须固定，臂架下方不准站人并做好布料杆防倾倒措施；在高处定点浇筑时，必须用止动销轴将回转锁定；未加配重时不得打开或装上管梁；布料时工作人员应看得见工作范围；不准将管梁接长；软管长度不得超过 3 米（带软管工作时，必须用 5 块 280 公斤的配重）。 30. 经常检查钢丝绳是否破损，各部件的紧固是否松动，定期活动部位加注润滑脂。 31. 定期检查输送管的磨损量，壁厚小于 1 毫米时，应及时更换。

续上表

<table>
<tr><td colspan="6">32. 布料杆采用风洗时，端部橡胶管要拿开，并安上一个挡闸板，管端附近不许站人，以防混凝土残渣伤人。
33. 经常检查布料杆弯头、软管接头等处是否牢固，以免脱落。
34. 操作人员戴安全帽、口罩、手套等，临边、高处作业系好安全带。
35. 地下室施工要有足够的照明，使用低压电，非电工不得随便接电。
36. 正确使用磨光机械，防止机械伤人。
37. 在临边作业时要有必要的防护措施，防止高处坠落、物体打击。
38. 夜间利用道路进行混凝土浇筑，在临时疏解道路的时候，必须采取足够的夜间交通指挥措施，确保临时疏解交通时的安全。临时交通疏解人员要懂交通规则及指挥手势，确保车辆畅通。</td></tr>
<tr><td colspan="6">重点强调：
1. 中板、侧墙混凝土浇筑属于高处作业，应搭设操作平台，铺满绑牢跳板，严禁直接站在模板或支架上操作；作业人员必须佩戴好劳动防护用品。
2. 使用溜槽、串桶时必须固定牢固，严禁作业人员站在溜槽上操作。
3. 混凝土振捣时，操作人员必须戴绝缘手套，穿绝缘鞋，防止触电；作业转移时，严禁用电缆线拖、拉振捣器。
4. 泵机运转时，严禁将手伸入料斗或用手抓握分配阀。
5. 泵车布料杆工作时，四支腿底板必须固定，臂架下方不准站人并做好布料杆防倾倒措施。
6. 夜间利用道路进行混凝土的浇筑，在临时疏解道路的时候，必须采取足够的夜间交通指挥措施，确保在临时疏解交通时的安全。临时交通疏解人员要懂交通规则及指挥手势，确保车辆畅通。</td></tr>
<tr><td>审核人</td><td></td><td>交底人</td><td></td><td>接受交底
负责人</td><td></td></tr>
<tr><td colspan="6">作业班组全体签名：</td></tr>
</table>

冠梁施工安全交底

编号：

施工单位	
工程名称	
分部分项工程	
工　　种	

交底内容：

一、主要危险源与危害因素

1. 机械伤害。

2. 电动工具绝缘不良;违章用电。

3. 模板倒塌砸伤人员;高处坠落伤害。

4. 未做好测斜管的保护。

二、安全注意事项

(一)沟槽开挖

1. 在冠梁工程施工中,施工顺序、机具位置、操作人员位置、场内运输、供水供电线路等,都必须符合施工安全要求。

2. 施工作业区应设置明显的标志且与非作业区严格隔离,严禁非作业人员进入施工现场。

3. 冠梁沟槽开挖时,必须熟读管线图纸,严格按照现场管理人员要求提前挖探坑以探明管线走向以及位置,防止施工过程中破坏管线。

4. 机械操作人员在施工操作中思想要集中,不准随便离开岗位,应经常注意机械运转情况,发现异常及时纠正或停机,做到严格服从指挥信号,持证谨慎操作。

(二)钢筋工程

1. 作业前应检查运输道路和工具,确认安全。搬运钢筋人员应协调配合,互相呼应,搬运时必须按顺序逐层从上往下取运,严禁从下抽拿;运输较长钢筋时,必须事先观察运行上方或周围附近架空线及其他管线,严防碰触;严禁从高处向下方抛扔或从低处向高处投掷物料。

2. 绑扎钢筋的绑丝头,应弯回至骨架内侧,暂停绑扎时,应检查所绑扎的钢筋或骨架,确认连接牢固后方可离开现场;作业中如出现不安全险情时,必须立即停止作业,作业人员撤离危险区域,并报告项目负责人,严禁冒险作业。

3. 钢筋切断操作前必须检查切断机刀口,确定安装正确,刀片无裂纹,刀架螺栓紧固,防护罩牢靠,空运转正常后再进行操作。钢筋切断应在调直后进行,断料时要握紧钢筋,螺纹钢一次只能切断一根;切断钢筋,手与刀口的距离不得小于 15 厘米。断短料手握端小于 40 厘米时,应用套管或夹具将钢筋短头压住或夹住,严禁用手直接送料;机械运转中严禁用手直接清除刀口附近的断头和杂物,在钢筋摆动范围内和刀口附近,非操作人员不得停留;作业时应摆直、紧握钢筋,应在活动切口向后退时送料入刀口,并在固定切刀一侧压住钢筋,严禁在切刀向前运动时送料,严禁两手同时在切刀两侧握住钢筋俯身送料。发现机械运转异常、刀片歪斜等,应立即停机检修;作业中严禁进行机械检修、加油、更换部件,维修或停机时,必须切断电源,锁好箱门。

续上表

4. 工作台和弯曲工作盘台应保持水平，操作前应检查芯轴、成型轴、挡铁轴、可变挡架有无裂纹或损坏，防护罩牢固可靠，经空运转确认正常后，方可作业；操作时要熟悉倒顺开关控制工作盘旋转的方向，钢筋放置要和挡架、工作盘旋转方向相配合，不得放反；改变工作盘旋转方向时，必须在停机后进行，即正转—停—反转，不得直接正转—反转或反转—正转；弯曲机运转中严禁更换芯轴、成型轴和变换角度及调速，严禁在运转时加油或清扫；弯曲钢筋时，严格依据使用说明书要求操作，严禁超过该机对钢筋直径、根数及机械转速的规定；严禁在弯曲钢筋的作业半径内和机身不设固定销的一侧站人；弯曲未经冷拉或有锈皮的钢筋时，作业人员必须戴护目镜及口罩；作业中不得用手清除金属屑，清理工作必须在机械停稳后进行；检修、加油、更换部件或停机，必须切断电源，锁好箱门。 （三）模板工程 1. 作业人员进入施工现场必须戴合格的安全帽，系好下颚带，锁紧带扣；施工现场严禁吸烟；登高作业必须系好安全带，高挂低用；电锯、电刨等要做到一机一闸一漏一箱，严禁使用一机多用机具；电锯、电刨等木工机具要有专人负责，持证上岗，严禁戴手套操作，严禁用竹编板等材料包裹锯体，分料器要齐全，不得使用倒顺开关；使用手持电动工具必须戴绝缘手套，穿绝缘鞋，严禁戴手套使用锤、斧等易脱手工具；圆锯的锯盘及转动部应安装防护罩，并设有分料器，其长度不小于50厘米，厚度大于锯盘的木料，严禁使用圆锯；支模时注意个人防护，不允许作业人员站在不稳固的支撑上或没有固定的木方上施工；支设梁、板、柱模板时，应先搭设架体和护身栏，严禁在没有固定的梁、板、柱上行走；搬运木料、板材和柱体时，根据其重量而定，超重时必须两人进行，严禁从上往下投掷任何物料，无法支搭防护架时要设水平等网或挂安全带。使用手锯时，防止伤手和伤到其他人员，并有防摔落措施，锯料时作业人员必须站在安全可靠处。 2. 模板拆除时，从上往下依次拆除，不得高处抛物。必须有专职安全员和临时安全员旁站。 （四）混凝土工程 1. 泵送混凝土浇筑时，输送管道头应紧固可靠，不漏浆，安全阀完好，管道支架要牢固，检修时必须卸压；使用溜槽、串桶时必须固定牢固，操作部位应设护身栏，严禁人员站在溜槽上操作；用料斗吊运混凝土时，要与信号工密切配合，缓慢升降，防止料斗碰撞伤人。 2. 混凝土振捣时，操作人员必须戴绝缘手套，穿绝缘鞋，防止触电；夜间施工照明行灯电压不得大于36 V；雨季施工要注意电气设备的防雨、防潮、防触电；振捣棒使用前应检查其各部位连接牢固，旋转方向正确，清洁。插入式振捣器应两人操作，一人控制振捣器，一人控制电机及开关，棒管弯曲半径不得小于50厘米，且不能多于两个弯，振捣棒自然插入、拔出，不能硬插拔或推，不要蛮碰钢筋或模板等硬物，不能用棒体拔钢筋等。使用平板振捣器时，拉线必须绝缘干燥，移动或转向时，不得蹬踩电机，电源闸箱与操作点距离不得超过3米，专人看管，检修时必须拉闸断电。泵送混凝土时，运行前检查各部件和连接是否完好无损，与混凝土浇灌面保持一定距离；严禁一切违章操作。 （五）测斜管、管线的保护 1. 冠梁土方开挖、桩间土方开挖、桩头凿除、钢筋制安施工时，必须注意测斜管位置，在测斜管位置严禁机械施工。 2. 人工破除之后，及时通知技术人员，做好测斜管的保护工作，严禁破坏。 3. 管线与冠梁高程冲突时，必须按照技术交底的要求进行保护。

续上表

重点强调： 　　1. 冠梁沟槽开挖时，严格按照现场管理人员要求提前挖探坑以探明管线走向以及位置，防止施工过程中破坏管线。 　　2. 钢筋工程、模板工程、混凝土工程应符合相应的安全作业要求。 　　3. 冠梁土方开挖、桩间土方开挖、桩头凿除、钢筋制作安装施工时，必须注意测斜管位置，在测斜管位置严禁机械施工。严禁破坏测斜管。					
审核人		交底人		接受交底负责人	
作业班组全体签名：					

第四节 砌体工程安全交底

砌筑工程施工安全交底(通用) 编号:

施工单位	
工程名称	
分部分项工程	
工　　种	

交底内容:

一、主要危险源与危害因素

1. 运输车辆、垂直运输、吊运时超载超限。

2. 抛掷传递砖、石等材料。

3. 吊运砖时,直接放在桥板上;吊运砂浆的料斗装得过满。

4. 吊运物料时,吊臂回转范围内有人员行走或停留。

5. 每块脚手板上超过两人;上、落脚手架,急剧跳上、跳落。

二、安全注意事项

1. 雨期施工不得使用过湿的砌块,以避免砂浆流淌,影响砌体质量,雨后继续施工时,应复核砌体垂直度。

2. 活动钢(木)脚手架的安装,当安装在地面时,泥土必须平整坚实,否则应夯打地面至平整和不下沉,或另加脚手架垫板,扩大支承面。当安装在楼板时,如高低不平则应用木板楔平稳,不得用砖块作垫底。地面上的脚手架大雨后应检查有无变动。

3. 车辆运输砖、石、砂浆等材料时应注意稳定,不得猛跑,前后车距离应不小于 2 米;坡道行车,两车距离应不小于 10 米。禁止并行或超车。所载材料不许超出车厢之上。

4. 雨期施工要做好防雨措施,严防雨水冲走砂浆,造成砌体倒塌。

5. 严禁用抛掷方法传递砖、石等材料,如用人工传递时,应稳递稳接,上下操作人员站立位置应错开。

6. 使用机械拌制和泵送砂浆时,应按工程机械操作安全交底要求操作。

7. 使用钢井架物料提升机运送物料时,应遵守钢井架物料提升机的有关规定。吊运时不得超载,使用过程中经常检查,若发现有不符合规定者,应停止作业及时修理。

8. 操作地点临时堆放用料时,要放在平整坚实的地面上,不得放在湿滑积水或泥土松软崩裂的地方。放在楼面板或桥道时,不得超过其设计荷载能力,并应分散堆置,不得过分集中。基坑边 1 米以内不准堆料。

9. 砖、阶砖和小型砌块等,砌筑前均应在地面上用水淋湿(或浸水)至湿透,不得将其运送到操作地点进行浸湿,以免造成场地湿滑。

10. 活动钢管脚手架提升后,应用 $\phi9$ 的铁销贯穿内外管孔,严禁使用铁钉代替。当活动脚手架提升到 2 米时,架与架应装交叉拉杆,以加强联结稳定。

11. 用起重机吊运砖时,应采用砖笼,并不得直接放在跳板上。吊运砂浆的料斗不能装

续上表

<table>
<tr><td colspan="6">得过满。吊钩要扣稳，而且要待吊物下降至离楼地面1米以内时，作业人员才可靠近。扶住就位，人员不得站在建筑物的边缘。吊运物料时，吊臂回转范围内的下方不得有人员行走或停留。
12. 脚手架间距按脚手板(桥枋)长度和刚度而定，脚手板不得少于两块，其端头须铺过梁的支承横杆且不短于20厘米，但不宜伸得太长而成为探头板(悬臂)。
13. 每块脚手板上的操作人员不应超过两人，堆放砖块时不应超过单行4皮。宜一块板站人，一块板堆料。
14. 上、落脚手架，不应急剧跳上、跳落。
15. 不准用不稳定的工具或物体在脚手板面垫高操作，更不应在未经设计和加固的情况下，在一层脚手架上再叠加一层(桥上桥)。
16. 两脚手板(桥枋)相搭接时，每块板应各伸过架的支承横杆，严禁将上一块板搭在下一块板的悬空(探头)部分。如用钢筋桥枋(花梁)代替脚手板时，应用铅丝进行扎牢。</td></tr>
<tr><td colspan="6">重点强调：
1. 所载砖石材料不得超出车厢之上。
2. 严禁用抛掷方法传递砖、石等材料，如用人工传递时，应稳递稳接，上下操作人员站立位置应错开。
3. 吊运时不得超载。
4. 用起重机吊运砖时，应采用砖笼，并不得直接放在跳板上。吊运砂浆的料斗不能装得过满。
5. 吊运物料时，吊臂回转范围内的下方不得有人员行走或停留。
6. 每块脚手板上的操作人员不应超过两人。上、落脚手架，不应急剧跳上、跳落。</td></tr>
<tr><td>审核人</td><td></td><td>交底人</td><td></td><td>接受交底负责人</td><td></td></tr>
<tr><td colspan="6">作业班组全体签名：</td></tr>
</table>

砌砖施工安全交底 编号：

施工单位	
工程名称	
分部分项工程	
工　　种	

交底内容：

一、主要危险源与危害因素

1. 砖垛上取砖时，先取低处后取高处，垛倒砸人。

2. 基坑边堆放材料距离坑边小于1米。

3. 砍砖时应面向外打，砖碎弹出伤人。

4. 高处作业坠落、物体打击。

二、安全注意事项

1. 在台风到来之前，已砌好的山墙应临时用连系杆(例如桁条)放置各跨山墙间，连系稳定。否则，应另行做好支撑措施。

2. 砖垛上取砖时，应先取高处后取低处，防止垛倒砸人。

3. 深基坑装顶的拆除，应随砌筑的高度，自下而上将支顶逐层拆除并每拆一层，随即回填一层泥土，防止该层基土发生变化。当在坑内工作时，操作人员必须戴好安全帽。操作地段上面要有明显标志，警示基坑内有人操作。

4. 脚手架站脚处的高度，应低于已砌砖的高度。

5. 砌砖在一层以上或高度超过4米时，若建筑物外边没有架设脚手架平桥，则应支架安全网或护身栏杆。

6. 不准站在墙上做划线、吊线、清扫墙面等工作。上下脚手架应走斜道，严禁踏上窗台出入平桥。

7. 基坑边堆放材料距离坑边不得小于1米。当发现土壤出现水平或垂直裂缝时，应立即将材料搬离并进行基坑装顶加固处理。

8. 砍砖时应面向内打，注意砖碎弹出伤人。

9. 基础砌砖时，应经常注意和检查基坑土质变化情况，有无崩裂和塌陷现象。当深基坑装设挡板支顶时，操作人员应设梯子上落，不应攀爬支顶和踩踏砌体上落；运料下基坑不得碰撞支顶。

10. 砌砖使用的工具、材料应放在稳妥的地方，工作完毕应将脚手板和砖墙上的碎砖、灰浆等清扫干净，防止掉落伤人。

续上表

<table>
<tr><td colspan="6">重点强调：
1. 砖垛上取砖时，应先取高处后取低处，防止垛倒砸人。
2. 基坑边堆放材料距离坑边不得小于 1 米。
3. 砍砖时应面向内打，注意砖碎弹出伤人。</td></tr>
<tr><td>审核人</td><td></td><td>交底人</td><td></td><td>接受交底负责人</td><td></td></tr>
<tr><td colspan="6">作业班组全体签名：</td></tr>
</table>

中、小型砌块砌筑工程施工安全交底 编号：

<table>
<tr><td>施工单位</td><td colspan="5"></td></tr>
<tr><td>工程名称</td><td colspan="5"></td></tr>
<tr><td>分部分项工程</td><td colspan="5"></td></tr>
<tr><td>工　　种</td><td colspan="5"></td></tr>
<tr><td colspan="6">交底内容：
一、主要危险源与危害因素
1. 高处坠落；物体打击。
2. 吊装时不安全因素未排除时仍吊装作业。
3. 大风天气使砌块和构件在空中摆动不能停稳时，仍进行吊装作业。
4. 指挥信号表达不清时，仍进行吊装作业。
5. 视线不清时，进行吊装作业。
二、安全注意事项
1. 堆放在楼板上的砌块不得超过楼板的允许承载力。采用内脚手架施工时，在二层楼面以上必须沿建筑物四周设置安全网，并随施工高度逐层提升，屋面工程未完工前不得拆除。
2. 安装砌块时，不准站在墙上操作和墙上设置支撑、缆绳等。在施工过程中，对稳定性较差的窗间墙、独立柱应加稳定支撑。
3. 吊装砌块和构件时应注意其重心位置，禁止用起重拔杆拖运砌块，不得起吊有破裂脱落危险的砌块。起重拔杆回转时，严禁将砌块停留在操作人员的上空或在空中整修、加工砌块。吊装较长构件时应加稳绳。吊装时不得在其下一层进行任何工作。
4. 砌块施工宜组织专业小组进行。施工人员必须认真执行有关安全技术规程和本工种的操作规程。
5. 当遇到下列情况时，应停止吊装工作。
(1)起吊设备、索具、夹具有不安全因素而没有排除。
(2)因刮风，使砌块和构件在空中摆动不能停稳。
(3)噪声过大，不能听清指挥信号。
(4)大雾或照明不足。</td></tr>
<tr><td colspan="6">重点强调：
1. 安装砌块时，不准站在墙上操作和墙上设置支撑、缆绳等。
2. 当遇到下列情况时，应停止吊装工作。
(1)起吊设备、索具、夹具有不安全因素而没有排除。
(2)因刮风，使砌块和构件在空中摆动不能停稳。
(3)噪声过大，不能听清指挥信号。
(4)大雾或照明不足。</td></tr>
<tr><td>审核人</td><td></td><td>交底人</td><td></td><td>接受交底
负责人</td><td></td></tr>
<tr><td colspan="6">作业班组全体签名：</td></tr>
</table>

砌石施工安全交底

编号：

施工单位	
工程名称	
分部分项工程	
工　　种	

交底内容：

一、主要危险源与危害因素

1. 运送石料时，装得过满。

2. 修整石块时作业人员未戴防护目镜，两人对面操作。

3. 用手推车运石料时，装卸顺序不当。

二、安全注意事项

1. 搬运石料前，应检查搬运工具、绳索是否牢靠。石料要拿稳放牢，运送时不应装得过满，防止石料滚落伤人。

2. 在脚手架上砌石，不得使用大锤，修整石块时作业人员要戴防护目镜，不准两人对面操作。操作时，应戴厚帆布防护手套。

3. 用绳缆抬石，应用双缆，不应用单缆，并且有缆的一面向人，前后两人要互相呼应、互相照顾、步伐一致。

4. 不得往下掷石块。运石上落时，桥板要架设牢固，并有防滑措施，桥板宽度应大于50厘米，同时桥 侧要有扶手栏杆。

5. 坑槽运石料，应用溜槽或吊运，下方不准有人。

6. 用手推车运石料时，应掌握车的重心，装车先装后面，卸车先卸前面，装车不得超载。

7. 开尖操作前应检查铁尖、大锤等有无裂痕，是否牢固；如有，则应修理好后才可使用。铁尖要用麻绳拴紧，操作时用脚踩实麻绳，以防铁尖飞出伤人。开尖时翻动石块要使用铁笔，在石块底斜处用小石块垫牢，以防石块滚动。

8. 扑石时先检查锤头有无破裂，锤柄是否牢靠。打锤要按照石纹走向落锤，锤口要平，落锤要准。落锤要选择方向，看清附近情况有无危险，方可落锤，以防伤人。

9. 工作完毕，应将脚手板上的石渣碎片清扫干净。

续上表

<table>
<tr><td colspan="6">重点强调：
1. 运送石料时，不应装得过满，防止滚落伤人。
2. 修整石块时作业人员要戴防护目镜，不准两人对面操作。
3. 不得往下掷石块。用手推车运石料时，应掌握车的重心，装车先装后面，卸车先卸前面，装车不得超载。
4. 扑石时先检查锤头有无破裂，锤柄是否牢靠。打锤要按照石纹走向落锤，锤口要平，落锤要准。落锤要选择方向，看清附近情况有无危险，方可落锤，以防止伤人。</td></tr>
<tr><td>审核人</td><td></td><td>交底人</td><td></td><td>接受交底负责人</td><td></td></tr>
<tr><td colspan="6">作业班组全体签名：</td></tr>
</table>

第五节　结构防水安全交底

结构防水作业安全交底　　编号：

施工单位	
工程名称	
分部分项工程	
工　　种	

交底内容：

一、主要危险源与危害因素

1. 防水板吊装过程中高处坠物伤人。

2. 未做好防火措施，导致火灾；未做好防毒措施，导致中毒；焊接高温伤人。

3. 未按规定使用射钉枪，射钉弹出伤人。

4. 高处坠落；物体打击。

二、安全注意事项

1. 工程施工时，必须建立安全生产责任制，对作业人员进行安全施工教育。作业人员必须严格遵守施工现场的各项安全规章制度，严格按操作规程施工，做到文明施工。施工人员进入现场必须戴安全帽、穿安全鞋，作业人员要配备相应的安全防护用品。

2. 施工现场严禁明火，施工人员在防水施工时严禁穿带钉鞋、硬底鞋进入防水施工现场。防水施工现场严禁吸烟和烟头杂物乱置现象。

3. 由于卷材中某些组成材料和胶粘剂具有一定的毒性和易燃性，在材料保管、运输、施工过程中，注意防火和预防职业中毒事故发生。因地制宜地采取相应材料存放措施，并配备足够的消防设备。

4. 各种防水材料应有专人负责保管，严禁使用不合格材料及施工机具。

5. 防水板焊接时产生的刺激性气体应及时排走，保持工作面附近的工作环境，保证人体健康。

6. 使用电气设备时，应首先检查电源开关，机具设备使用前应先试行运转，确定无误后，方可进行作业。

7. 材料吊装运输，必须设置专业信号指挥，基坑上下密切配合，相互照应，统一行动，其他人员必须协同作业，听从指挥，避免发生意外事故。

8. 施工过程中做好基坑的临边防护，防止出现坠落事故。严禁向基坑内抛掷任何物品。

9. 铺防水板需要搭设脚手架时，脚手架上的垫板必须铺设平稳，不得悬空，支撑必须牢固，经安检人员确认后方可使用。

10. 脚手架操作面必须满铺脚手板，木脚手板有腐朽、劈裂、大横透节、活动节的均不能使用，脚手架外侧设置安全栏、安全网等防护措施。

11. 挂防水板时，根据防水板的重量，安排足够的施工人员进行作业，底板以上防水板的重量不得超过200公斤。

续上表

<table>
<tr><td colspan="6">12. 施工人员高处作业时，应系好合格的安全带，同时有一名安检人员监护施工。
13. 施工人员使用水泥钉射钉枪时，应由经过培训的专人使用。
14. 钉设防水板时，施工人员间距大于1.5米，防止混凝土射钉弹出伤人。
15. 严格按照射钉枪作业方法施工，严禁装钉和子弹时枪口对人。严禁将装有钉和子弹的枪两人同时操作或将其放置在工作现场，使用后必须做空枪检查。
16. 铺设时注意结构钢筋对作业面的影响，避免钢筋头伤人。
17. 作业人员现场施工完毕，应做到完工、料净、场清。经检查无渗漏和隐患后再撤离现场，确保工程安全。
18. 施工现场要保持干净、整洁，料具摆放整齐。
19. 生产过程中产生的废料分类收集，统一管理、统一处理，避免废弃物对环境产生污染。
20. 施工现场的材料堆码整齐，并用苫布苫盖。
21. 现场的砂石材料统一用彩条布或苫布苫盖，避免扬尘污染环境。
22. 夜间施工时严禁扰民，避免产生施工噪声，若施工过程中产生噪声，则要用围挡封闭的形式降低噪声。
23. 混凝土细石保护层拌料时，搅拌机应用封闭式施工棚封闭，避免扬尘及产生噪声。
24. 保护层的拌和料在洞内运输过程中应采取措施，避免洒落，保证施工现场的文明卫生。</td></tr>
<tr><td colspan="6">重点强调：
1. 由于卷材中某些组成材料和胶粘剂具有一定的毒性和易燃性，在材料保管、运输、施工过程中，注意防火和预防职业中毒事故发生。因地制宜地采取相应材料存放措施，并配备足够的消防设备。
2. 施工过程中做好基坑的临边防护，防止出现坠落事故。严禁向基坑内抛掷任何物品。
3. 铺防水板需要搭设脚手架时，脚手架上的垫板必须铺设平稳，不得悬空，支撑必须牢固，经安检人员确认后方可使用。
4. 钉设防水板时，施工人员间距大于1.5米，防止混凝土射钉弹出伤人。
5. 严禁装钉和子弹时枪口对人，严禁将装有钉和子弹的枪两人同时操作或将其放置在工作现场。
6. 铺设时注意结构钢筋对作业面的影响，避免钢筋头伤人。</td></tr>
<tr><td>审核人</td><td></td><td>交底人</td><td></td><td>接受交底
负责人</td><td></td></tr>
<tr><td colspan="6">作业班组全体签名：</td></tr>
</table>

第六节　附属工程安全交底

地下通道施工安全交底　　　　编号：

施工单位	
工程名称	
分部分项工程	
工　　种	

交底内容：

一、主要危险源与危害因素

1. 运输伤害。

2. 金属吊索具不符合安全要求。

3. 违章起重吊装伤害。

4. 物体打击；机械倒塌伤害。

二、安全注意事项

1. 斜道运输应符合下列要求。

(1)支、拆斜道必须由架子工操作。使用前，必须检查验收，确认合格。

(2)施工中应经常检查，确认安全；发现隐患必须立即处理，确认合格。

(3)斜道临边必须设防护栏杆，进出口处的栏杆不得伸出栏柱。

(4)施工前，应根据运输车辆的种类、宽度、载重和现场环境状况，对斜道结构进行施工设计，其强度、刚度、稳定性应满足各施工阶段荷载的要求。

(5)斜道应坚实、直顺，不宜设弯道；斜道宽度应较运输车辆宽 1 米以上，坡度不宜陡于 1∶6。

(6)防护栏杆材料、搭设方法、固定措施等应符合安全要求。

2. 进入基坑、沟槽和在边坡上施工应检查边坡土壁稳定状况，设攀登设施，确认安全，在施工过程中应随时检查，确认安全；施工现场应划定作业区，非作业人员不得入内。

3. 使用三角架、倒链吊装应符合下列要求。

(1)拉动链条必须一人操作，严禁两人以上猛拉；作业时应均匀缓进，并与链轮方向一致，不得斜向拽动。严禁人员站在倒链的正下方。

(2)倒链安装应牢固，使用前应检查吊架、吊钩、链条、轮轴、链盘等部件，确认完好。

(3)吊物需在空间暂时停留时，必须将小链拴系在大链上。

(4)使用时，应先松链条、挂牢起吊物、缓慢拉动牵引链条；起重链条受力后，应检查齿轮啮合和自锁装置的工作状况，确认合格后，方可继续起吊作业。

(5)三角架应置于坚实的地基上，支垫稳固；底脚宜呈等边三角形，支腿应用横杆件连成整体，底脚处应加设木垫板。

(6)作业中应经常检查棘爪、棘爪弹簧和齿轮状况，确认制动有效；齿轮应经常加油润滑。

(7)三角架的支腿应根据被吊装物的质量进行受力计算确定；三支腿顶部连接点必须牢固。

续上表

(8)使用的链葫芦外壳应有额定吨位标记，严禁超载；气温在10℃以下，不得超过其额定起重量的一半。 (9)倒链使用完毕，应拆卸清洗干净，注加润滑油，组装完好，放至库房妥善保管，保持链条不锈蚀。 (10)人工移动三脚架时，应先卸除倒链；移动时，必须由作业组长指挥，每支脚必须设人控制，移动应平稳、步调一致。 (11)吊装过程中，吊物下方严禁站人。 (12)暂停作业时应将倒链降至地面或平台等安全处。 4. 在城区、居民区、乡镇、村庄、机关、学校、企业、事业单位及其附近施工时，应集中、快速和倒段施工，减少外露沟槽的时间，维护行人安全。 5. 作业中使用金属吊索具应符合下列要求。 (1)严禁在吊钩上焊补、打孔；吊钩表面应光洁，无剥裂、锐角、毛刺、裂纹等。 (2)严禁卡环侧向受力，起吊时封闭锁必须拧紧；不得使用有裂纹、变形的卡环；严禁用补焊方法修复卡环。 (3)吊索具达到报废条件时，应报废不得再使用。 (4)吊索具应有合格证，并经试吊，确认合格。 (5)钢丝绳结构形式、规格和强度应符合说明书的规定。 (6)钢丝绳切断时，应在切断的两端采取防止松散的措施。 (7)编插钢丝绳索具应符合有关规定。 (8)钢丝绳使用完毕，应及时清理干净，加油润滑、理顺盘好，放至库房妥善保管。 6. 起重机吊运构件、混凝土、模板等应符合下列要求。 (1)起重机作业场地应坚实、平整，场地松软时必须加固，并确认合格；在临近沟槽、基坑边作业时，应根据土质、槽(坑)深、槽(坑)壁支护结构情况、起重机械及其吊装构件等质量和环境状况，确定安全距离，且不得小于1.5米。 (2)操作工和吊装指挥人员必须经安全技术培训，考试合格，持证上岗。 (3)吊装作业应设信号工指挥；作业前，指挥人员必须检查吊索具、周围环境状况，确认安全。 (4)严禁起重机在电力架空线下方作业，需在线路一侧作业时，机械(含吊物、载物)与电力架空线路的最小距离必须符合要求。 (5)起吊较大的构件、模板等吊物应拴系拉绳。 (6)作业前，应了解周围环境、行驶道路、架空线路、建(构)筑物和被吊物质量与形状等情况，掌握吊装要点。 7. 使用汽车、机动翻斗车应符合运输机械相关安全交底具体要求；使用手推车应符合下列要求。 (1)运输杆件材料时，应捆绑牢固。 (2)路堑、沟槽边卸料时，距堑、槽边缘不得小于1米，车轮应挡掩牢固，槽下不得有人。 (3)在坡道上运输应缓慢行驶，控制速度，下坡前方不得有人。

续上表

<table>
<tr><td colspan="6">(4)装土等散状材料时，手推车应设挡板，运输中不得遗洒。
(5)卸土等散状材料时，应待车辆挡板打开后，方可扬把卸料，严禁撒把。</td></tr>
<tr><td colspan="6">重点强调：
1. 用斜道运输应符合规定要求。
2. 进入基坑、沟槽和在边坡上施工应检查边坡土壁稳定状况，设攀登设施，确认安全，在施工过程中应随时检查，确认安全；施工现场应划定作业区，非作业人员不得入内。
3. 使用起重机、三角架、倒链、金属吊索具应符合起重的有关要求。
4. 使用汽车、机动翻斗车应符合运输机械相关安全交底具体要求；使用手推车应注意上述安全注意事项中的相关内容。</td></tr>
<tr><td>审核人</td><td></td><td>交底人</td><td></td><td>接受交底负责人</td><td></td></tr>
<tr><td colspan="6">作业班组全体签名：</td></tr>
</table>

出入口施工作业安全交底　　编号：

施工单位	
工程名称	
分部分项工程	
工　　种	

交底内容：

一、主要危险源与危害因素

1. 夜间施工未设警示灯。

2. 掌子面未及时封闭。

3. 施工人员随意穿行城市道路。

4. 违章焊接作业。

5. 电动工具绝缘不良；违章用电。

二、安全注意事项

1. 进入施工场地作业人员必须正确佩戴安全帽。

2. 施工时应在基坑四周设两道护栏，并在夜间设警示灯。

3. 当拱部地质情况较差时，开挖过程中应尽量避免扰动掌子面的土体以免造成塌方。在施工中应密切注意掌子面情况，发现异常应及时封闭。

4. 施工场地地处交通繁忙地段，进出场地的车辆和施工人员必须注意交通安全。施工车辆必须遵守交通法规，施工人员过马路时必须“一站、二看、三通过”。

5. 电焊机使用前应检查其各部件是否完好，地线是否焊接。接电源时应注意电源电压与本机相符必须装有漏电保护装置。正确使用焊钳，手不得触摸焊钳顶端，焊接时焊接人员必须使用面罩，戴上电焊手套。在露天作业时必须加盖防雨设施以防受潮。作业结束后切断电源，收好电线并防止雨水。

6. 采用中隔壁法施工时，施工过程中不得随意拆除中隔壁支撑，二衬施工支撑体系拆除应根据监控量测情况及二衬施工程序逐步拆除。

重点强调：

1. 应在基坑四周设两道护栏，在夜间施工应设警示灯。

2. 在施工中应密切注意掌子面情况，发现异常应及时封闭。

3. 施工人员过马路时必须“一站、二看、三通过”。

4. 电焊机使用前应检查其各部件是否完好，地线是否焊接。

审核人		交底人		接受交底负责人	

作业班组全体签名：

风井与风道施工安全交底　　编号：

施工单位	
工程名称	
分部分项工程	
工　　种	

交底内容：

一、主要危险源与危害因素

1. 盲目采用机械开挖竖井。在风井口周围 2 米范围内堆放物料。

2. 井上井下吊装运输，无专业信号指挥。

3. 钉设防水毯时，钉设施工人员之间间距不足 1.5 米。

4. 拆除风井井壁横撑时，气割操作人员横跨横撑两侧。

5. 脚手架拆除时，拆除区域未设置警戒线，无专人监护；拆除作业顺序错误；上下同时拆除。

二、安全注意事项

1. 现场施工人员必须佩戴符合标准的安全帽进行作业，架子工及临空作业人员必须系好安全带。

2. 为避免损毁地下管线，竖井宜采用人工开挖。遇到地下未探明物，应及时通知项目部、监理单位和建设单位。在风井口周围 2 米范围内不得堆放重物，尤其是存土场靠近井口 2 米范围内不得堆渣土。风井周围设安全防护栏杆，保证施工人员安全。

3. 提升架横纵梁、立柱及其他连接杆件都经过检校、复核，并留有一定的安全系数；提升架的拴接、焊接长度都经过了检校，并通过现场验收和当地安全质量监督站的检查。

4. 安排专职人员每天对电动葫芦和提升架进行全面检查，发现问题及时上报并解决。

5. 提升架操作员均持证上岗，每班工作时间不得超过 6 小时，不得疲劳上岗操作，不得酒后操作。

6. 竖井爬梯预埋角钢长度不得小于 50 厘米，斜梁与扶手的选用均应检算，缝接部位须经安检人员检查合格后方能使用。

7. 爬梯台阶高度 25 厘米，宽度为 20 厘米，均采用防滑钢板，爬梯外侧均设置扶手与防护栏。爬梯与吊运区实行安全网隔离。

8. 井上井下吊装运输，必须设置专业信号指挥，井上井下密切配合，相互照应，统一行动，其他人员必须协同作业，听从指挥，避免发生意外事故。

9. 钉设防水毯时，钉设施工人员之间间距大于 1.5 米，防止混凝土射钉弹出伤人。

10. 挂防水毯所有脚手架，垫木必须铺设平稳，没有悬空，支撑必须牢固，并经安检人员确认后方可使用。

11. 脚手架操作面必须满铺脚手板，木脚手板有腐朽、劈裂、大横透节，有活动节子的均不能使用，脚手架外侧设置安全栏。

12. 挂防水毯时，根据防水毯的重量，安排足够的施工人员进行作业，底板以上防水毯的重量不得超过 200 公斤。

续上表

13. 风井开挖过程中应严格控制进尺，开挖后及时进行支护。 14. 在风井施工深度达 6 米后应对开挖面进行通风，以保证竖井施工人员安全。 15. 二衬横板及支撑强度、刚度、稳定性须进行设计检算，且留有一定安全储备值，才可付诸实施。 16. 二衬模板及支撑须使用设计方案所选材料及方案，若需调整，调整材料及方案须强于设计方案。 17. 在上层作业前，施工现场领班人员必须清楚了解下层是否有作业人员，在做何种作业，有交叉影响的，应设置隔离防护措施。 18. 拆除风井井壁横撑时，气割操作人员必须位于横撑同一侧，在开始操作前，先把横撑用钢丝强平衡，悬吊于电葫芦上，避免在操作过程中横撑非人为坠落。 19. 横板支撑底部须采用木板作垫板，不得使用砖块或其他脆性垫块，以免引起支撑体系整体失稳。 20. 脚手架拆除时，拆除区域应设置警戒线，且必须设置专人进行监护，必须遵循由上而下的拆除作业顺序、后搭先拆的原则，做到一步一清依次进行，严禁上下同时拆除作业，拆下的材料严禁抛掷，中途严禁换人。 21. 泵送混凝土，输送管道的接头应紧密可靠不漏浆，安全阀必须完好，管道的架子要牢固，输送前应试送，检修前必须卸压。 22. 输送泵管道出料口位置安放加固后，才可以开泵输送，更换位置时必须停泵，严禁开泵换位。 23. 浇捣混凝土时，应分层对称进行，特别是风道入口处混凝土的浇捣，应采取两边拱脚对称同时进行，避免因不平衡受力而发生模板变形。 24. 风井模板支撑架作业面上，必须铺设不窄于 50 厘米的板做施工人员立足点，木板必须结实牢固，不得有探头板。 25. 混凝土抗压强度报告下发后，强度满足要求拆模申请经工程部批准后，才可以进行拆模作业，拆模时不得留有未拆除的悬空模板。 26. 支撑架操作面平台不得堆放重物，只限承载作业人和必要的浇捣设备机具。 27. 注浆过程中应注意：1）发现注浆压力持续上升时，应立即停机检查。2）压力未下降至 0 处前，严禁拆卸空气室、压力表、输浆管道、卸浆阀等。3）闲杂人员不得进入作业面，以免高压浆液喷出或小导管冲出伤人。4）注浆过程中，不得无故停电，如需停电，必须提前通知注浆班组。5）注浆过程中，所有设备必须有专人操作，不得让无关人员随意操作注浆设备。 28. 采用爆破开挖时，还应符合现行《爆破安全规程》的规定，并采用控制爆破措施。

续上表

<table>
<tr><td colspan="6">重点强调：
1. 为避免损毁地下管线，竖井宜采用人工开挖。在风井口周围 2 米范围内不得堆放重物，尤其是存土场靠近井口 2 米范围内不得堆渣土。风井周围设安全防护栏杆，保证施工人员安全。
2. 井上井下吊装运输，必须设置专业信号指挥，井上井下密切配合，相互照应，统一行动，其他人员必须协同作业，听从指挥，避免发生意外事故。
3. 钉设防水毯时，钉设施工人员之间间距大于 1.5 米，防止混凝土射钉弹出伤人。
4. 拆除风井井壁横撑时，气割操作人员必须位于横撑同一侧，在开始操作前，先把横撑用钢丝强平衡，悬吊于电葫芦上，避免在操作过程中横撑非人为坠落。
5. 脚手架拆除时，拆除区域设置警戒线，且必须设置专人进行监护，必须遵循由上而下的拆除作业顺序、后搭先拆的原则，做到一步一清依次进行，严禁上下同时拆除作业，拆下的材料严禁抛掷，中途严禁换人。</td></tr>
<tr><td>审核人</td><td></td><td>交底人</td><td></td><td>接受交底负责人</td><td></td></tr>
<tr><td colspan="6">作业班组全体签名：</td></tr>
</table>

玻璃及铝合金幕墙安装施工安全交底

（风井、风亭、出入口） 编号：

施工单位	
工程名称	
分部分项工程	
工　　种	

交底内容：

一、主要危险源与危害因素

1. 高处安装玻璃时未铺设脚手板或采取其他安全防护措施。

2. 未在指定场所裁割玻璃。边角余料随意堆放。

3. 独立悬空作业时未挂好安全带；一手腋下挟住玻璃，一手扶梯攀登上下。

4. 高处安装玻璃时，施工点的下面及附近有行人或施工人员通过。

5. 高处安装幕墙时未在脚手架上进行，作业前未检查脚手架的牢靠性。

6. 玻璃（玻璃幕墙）倾倒砸伤、割伤人员。

二、安全注意事项

（一）玻璃安装

1. 安装顶部采光玻璃，应铺设脚手板或采取其他安全防护措施。

2. 裁割玻璃，应在指定场所进行。边角余料要集中堆放在容器或木箱内，并及时处理。集中装配大批玻璃场所，应设置围栏或标志。

3. 安装门窗玻璃时，禁止在无隔离防护措施的情况上下楼层同时操作，取出未安装上的玻璃应放置平稳。所用的螺钉、卡子和工具等放入工具袋内，随安随装。严禁将铁钉放在嘴里。安装玻璃的楼层下方，禁止人员来往和停留。

4. 安装高处外开窗玻璃时，应在牢固的脚手架上操作并挂好安全带，严禁无安全防护措施作业人员蹲在窗框上操作。

5. 大屏幕玻璃安装应搭设吊架或挑架自上而下逐层安装。

6. 独立悬空作业时必须挂好安全带，不准一手腋下挟住玻璃，一手扶梯攀登上下。使用梯子时，不论玻璃厚薄均不准将梯子靠在玻璃面上操作。

7. 门窗等安装好的玻璃应平整、牢固，不得有松动现象；并在安装完毕后，应随即将风钩挂好插上插销，以防风吹窗扇碰碎玻璃掉落伤人。

8. 天窗及高层房屋安装玻璃时，施工点的下面及附近严禁行人通过，以防玻璃及工具掉落伤人。

9. 搬运玻璃人员必须戴手套或用布、纸垫住玻璃边口部分，与手及身体裸露部分分隔，如数量较大应装箱搬运，玻璃片直立于箱内，箱底和四周要用稻草或其他柔软物品垫稳。两人以上共同搬抬较大较重的玻璃时，要互相配合，呼应一致。

10. 搬运玻璃前应先检查玻璃是否有裂纹，特别要注意暗裂，确认完好后方可搬运。

11. 安装完后剩下的残余破碎玻璃应及时清扫和集中堆放，并要尽快处理，以免伤人。

续上表

<table>
<tr><td colspan="6">
（二）铝合金玻璃幕墙安装
1. 安装时使用的焊接机械及电动螺丝刀、手电钻、冲击电钻、曲线锯等手持式电动工具，应按照相应的安全交底要求操作。
2. 铝合金幕墙安装人员应经专门安全技术培训，考核合格后方能上岗操作。施工前要详细进行安全技术交底。
3. 幕墙安装时操作人员应在脚手架上进行，作业前必须检查脚手架是否牢靠，脚手板是否有空洞或探头等，确认安全可靠后方可作业。高处作业时，应按照相关的高处作业安全交底要求进行操作。
4. 使用天那水清洁幕墙时，室内要通风良好，作业人员戴好口罩，严禁吸烟，周围不准有火种。沾有天那水的棉纱、布应收集在金属容器内，并及时处理。
5. 玻璃搬运应遵守下列要求。
(1)风力 5 级或以上难以控制玻璃时，应停止搬运和安装玻璃。
(2)搬运玻璃时必须戴手套或用布、纸垫住玻璃边口部分，与手及身体裸露部分分隔，如数量较大应装箱搬运，玻璃片直立于箱内，箱底和四周要用稻草或其他柔软物品垫稳。两人以上共同搬抬较大较重的玻璃时，要互相配合，呼应一致。
(3)若幕墙玻璃尺寸过大，则要用专门的吊装机具搬运。
(4)对于隐框幕墙，若玻璃与铝框是在车间粘结的，要待结构胶固化后才能搬运。
(5)搬运玻璃前应先检查玻璃是否有裂纹，特别要注意暗裂，确认完好后方可搬运。
</td></tr>
<tr><td colspan="6">
重点强调：
1. 安装顶部采光玻璃，应铺设脚手板或采取其他安全防护措施。
2. 裁割玻璃，应在指定场所进行。边角余料要集中堆放在容器或木箱内，并及时处理。集中装配大批玻璃场所，应设置围栏或标志。
3. 独立悬空作业时必须挂好安全带，不准一手腋下挟住玻璃，一手扶梯攀登上下。使用梯子时，不论玻璃厚薄均不准将梯子靠在玻璃面上操作。
4. 天窗及高层房屋安装玻璃时，施工点的下面及附近严禁行人通过，以防玻璃及工具掉落伤人。
5. 幕墙安装时操作人员应在脚手架上进行，作业前必须检查脚手架是否牢靠，脚手板是否有空洞或探头等，确认安全可靠后方可作业。
6. 使用天那水清洁幕墙时，室内要通风良好，作业人员戴好口罩，严禁吸烟，周围不准有火种。沾有天那水的棉纱、布应收集在金属容器内，并及时处理。
7. 玻璃搬运应遵守有关规定要求。
</td></tr>
<tr><td>审核人</td><td></td><td>交底人</td><td></td><td>接受交底负责人</td><td></td></tr>
<tr><td colspan="6">作业班组全体签名：</td></tr>
</table>

综合接地施工安全交底

编号：

施工单位	
工程名称	
分部分项工程	
工　　种	

交底内容：

一、主要危险源与危害因素

1. 违章焊接作业伤人。

2. 吊装过程中的高处坠物伤人。

3. 电动工具绝缘不良；违章用电。

二、安全注意事项

1. 作业人员必须是经过电气焊专业培训且考试合格，取得特种作业操作证的电气焊工持证上岗。

2. 机械设备的操作人员必须身体健康，并经过专业培训考试合格，在取得有关部门颁发的特殊工种操作证后，方可独立操作。

3. 机械作业时，操作人员不得擅自离开工作岗位或将机械交给非本机操作人员操作。严禁无关人员进入作业区。工作时，操作人员思想要集中，严禁酒后操作。

4. 机械操作人员和配合工作人员，都必须按规定穿戴劳动保护用品，长发不得外露。高处作业必须挂好安全带，不得穿硬底鞋或拖鞋。严禁从高处投掷物件。

5. 焊接人员应穿胶鞋、戴橡胶手套。

6. 焊接作业时，电缆线应理顺，不得身背、臂夹、缠绕身体，严禁搭在电弧和炽热焊件附近与锋利物体上。

7. 焊接作业后必须关机断电，并锁闭电闸箱。

8. 电焊机、电缆线、电焊钳应完好，绝缘性能良好，焊机防护装置应齐全有效；使用前应检查，确认其符合要求。

9. 焊接作业时不得使用受潮焊条；更换焊条必须戴绝缘手套；合开关时必须戴干燥的绝缘手套，且不得面向开关。

10. 焊工作业时必须使用带有滤光镜的头罩或手持防护面罩，戴耐火的防护手套，穿焊接防护服及绝缘、阻燃、抗热防护鞋；清除焊渣时应戴护目镜。

11. 长期停运的电焊机，使用前必须检验，绝缘电阻不得小于 0.5 MΩ，接线部分不得有腐蚀和受潮现象。

12. 使用中的焊接设备应随时检查，发现安全隐患必须立即停止使用；维护后的焊接设备，经检查确认安全后，方可继续使用。

13. 在狭小空间作业时必须采取通风措施，经检测确认氧气和有毒、有害气体浓度符合安全要求记录后，方可进入作业；出入口必须设专人监护，内外呼应，确认安全；作业人员应轮换作业；照明电压不得大于 12 V。

14. 操作者必须经专业培训，持证上岗；数控、自动、半自动焊接设备应实行专人专机制度。

续上表

<table>
<tr><td colspan="6">15. 电焊机的电源缆线长不得大于 5 米，二次引出线长不得大于 30 米。
16. 作业中电机出现声响异常、电缆线破损、漏电征兆时，必须立即关机断电，停止使用，检查维修后经确认安全，方可继续使用。
17. 电焊机的二次引出线、焊把线、电焊钳等的接头必须牢固。
18. 电焊机单独设开关，外壳做接零保护，并采取防埋、防浸、防雨、防砸措施。</td></tr>
<tr><td colspan="6">重点强调：
1. 机械操作人员和配合工作人员，都必须按规定穿戴劳动保护用品，长发不得外露。高处作业必须挂好安全带，不得穿硬底鞋或拖鞋。严禁从高处投掷物件。
2. 焊工作业时必须使用带有滤光镜的头罩或手持防护面罩，戴耐火的防护手套，穿焊接防护服，穿绝缘、阻燃、抗热防护鞋；清除焊渣时应戴护目镜。
3. 焊接作业时，电缆线应理顺，不得身背、臂夹、缠绕身体，严禁搭在电弧和炽热焊件附近与锋利物体上。
4. 作业中电机出现声响异常、电缆线破损、漏电征兆时，必须立即关机断电，停止使用，检查维修后经确认安全，方可继续使用。</td></tr>
<tr><td>审核人</td><td></td><td>交底人</td><td></td><td>接受交底负责人</td><td></td></tr>
<tr><td colspan="6">作业班组全体签名：</td></tr>
</table>

第三章　盖挖车站工程施工安全交底

盖挖车站基坑围护中的钻孔灌注桩、地下连续墙、桩间网喷混凝土、横撑支护施工安全交底，盖挖车站基坑基底加固中的混凝土垫层、砂和砂石地基处理施工安全交底，盖挖车站钢筋混凝土柱中的钢筋、混凝土、支架与模板施工安全交底，钢管柱施工中的钻机成孔与混凝土灌注作业安全交底，盖挖车站侧墙、底板及其他钢筋混凝土主体结构构件施工中的模板及支架、钢筋、混凝土施工安全交底，顶板、中板施工中的模板及支架、钢筋、混凝土施工安全交底，盖挖车站施工中的砌体工程施工安全交底，与明挖车站基本相同，可参见第二章中的有关内容。限于篇幅，本章不再赘述。

第一节　基坑开挖施工安全交底

盖挖基坑机械开挖、人工配合挖土安全交底　　编号：

施工单位	
工程名称	
分部分项工程	
工　　种	

交底内容：

一、主要危险源与危害因素

1. 作业人员未戴安全帽，未清除松散及危裂的土石块，挖掘机违章装土等，造成物体打击。

2. 掏挖，未分层开挖，支护未及时跟上开挖进度，造成坍塌。

3. 地下管线、地下构筑物情况不明，盲目开挖，造成既有管线(构筑物)损毁。

4. 违章使用混凝土喷射设备，造成人员面部伤害；违章进行高处作业，造成高处坠落事故。

5. 电动工具绝缘不良，违章用电，造成触电伤害。

二、安全注意事项

1. 施工人员进入施工现场必须戴好安全帽，使用电气设备要有防电击保护(手套、绝缘鞋)。

2. 施工前必须对管线进行勘查，对相应的管线采取保护措施。

3. 严格按照技术交底进行钢格栅的安装，施工过程中严禁超挖，如遇不稳定土层时，需根据现场实际情况重新分层，及早进行锚喷支护。

4. 必须保持围护墙内土层的地下水位稳定在基底 0.5 米以下，必要时应采取降水措施。

续上表

5. 在未完成相应层的隧道结构前,不得继续开挖下层土方。

6. 挖土前要将露出的原楼板随时支撑住,架子腿要有垫板水平放稳,遇有桩井壁混凝土悬空的要处理掉,露出井口部位要用护栏防严。

7. 基坑必须自上而下分层、分段依次开挖,严禁掏底施工。

8. 开挖时要从上端面向下挖,垂直面和地平面的夹角不得小于100°,严禁从下面掏挖。

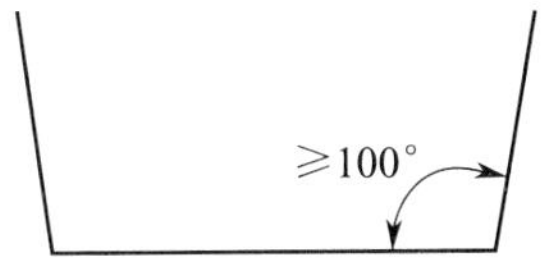

9. 开挖过程中要密切关注土质变化及空气是否有异味,开挖时遇到煤气管道时注意通风,空气中出现异味时人员尽快撤离,停止明火作业。

10. 开挖遇到电力沟时要注意管线保护,对于不明管线不得随意切断,及时上报项目部和主管领导,采取必要的防护措施,避免发生意外。

11. 顶板工作坑土方倒段施工时,应根据顶板结构施工的先后顺序进行开挖,减少与地面干扰;车站主体土方在未完成相应层的结构前,不得继续开挖下层土方。

12. 顶板、中板和底板的土方开挖时,必须严格控制高程;利用土体做土模时,应夯填密实、平整。

13. 当机械在基坑内开挖并利用通风道或车站出入口作运输通道时,不得损坏地基原状土。

14. 动用机械设备开挖时应对设备进行检查,确认设备无故障。

15. 严禁在动力机械设备下方挖掏。

16. 装车作业时,应待运输车辆停稳后进行,铲斗应尽量放低,并不得砸撞车辆,严禁车厢内有人。严禁铲斗从汽车驾驶室顶上越过。

17. 注意井口安全保护,不得在井口随意堆放杂物。

18. 必须设通风换气装置,保持空气流通,并采取防尘措施。

19. 作业时必须采用24 V以下低压电源照明,电线要架设起来。

20. 过道架子要稳固、防滑,护栏要符合要求。

21. 喷射人员必须佩戴防护口罩、护目镜、防护面罩等防护用品。作业时身体不得裸露。

22. 作业中应设专人指挥,由专人操作喷射设备。作业人员应协调配合,不得相互干扰。

23. 喷锚高度超过1.5米时应在平台或脚手架上作业。

24. 作业时,应随时检查环境和围岩情况,清除松散及危裂的土石块。

25. 喷嘴在使用与放置时均不得对着人。喷射下风向不得有人。

26. 人工手持喷射器作业时,应配备辅助支架,理顺管路。严禁碾压、踩踏管路。

27. 处理堵塞管路时,应理顺输料管,喷头应有专人看护,喷嘴前方及喷射区不得有人。

续上表

<table>
<tr><td colspan="6">28. 喷射作业时必须按安全技术交底的要求控制压力。如压力表指示超压，而安全阀不开启时，必须立即停泵检查，排除故障后再启动。
29. 临时支护不得随意拆除。应在衬砌变形收敛后或者随二次衬砌进度逐步拆除。
30. 围护墙采用支护桩时，桩间土护壁应随土方开挖施工。</td></tr>
<tr><td colspan="6">重点强调：
1. 作业时，应随时检查环境和围岩情况，清除松散及危裂的土石块。
2. 在未完成相应层的隧道结构前，不得继续开挖下层土方。
3. 基坑必须自上而下分层、分段依次开挖，严禁掏底施工。
4. 开挖遇到电力沟时要注意管线保护。
5. 施工时注意头顶的防护，避免墙壁及上方杂物吊落伤人。
6. 喷嘴在使用与放置时均不得对着人。</td></tr>
<tr><td>审核人</td><td></td><td>交底人</td><td></td><td>接受交底负责人</td><td></td></tr>
<tr><td colspan="6">作业班组全体签名：</td></tr>
</table>

顶板土方回填施工安全交底　　编号：

施工单位	
工程名称	
分部分项工程	
工　　种	

交底内容：

一、主要危险源与危害因素

1. 作业人员进入机械作业范围内进行施工，发生机械伤害。

2. 未设置基坑爬梯，基坑爬梯质量不合格；作业人员上下基坑不走爬梯，造成高处坠落伤害。

3. 未注意对围护结构和主体结构的保护，造成结构损毁。

二、安全注意事项

1. 顶板工作坑的回填应在主体结构的钢筋混凝土顶板与防水层工程完成之后及时进行。

2. 结构的外侧、顶板必须首先采用黏土回填，厚度不小于 0.5 米。

3. 顶板防水保护层达到强度要求后，方可开始回填基坑。回填前，将基坑内积水、杂物清理干净。

4. 基坑回填时机械或机具不得碰撞结构以及防水保护层。结构顶板 50 厘米范围内以及管线周围采用人工使用小型机具夯填，夯与夯之间重叠不小于 1/3 夯底宽度。

5. 混凝土支撑采用机械破除前，必须在混凝土支撑下方回填一层土方，以免混凝土支撑在破除过程中掉落，对围护结构和主体结构造成破坏。

6. 切记只需破除混凝土支撑梁与连杆，禁止破除其他部位或对其他部位造成破坏。

7. 严格选用回填土料，控制含水率、夯实遍数。不同的土质填筑时，应按土质类别有规则地分层铺填，将透水性大的土层置于透水性较小的土层之下，不得混杂使用，以利水分排除和基土稳定，并可避免在填方内形成水囊和产生滑动现象。

8. 严格控制每层铺土厚度，严禁车辆直接向基坑(槽)中倒土；禁止浇水使土下沉，代替夯实。

9. 雨天不宜进行回填施工，必须回填时，应分段尽快完成，且宜采用砂土、石屑等填料，周围应有防雨和排水措施。

10. 机械回填土方时，作业人员不得进入机械作业范围内进行施工。

11. 为方便基坑内操作人员上下和施工，应设置上人爬梯。

续上表

<table>
<tr><td colspan="6">重点强调：
1. 机械施工中须注意避免对维护结构和主体结构造成破坏。
2. 破除施工时，切记只需破除混凝土支撑梁与连杆，禁止破除其他部位或对其他部位造成破坏。
3. 机械回填土方时，作业人员不得进入机械作业范围内进行施工。
4. 为方便基坑内操作人员上下和施工，应设置上人爬梯。</td></tr>
<tr><td>审核人</td><td></td><td>交底人</td><td></td><td>接受交底负责人</td><td></td></tr>
<tr><td colspan="6">作业班组全体签名：</td></tr>
</table>

第二节　钢管柱施工安全交底

人工挖孔作业安全交底　　编号：

施工单位	
工程名称	
分部分项工程	
工　　种	

交底内容：

一、主要危险源与危害因素

1. 上下桩孔不走爬梯，桩顶人员未系安全带，造成高处坠落伤害。

2. 吊桶提升、下降过程中，桩内人员未避让，孔口围圈不合格，造成物体打击伤害。

3. 超挖、掏挖，支护不及时，遇异常情况人员未立即撤离，造成中毒、掩埋等伤害。

4. 安全电压不符合规定，违章用电，电缆绝缘不良，未穿绝缘鞋，造成触电伤害。

二、安全注意事项

1. 人工挖孔所需的设备及工具主要有：提升架、手推车、镐、锹、铲、钎、线坠、混凝土搅拌机、吊桶、溜槽、导管、振捣棒、插钎、粗麻绳、钢丝绳、安全活动盖板、防水照明灯、电焊机、通风及供氧设备、水泵、活动爬梯、安全帽、安全带等。

2. 在吊桶提升、下降过程中，桩内施工人员应暂停挖土躲避开吊桶正下方。当吊桶提升至高出洞内地面 1.0 米时，人工水平推动吊桶离开井口卸土，下吊桶同时继续挖土。

3. 随开挖随支护，严禁超挖，如遇不稳定土层时，需据实际情况重新分层，及早支护、及早浇筑护壁混凝土。须在上层护壁混凝土强度达到设计强度的 75%后方可拆模，再挖下部土体。

4. 人工挖孔的过程中，要保证孔内人员操作面内具有良好的通风和照明。孔内比较潮湿时，照明用电采用 24 V 安全电压设备照明，孔内特别潮湿时，须采用 12 V 安全电压设备照明，并设专业电工定期对低压线路进行检查。

5. 人工开挖全过程地面上要设有“正在施工”的明显标志，并且保证每个桩位至少有两名工作人员，一人孔内，一人孔口，保持孔内、孔口作业的人员联系，孔内、孔口作业人员要定时交换作业位置，避免人员疲乏作业。

6. 遇有异常情况，如孔洞、地下水、黑土层、有害气体等，应立即停止作业，作业人员撤离危险区，不得擅自处理，严禁冒险作业。

7. 其他事宜，参见第二章第一节中“人工挖孔桩（基坑围护）施工安全交底”。

续上表

<table>
<tr><td colspan="6">重点强调：
1. 在吊桶提升过程中，桩内施工人员须暂停挖土避开吊斗正下方。
2. 随开挖随支护，严禁超挖。
3. 孔内比较潮湿时，照明用电采用 24 V 安全电压，孔内特别潮湿时，须采用 12 V 安全电压。
4. 遇有异常情况，须立即停止作业，作业人员撤离危险区，不得擅自处理，严禁冒险作业。</td></tr>
<tr><td>审核人</td><td></td><td>交底人</td><td></td><td>接受交底
负责人</td><td></td></tr>
<tr><td colspan="6">作业班组全体签名：</td></tr>
</table>

钢管柱安装作业安全交底　　编号：

施工单位	
工程名称	
分部分项工程	
工　　种	

交底内容：

一、主要危险源与危害因素

1. 风镐、钎子存在安全隐患。

2. 孔内临时照明电压高于 12 V。

3. 钢管柱吊装作业时多人指挥；吊车等施工机械施工作业半径内站人或有人行走。

4. 两台吊车共同吊装钢管柱时，不能协调一致。

5. 对准桩位下放钢管柱时，入孔超速。

二、安全注意事项

（一）风镐使用安全要点

1. 领取风镐时应检查，并符合以下规定。

（1）机体无裂纹和破损。

（2）套箍、头部及镐柄弹簧完整灵活。

（3）滤风网无堵塞，螺栓、固定销齐全无损。

2. 领取钎子时应检查，并符合下列规定。

（1）钎子尖锋利，钎子尾部平整无缺口并和钎子中心轴垂直。

（2）钎尾与风镐套接正确牢固。

（3）领取足够的钎子和备用钎子。

3. 操作前的准备工作。

（1）风绳（胶管）与干风管接好后，要慢开风门向无人处吹风，排除风绳内杂物，然后再接风镐，并拧紧接头。

（2）随时检查接头是否牢固，以免脱扣伤人。

（3）使用前及使用中要注油。

4. 注意风镐顶部弹簧、滤风网、横销及接头的松紧，防止脱落。

5. 镐尖卡住时，可往复摇动风镐，松动后再拔出。

6. 磨钝的镐尖要及时更换。

7. 胶管不得绕成锐角或折曲，使用时必须放直或形成慢弯。

8. 严禁用碘钨灯和 220 V 电源线进行孔内临时照明；孔内临时照明必须采用 12 V 安全电压照明。

9. 施工人员应穿工作服，袖口扎紧、扣子扣好。

10. 施工人员必须戴安全帽，穿绝缘靴。

（二）钢管柱运输注意事项

1. 钢管柱在地面及地下运输过程中，需轻吊轻放，并在运输中固定牢固，严防摩擦及碰撞，

续上表

保证钢管柱不产生变形。

2. 钢管柱在从地面向地下吊送前，首先在底板上搭设钢管柱吊装平台，确定吊装运输路线，保证基坑内路线具备足够的旋转运输空间。

(三)钢管柱安装注意事项

1. 吊装作业时必须由专人指挥，严禁多人进行违规指挥。

2. 吊车吊钩安装完毕后，必须经安全检查确认无误后方可吊装。

3. 吊车等施工机械施工作业半径内严禁站人，保证施工安全。

4. 钢管柱一次整体吊放入孔，中间不接驳。出厂前，在上节法兰盘底加肋板上对称焊接设置一对吊耳，同时在吊耳侧加焊肋板，以确保柱体处于最不利位置时，吊耳不发生侧翻破坏现象。

5. 准备工作完成后，采用两台吊机相互配合作业。一台主吊，另一台辅助吊装，以防止钢管柱底部戳地变形。操作时一台吊机在钢管柱上端两点起吊钢管柱，同时另一台起吊钢管柱底部，使钢管柱上端起吊过程中，其底部脱离地面。两台吊机应协调一致。

6. 辅助吊车应缓慢匀速放绳，待钢管柱完全垂直吊离地面，且相对稳定后，方可使其与辅助吊车分离。

7. 对准桩位下放钢管柱时，应缓慢入孔。

8. 钢管柱定位完成后，为了保证钢管柱混凝土灌注过程中柱体不产生位移，吊装就位后从上至下进行加固，加固位置为钢管柱顶部及钢管柱两个连接法兰处，加固处采用四面对顶，加固采用顶丝杠。

9. 钢管柱出厂前先在加工厂进行除锈和喷涂环氧防锈漆，进场后采用架空覆盖存放，避免其遭受曝晒和雨淋，钢管柱入孔前再次对站厅层和站台层柱身外露部分包裹塑料彩条布，防止吊装和回填过程中损坏防锈漆。

10. 每根钢管柱浇灌混凝土之前，先在其底部浇灌一层厚10～20厘米的与核心混凝土强度等级相同的水泥砂浆，以免初灌混凝土落下时粗骨料产生弹跳现象。

11. 钢管柱内混凝土浇灌连续进行，必须间歇时，间歇时间不得超过混凝土初凝时间。

12. 柱体混凝土初凝后在柱体与挖孔桩孔壁之间环形均匀填入中粗砂，以保护钢管柱柱体成品，防止施工挤压破坏柱体。

续上表

<table>
<tr><td colspan="6">重点强调：
1. 风镐、钎子应无任何安全、质量问题。
2. 孔内临时照明必须采用 12 V 安全电压。
3. 钢管柱吊装作业时必须由专人指挥。吊车等施工机械施工作业半径内严禁站人。
4. 准备工作完成后，采用两台吊机相互配合作业。一台主吊，另一台辅助吊装，以防止钢管柱底部戳地变形。操作时一台吊机在钢管柱上端两点起吊钢管柱，同时另一台起吊钢管柱底部，使钢管柱上端起吊过程中，其底部脱离地面。两台吊机应协调一致。
5. 对准桩位下放钢管柱时，应缓慢入孔。</td></tr>
<tr><td>审核人</td><td></td><td>交底人</td><td></td><td>接受交底负责人</td><td></td></tr>
<tr><td colspan="6">作业班组全体签名：</td></tr>
</table>

第三节 顶板、中板施工安全交底

土模制作安全交底

编号：

施工单位	
工程名称	
分部分项工程	
工　　种	

交底内容：

一、主要危险源与危害因素

1. 超挖、掏挖。

2. 振捣时直接将振捣器作用在土模和绝缘板上。

3. 振捣器绝缘不良；违章用电。

二、安全注意事项

1. 土方开挖至板、梁以上 0.1 米处，人工清底至土模底所需高程（土模厚度）。禁止采用大型机械清底。开挖及清底时禁止超挖，不得扰动土体。若有超挖应用原土回填，其压实度不得低于原土天然密度。

2. 在混凝土、侧墙砂浆达到一定强度后，待其表面清理干净保持干燥后方可铺设绝缘板，铺设时可采用胶粘的方式。为确保接缝处不漏浆，应在绝缘板表面采用透明宽胶带再次连接。在板中部按每 50 厘米粘接一道，接缝处需加密。粘接前应排空绝缘板与混凝土表面间的空气，确保密贴。

3. 钢筋绑扎时应保护好绝缘板，严禁破坏绝缘板，一旦破坏应及时采用透明宽胶带重新连接或铺绝缘板修补，以防浇筑混凝土时浆液流入绝缘板下造成拆模困难。

4. 混凝土浇筑时应安排专人负责看管绝缘板，如有移动、错位应采用射钉等方法固定，振捣时不可直接将振捣器作用在土模和绝缘板上。

5. 下层土方开挖时应分台阶进行，及时拆除土模，拆除土模时尤其要保护好已浇混凝土表面。

6. 在地基上直接铺设钢模板时，钢模板的支立必须牢固可靠。

续上表

<table>
<tr><td colspan="6">重点强调：
1. 禁止采用大型机械清底。开挖及清底时禁止超挖，不得扰动土体。
2. 钢筋绑扎时应保护好绝缘板，严禁破坏绝缘板。
3. 振捣时不可直接将振捣器作用在土模和绝缘板上。
4. 下层土方开挖时应分台阶进行。</td></tr>
<tr><td>审核人</td><td></td><td>交底人</td><td></td><td>接受交底
负责人</td><td></td></tr>
<tr><td colspan="6">作业班组全体签名：</td></tr>
</table>

第四节 结构防水施工安全交底

结构外防水作业安全交底 编号：

施工单位	
工程名称	
分部分项工程	
工　　种	

交底内容：

一、主要危险源与危害因素

1. 未按规定存放防水卷材、辅助材料及燃料，违章动火，导致火灾事故。

2. 喷头点火时对人，造成人员灼伤。

3. 作业人员未戴防护口罩、手套、安全带等防护用具，造成中毒等伤害。

二、安全注意事项

1. 防水作业人员须经培训考试合格后方可持证上岗。所有人员须戴安全帽，严禁赤背，穿拖鞋。

2. 防水卷材、辅助材料及燃料，应按规定分别存放并保持安全距离，设专人管理，发放应遵守《领料登记制度》。防水卷材应立放，汽油桶、燃气瓶必须分别存入专用库存放。

3. 防水作业区必须保持通风良好。禁止人员站在防水层上操作。

4. 施工用火必须取得现场用火动火证，并严格按照动火证要求操作。火焰加热器必须专人操作，严禁使用碘钨灯。火焰加热器在加油、更换气瓶时必须关火。

5. 喷头点火时，不得正面对人，并远离油桶、气瓶、防水材料及其他易燃易爆材料。

6. 涂抹热沥青时，作业人员应佩戴防护口罩、手套、安全带等防护用具。

7. 防水卷材铺设时应严格遵守作业程序，不应上下同时作业。

8. 结构底板防水层施工时，应先贴防水卷材。防水卷材从平面折向立面铺贴时，与永久保护墙粘贴应严密，与临时性保护墙或围护结构模板接触的部位，应临时贴附在该墙上或模板上。

9. 结构边顶板防水层施工时，应后贴防水卷材。铺贴前应先将接茬部位各层防水卷材揭开，并将其表面清理干净，如有局部损伤应修补。防水卷材应采用错茬相接，防水卷材铺贴宜先边墙后顶板，先转角后大面。在施工条件受到限制，边墙与底板防水层同时铺贴时，边墙顶部应留置临时保护墙，或采取防止损坏卷材留茬的措施。

续上表

重点强调： 1. 防水卷材、辅助材料及燃料，应按规定分别存放并保持安全距离。防水卷材应立放，汽油桶、燃气瓶必须分别存入专用库存放。防水作业区必须保持通风良好。 2. 火焰加热器必须专人操作，严禁使用碘钨灯。火焰加热器在加油、更换气瓶时必须关火。 3. 喷头点火时，不得正面对人，并远离油桶、气瓶、防水材料及其他易燃易爆材料。 4. 涂抹热沥青时，作业人员应佩戴防护口罩、手套、安全带等防护用具。					
审核人		交底人		接受交底负责人	
作业班组全体签名：					

第四章　暗挖车站工程施工安全交底

暗挖车站一般利用车站两端的风井做施工竖井，打横通道进入车站主体施工。为控制施工期间地面沉降、减少施工安全风险，分别采用侧壁导洞法、中隔壁法等分部开挖法以及地铁车站施工中特有的洞桩法，施工中应分层、分段、分步开挖和支护。

暗挖车站工程中的砌体工程施工安全交底、模板和支架施工安全交底、钢管混凝土柱施工安全交底可参见第二章明挖车站工程施工安全交底中的有关内容，地下通道、出入口、风道、风亭等附属工程的安全交底参见第二章明挖车站工程施工安全交底和第三章盖挖车站工程施工安全交底中相关内容，本章不再详述。

第一节　分部开挖法施工安全交底

管棚作业安全交底　　　　编号：

施工单位	
工程名称	
分部分项工程	
工　　种	

交底内容：

一、主要危险源与危害因素

1. 违章吊装作业。

2. 换钻杆作业顶进钢管时措施不当，钻杆、钢管掉落伤人。

二、安全注意事项

1. 管棚安装前应将工作面封闭严密、牢固、清理干净，并测放出钻设位置后方可施工。

2. 管棚施工时应遵守钢管吊装和使用时的起吊安全规程，并严格按钻机操作程序进行作业。

3. 管棚施工前应检验作业台（支）架安全性能，检查钻机、注浆机及配套设备、风水管等施工机具的安全性能，施工中确保钻机、作业台（架）稳定牢靠，注浆管接头及高压风水管连接牢固。

4. 管棚施工中应按作业程序和技术要求进行钻进、安装、注浆作业。

5. 管棚作业换钻杆作业顶进钢管时，应防止钻杆、钢管掉落伤人。

6. 管棚作业起吊钻杆及其他物件时，应有专人指挥，统一口令，起吊范围内任何人不得进入。

7. 在水压较高的车站进行管棚钻孔作业时，应选择适合较高水压的钻孔设备，钻孔设备

续上表

<table>
<tr><td colspan="6">应采取防突水突泥冲出的反推或拴锚措施；应安装满足水压要求的带止水阀门的孔口管，孔口管应安装牢固；作业时作业人员不应站立在孔口正面，且应远离孔口。
8. 管棚在作业平台上临时存放时，存放数量和高度不应超过作业平台的承载能力，有防止其滚落、滑下的防护措施。在空地堆放时除应防止其滚落外，还应设置醒目的安全警示标志。</td></tr>
<tr><td colspan="6">重点强调：
1. 管棚施工时应遵守钢管吊装和使用时的起吊安全规程，并严格按钻机操作程序进行作业。
2. 管棚作业换钻杆作业顶进钢管时，应防止钻杆、钢管掉落伤人。</td></tr>
<tr><td>审核人</td><td></td><td>交底人</td><td></td><td>接受交底
负责人</td><td></td></tr>
<tr><td colspan="6">作业班组全体签名：</td></tr>
</table>

超前小导管作业安全交底

编号：

<table>
<tr><td>施工单位</td><td colspan="5"></td></tr>
<tr><td>工程名称</td><td colspan="5"></td></tr>
<tr><td>分部分项工程</td><td colspan="5"></td></tr>
<tr><td>工　　种</td><td colspan="5"></td></tr>
<tr><td colspan="6">交底内容：
一、主要危险源与危害因素
1. 作业台架(支架)基础不稳，存在安全隐患；作业台架(支架)上作业时人员未系安全带。
2. 换钻杆作业顶进钢管时措施不当，钻杆、钢管掉落伤人。
3. 小导管在作业平台上临时存放时，存放数量和高度超过作业平台的承载能力，无防滚落、滑下的防护措施。
二、安全注意事项
1. 导管安装前应将工作面封闭严密、牢固、清理干净，并测放出钻设位置后方可施工。
2. 小导管施工前应检验作业台(支)架安全性能，施工过程中应保持稳定。
3. 小导管施工前应检查钻机、注浆机及配套设备、风水管等施工机具的安全性能，施工过程中应确保钻机稳定牢靠，注浆管接头及高压风水管连接牢固。
4. 小导管施工中应按作业程序和技术要求进行钻进、安装、注浆作业。
5. 超前小导管作业顶进钢管时，应防止钻杆、钢管掉落伤人。
6. 小导管在作业平台上临时存放时，存放数量和高度不应超过作业平台的承载能力，同时应有防止其滚落、滑下的防护措施。在洞内空地堆放时除应采取防止其滚落的措施外，还应设置醒目的安全警示标志。</td></tr>
<tr><td colspan="6">重点强调：
1. 小导管施工前应检验作业台(支)架安全性能，施工过程中应保持稳定。
2. 超前小导管作业顶进钢管时，应防止钻杆、钢管掉落伤人。
3. 小导管在作业平台上临时存放时，存放数量和高度不应超过作业平台的承载能力，同时应有防止其滚落、滑下的防护措施。</td></tr>
<tr><td>审核人</td><td></td><td>交底人</td><td></td><td>接受交底
负责人</td><td></td></tr>
<tr><td colspan="6">作业班组全体签名：</td></tr>
</table>

注浆作业安全交底

编号：

施工单位	
工程名称	
分部分项工程	
工　　种	

交底内容：

一、主要危险源与危害因素

1. 注浆管接头连接不牢，爆管伤人。

2. 用吹风管将管内砂石吹出时，管口面对人员眼睛，造成眼睛伤害。

3. 配制浆液或稀释水玻璃时，水泥包装纸及其他杂物混入，造成结构安全隐患。

二、安全注意事项

1. 为保护环境，防止地下水污染，注浆时严禁使用有毒性污染的化学浆液。

2. 地铁暗挖隧道注浆前，必须进行降水作业，保证地层中无流动的地下水存在。

3. 注浆过程中应根据地质、注浆目的等控制注浆压力。注浆结束后应检查其效果，不合格者应补浆。

4. 预注浆必须安装流量计和压力表，严禁注浆压力超过注浆管和止浆设施的最大额定值。

5. 注浆管接头应连接牢固，防止爆管伤人。

6. 用吹风管将管内砂石吹出，管口不得面对人员眼睛，以免造成眼睛伤害。

7. 配制浆液或稀释水玻璃时，严防水泥包装纸及其他杂物混入。

8. 注浆时应对浆液设网过滤，未经过滤的浆液不得进入泵体。

9. 采用预注浆加固围岩或止水，每循环结束后应采取超前探孔或取芯等手段检查注浆效果，达到要求后方可进入下道工序施工。

10. 注浆过程中，要经常观察工作面及管口情况，发现漏浆和串浆，要及时进行封堵。

11. 进行帷幕注浆前，应对后方已开挖地段一定范围内采取锚喷或混凝土加固措施。

12. 注浆结束后，必须对注浆效果进行检查，并对注浆的薄弱部位，重新打孔补充注浆。

重点强调：

1. 注浆管接头应连接牢固，防止爆管伤人。

2. 用吹风管将管内砂石吹出，管口不得面对人员眼睛，以免造成眼睛伤害。

3. 配制浆液或稀释水玻璃时，严防水泥包装纸及其他杂物混入。

审核人		交底人		接受交底负责人	

作业班组全体签名：

人工挖土安全交底

编号：

<table>
<tr><td>施工单位</td><td colspan="5"></td></tr>
<tr><td>工程名称</td><td colspan="5"></td></tr>
<tr><td>分部分项工程</td><td colspan="5"></td></tr>
<tr><td>工　　种</td><td colspan="5"></td></tr>
<tr><td colspan="6">交底内容：
一、主要危险源与危害因素
1. 使用钢钎破坚硬土时，未按规定持锤扶钎。
2. 掏挖、超挖，未分层开挖，作业人员在槽内或坑坡脚下休息。
3. 配合挖掘机作业时，作业人员进入挖掘机回转半径范围内。
二、安全注意事项
1. 使用钢钎破坚硬土时，扶钎人应在打锤人侧面用长把夹具扶钎，打锤范围内不得有其他人员坐、卧、停留。锤顶应平整，锤头应安装牢固。钎子应直且不得有飞刺。打锤人不得戴手套。
2. 开挖槽深大于 2.5 米时，应分层挖土，层高不得超过 2 米，层间应设平台，平台宽度不得小于 0.5 米。作业时两人横向间距不得小于 2 米，纵向间距不得小于 3 米。严禁掏洞挖土、搜底扩槽，严禁作业人员在槽内或坑坡脚下休息。
3. 作业时必须遵守劳动纪律。不得擅自动用各种机电设备。
4. 配合其他专业工种人员作业时，必须服从该专业工种人员的指挥。
5. 配合机械挖土作业时，作业人员应注意以下要求。
(1)土斗落稳时方可靠近作业。
(2)严禁进入铲斗回转半径范围，必须等挖掘机停止作业后方可进入铲斗回转半径范围作业。
(3)槽、坑、沟边上口边 1 米以内，不得来回上人走动，不得堆放任何物、料、机具或杂物，堆土高度不得超过 1.5 米。</td></tr>
<tr><td colspan="6">重点强调：
1. 使用钢钎破坚硬土时，扶钎人必须在打锤人侧面用长把夹具扶钎，以免锤落伤人。
2. 打锤人不得戴手套(理由：手套与锤柄之间摩擦力小，若戴手套，可能造成锤失控)。
3. 严禁掏洞挖土、搜底扩槽，严禁作业人员在槽内或坑坡脚下休息，以免造成边坡坍塌。
4. 配合机械挖土作业时，须注意有关要求，以免造成机械伤害。</td></tr>
<tr><td>审核人</td><td></td><td>交底人</td><td></td><td>接受交底
负责人</td><td></td></tr>
<tr><td colspan="6">作业班组全体签名：</td></tr>
</table>

钻爆作业安全交底　　编号：

施工单位	
工程名称	
分部分项工程	
工　　种	

交底内容：

一、主要危险源与危害因素

1. 违反现行国家标准《爆破安全规程》(GB 6722—2003)的有关规定。

2. 无专人统一指挥，钻孔时发现有异常情况时未按规定及时撤离危险区。

二、安全注意事项

1. 暗挖车站的开挖必须保持在无水条件下进行。

2. 钻孔作业应符合下列规定。

(1)钻孔前，必须由专人对开挖作业面安全状况和作业人员安全防护进行检查，及时消除各种安全隐患。

(2)钻孔作业过程中，必须采用湿式钻孔；严禁在残孔中继续钻孔。

(3)钻孔作业中应注意观察开挖工作面有无异常漏水、气体喷出、围岩变化等情况。

(4)凿岩台车工作前，必须检查泵、空压机等，使其处于正常状态；应检查管路与接头有无漏油、漏水和漏气现象，并确认各部操作杆、控制装置及仪表处于正常状态。

(5)凿岩台车行走前，操作司机应查看凿岩台车周围，确认前后左右无人及障碍物后，按照引导人员的指示信号操作；行走时要平稳，避免紧急操作发生意外事故。

(6)凿岩台车钻孔完成后应停放在安全场所。

(7)在围岩地质复杂地段，应对凿岩台车重要部位采取加固措施和设置特殊的防护装置。

3. 装药作业应符合下列规定。

(1)装药作业前，应对钻孔情况逐一检查，并检查开挖工作面的安全状况。

(2)装药时应使用木质炮棍装药，严禁火种；无关人员与机具等应撤至安全地点，作业人员禁止穿戴化纤衣物。

(3)使用电雷管时，装药前电灯及电线路应撤离开挖工作面，装药时应用投光灯、矿灯照明，开挖工作面不得有杂散电流。

(4)严禁装药与钻孔平行作业。

(5)装药作业完成后，必须及时清理现场，清点火工产品数量，剩余的炸药和雷管必须由领取炸药、雷管的人员退回库房。

4. 爆破作业除应符合现行国家标准《爆破安全规程》(GB 6722—2003)有关规定外，还应符合下列规定。

(1)洞内爆破作业前，施工单位必须确定指挥人员、警戒人员、起爆人员，并确保统一指挥。

(2)洞内爆破作业时，指挥人员应指挥所有人员、设备撤离至安全地点；警戒人员负责警

续上表

戒工作，设置警示标志。 (3)爆破时，爆破工应随身携带带有绝缘装置的手电筒。 (4)洞内爆破后必须经充分通风排烟，15 分钟后安全检查人员方可进入开挖工作面，主要检查有无盲炮、有无残余炸药及雷管、顶板及两帮有无松动的岩块、支护有无变形或开裂等；当发现盲炮、残余炸药及雷管时，必须由原爆破人员按规定处理。					
重点强调： 1. 严禁在残孔中继续钻孔。钻孔时应注意观察工作面有无异常漏水、气体喷出、围岩变化等情况。 2. 装药、爆破须符合现行国家标准《爆破安全规程》(GB 6722—2003)有关规定，且有统一指挥。					
审核人		交底人		接受交底负责人	
作业班组全体签名：					

喷射混凝土作业安全交底

编号：

施工单位	
工程名称	
分部分项工程	
工　　种	

交底内容：

一、主要危险源与危害因素

1. 未认真清除工作面松动的岩石，未认真确认有无塌方可能。

2. 喷射混凝土作业人员未戴防尘口罩、防护眼镜等防护用具。

3. 施工中喷嘴前站人或有人通过。

4. 发生输料管路堵塞或爆裂时，停止投料—停止送水—停止供风的顺序被颠倒。

二、安全注意事项

1. 初期支护必须在车站开挖后及时进行施作。

2. 喷射混凝土严禁选用具有潜在碱活性集料。

3. 喷射混凝土作业前应清除工作面松动的岩石，确认作业区无塌方、落石等危险源存在。

4. 喷射混凝土作业人员应佩戴防尘口罩、防护眼镜等防护用具。并避免直接接触液体速凝剂，不慎接触后应立即用清水冲洗。

5. 非施工人员不得进入正在进行喷射混凝土的作业区，施工中喷嘴前严禁站人。

6. 喷射混凝土作业中，如发生输料管路堵塞或爆裂时，必须依次停止投料、送水和供风。

7. 喷射混凝土施工中应经常检查输料管、接头的使用情况，当有磨损、击穿或松脱时应及时处理。

8. 在有水地段喷射混凝土前应对渗漏水进行处理，应将分散的渗水集中引出，严禁采用防水布或铁皮等遮盖材料大面积引水，造成喷射混凝土与岩面分离。

重点强调：

1. 喷射混凝土作业前必须注意清除工作面松动的岩石，确认作业区无塌方、落石等危险源存在。

2. 喷射混凝土作业人员应佩戴防尘口罩、防护眼镜等防护用具。

3. 非施工人员不得进人正在进行喷射混凝土的作业区，施工中喷嘴前严禁站人。

4. 喷射混凝土作业中，如发生输料管路堵塞或爆裂时，必须依次停止投料、送水和供风，顺序不得颠倒。

5. 喷射混凝土施工中应经常检查输料管、接头的使用情况，当有磨损、击穿或松脱时应及时处理。

审核人		交底人		接受交底负责人	

作业班组全体签名：

钢筋网加工与安装安全交底 编号：

施工单位	
工程名称	
分部分项工程	
工　　种	

交底内容：

一、主要危险源与危害因素

1. 钢筋加工机械引起机械伤害和触电。

2. 钢筋冷拉作业时钢筋末端甩动和弹起伤人。

3. 焊接作业时引燃可燃物。

4. 闪光焊时强光伤眼。

5. 人员攀爬挂好的钢筋网片。

二、安全注意事项

1. 电焊工必须持证上岗，作业时按规定佩戴护目镜、面罩、绝缘手套、绝缘鞋、鞋盖等防护用品。

2. 钢筋加工应符合下列规定。

(1)钢筋冷拉调直机或绞磨必须采用地锚固定，卷扬机应设防钢丝绳跳槽装置，卷筒上至少保留 3 圈以上保险绳，卷扬机和绞磨必须有良好的制动装置。调直场地两侧应设置防护遮拦，卷扬机前后应设防止钢筋回弹的防护挡板。调直至末端时，应采取防止钢筋甩动和弹起伤人的措施。

(2) 钢筋切料机断料时，机械未达到正常转速时不得切料。严禁将双手分在刀片两侧俯身送料。断短料时，手和切刀之间距离应保持 0.15 米以上，当手握端小于 0.4 米时，应采用套管或夹具将钢筋短头压住或夹牢。被切断钢筋直径不得超过切断机规定的容许值。切断机刀片应无破损，安装应牢固无松动。

(3)钢筋弯曲机使用前应检查工作台、柱、盘，安装稳固方可启动。弯曲钢筋旋转半径范围内和机身无固定销的一侧严禁站人。被弯钢筋直径不得超过弯曲机规定的允许值。人工弯曲钢筋时，应检查扳口方正，操作时扳子应放平、压牢，防止滑脱。

3. 钢筋焊接应符合下列规定。

(1)焊接场地应干燥无可燃物，施焊时防火距离应符合有关规定。焊机应有可靠的漏电保护和接零保护。焊钳连接导线应绝缘良好无破损。

(2)雨天不得进行室外焊接作业。

(3)闪光焊时，焊机上应安装遮光围屏，焊接长钢筋时应设钢筋托架，闪光范围内不得有人员停留。

(4)室内进行电弧焊时，必须设置有效的通风除尘设施，操作者应佩戴防尘口罩。

4. 钢筋(网片)运输应符合下列规定。

(1)人力抬运钢筋时应动作一致，起落、上下坡道、拐弯时应互相呼应。跨越铁路线路和道口时，必须设防护员防护，统一指挥。竖向运输钢筋时，应搭设运料斜道。

续上表

<table>
<tr><td colspan="6">(2)吊运钢筋网片时，不得碰撞脚手架、模板及支(拱)架，钢筋网片下方严禁站人，网片到达作业面上方1米时，方可扶正就位并在支撑牢固后摘钩。
(3)严禁刮碰脚手架、模板、支(拱)架。不得在钢筋网片上直接敷设电线、电缆。
5. 钢筋网应在初喷混凝土后再铺设，钢筋网应与锚杆连接牢固，喷射时钢筋不得晃动。
6. 钢筋网片堆码整齐有序，堆码高度不大于1.5米。</td></tr>
<tr><td colspan="6">重点强调：
1. 电焊工必须持证上岗，作业时按规定佩戴护目镜、面罩、绝缘手套、绝缘鞋、鞋盖等防护用品。
2. 钢筋加工与焊接、钢筋与钢筋网片运输须符合有关规定。
3. 钢筋网片堆码整齐有序，堆码高度不大于1.5米，以免发生倾倒伤人事故。</td></tr>
<tr><td>审核人</td><td></td><td>交底人</td><td></td><td>接受交底负责人</td><td></td></tr>
<tr><td colspan="6">作业班组全体签名：</td></tr>
</table>

钢架加工与安装安全交底

编号：

施工单位	
工程名称	
分部分项工程	
工　　种	

交底内容：

一、主要危险源与危害因素

1. 钢架运输时装载不牢、超载、超速。

2. 违章使用装载机、挖掘机等机械起吊安装钢架。

3. 钢架底脚悬空或置于虚渣上。

4. 更换钢架时，先拆废钢架后立新钢架或同时更换相邻的多榀钢架。

二、安全注意事项

1. 型钢钢架应采用冷弯工艺加工，严禁采取气割、烧割等损伤母材的弯制办法；格栅钢架应采用胎膜焊接；所有部件连接应焊接牢固；加工的成品经验收合格方可使用。

2. 隧道内搬运钢架应装载牢固，固定可靠，防止发生碰撞和掉落。

3. 钢架运输车辆严禁超载，严禁超速行驶。

4. 钢架提升设备应有足够能力，埋设吊点应牢固。架设钢架时应采取防护措施，不得利用装载机、挖掘机作为钢架安装作业平台。

5. 钢架节段及钢架之间应及时连接牢固，防止倾倒，钢架背后的空隙必须用喷射混凝土充填密实，严禁背后填充片石等其他材料；钢架安装完成后应及时施作锁脚锚杆(管)，并与之连接牢固，钢架底脚严禁悬空或置于虚渣上。

6. 采用分部法开挖时，下部开挖后钢架应及时接长、落底，严禁钢架底脚悬空以及两侧同时开挖接长，且应根据围岩情况控制开挖长度，底脚应增设锁脚锚杆(管)。

7. 钢架的垂直度必须控制，不符合要求的钢架应返工重做。

8. 当钢架侵入限界需要更换时，应采取逐榀更换、先立新钢架后拆除废钢架的方法，严禁先拆废钢架后立新钢架或同时更换相邻的多榀钢架。

重点强调：

1. 隧道内搬运钢架应装载牢固，固定可靠。

2. 不得利用装载机作为钢架安装作业平台，以免造成倾覆事故。

3. 钢架底脚严禁悬空或置于虚渣上。

4. 当钢架侵入限界需要更换时，应采取逐榀更换、先立新钢架后拆除废钢架的方法，严禁先拆废钢架后立新钢架或同时更换相邻的多榀钢架。

审核人		交底人		接受交底负责人	

作业班组全体签名：

初期支护背后注浆作业安全交底　　编号：

施工单位	
工程名称	
分部分项工程	
工　　种	

交底内容：

一、主要危险源与危害因素

1. 电源线路绝缘不良，违章用电。
2. 注浆管堵塞。
3. 注浆作业人员未使用防尘用具和橡胶手套。
4. 泵压异常增高时，未立刻停机。

二、安全注意事项

1. 施工中，应定期检查电源线路和注浆设备的电器部件，确保用电安全。
2. 经常检查和清洗注浆管，防止堵塞，发现问题，应及时处理。
3. 注浆平台安置平稳，洞内车辆通过支架时，必须慢行，并有专人指挥，防止撞击支架。
4. 注浆作业时，作业人员应使用防尘用具和橡胶手套。
5. 当泵压出现异常增高的情况时，应立刻停机，排除故障后方可使用。
6. 注浆管连接必须牢固，接头设置连环扣，防止注浆管接头脱落伤人。
7. 当班人员现场做好注浆记录。
8. 污水须沉淀后达标排放。
9. 应采取有效措施防止浆液遗洒。
10. 浆液的配制量应计算准确，随拌随用，剩余的浆液不得随意泼洒。

重点强调：

1. 经常检查和清洗注浆管，防止堵塞，发现问题，应及时处理。
2. 注浆平台安置平稳，洞内车辆通过支架时，必须慢行，并有专人指挥。
3. 注浆作业时，作业人员应使用防尘用具和橡胶手套。
4. 当泵压出现异常增高的情况时，应立刻停机，排除故障后方可使用。

审核人		交底人		接受交底负责人	

作业班组全体签名：

防水板作业安全交底

编号：

施工单位	
工程名称	
分部分项工程	
工　　种	

交底内容：

一、主要危险源与危害因素

1. 作业面光照度不足。

2. 高处作业台(支)架失稳、安全防护失效。

3. 电线路短路，违章照明、用火、吸烟造成火灾及有毒、有害气体。

4. 消防器材不足。

二、安全注意事项

1. 防水板的临时存放点应设置消防器材及防火安全警示标志，并有专人负责看管和发放。

2. 防水板铺设地段应配备足够数量的消防器材。

3. 防水板施工时严禁吸烟，钢筋焊接作业时，应设临时阻燃挡板防止机械损伤和电火花灼伤防水板。

4. 防水板作业面的照明灯具严禁烘烤防水板，与防水板间距离不得小于50厘米。

5. 防水板作业时应指定专人观察作业安全状态。

重点强调：

1. 作业面必须有足够的照明。

2. 防水板铺设地段须配备足够数量的消防器材。

3. 电线路须绝缘良好，严禁违章用电。

4. 严禁吸烟，严禁动用明火，严禁违章焊接作业。

审核人		交底人		接受交底负责人	

作业班组全体签名：

二次衬砌钢筋作业安全交底

编号：

<table>
<tr><td>施工单位</td><td colspan="5"></td></tr>
<tr><td>工程名称</td><td colspan="5"></td></tr>
<tr><td>分部分项工程</td><td colspan="5"></td></tr>
<tr><td>工　　种</td><td colspan="5"></td></tr>
<tr><td colspan="6">交底内容：
一、主要危险源与危害因素
1. 运输钢筋时碰撞洞内设施或机械设备。
2. 临时作业平台无安全防护设施，无工作梯。
3. 用电设备绝缘不良；违章用电。
4. 衬砌钢筋安装时无临时支撑或支撑不足。
二、安全注意事项
1. 从事钢筋加工和焊(连)接的操作人员必须经考试合格，持证上岗。
2. 钢筋加工、运输须符合相关规定。
3. 运输钢筋应根据各类作业台架腹下净空、洞内设施情况进行装载并捆绑牢固，固定可靠，防止发生碰撞和掉落。
4. 为安装钢筋搭设的临时作业平台应有足够的强度、刚度和稳定性，组装调试完成应经验收合格后方可投入使用。
5. 临时作业平台四周应设置安全栏杆、密闭式安全网、人员上下工作梯。
6. 临时作业平台上的各类用电设备应有绝缘保护装置，电线路还应符合洞内临时用电要求。
7. 衬砌钢筋安装过程中应采取临时支撑等防倾倒措施，临时支撑应牢固可靠并有醒目的安全警示标志，作业人员与过往机械不得踩踏、碰撞。</td></tr>
<tr><td colspan="6">重点强调：
1. 运输钢筋应根据各类作业台架腹下净空、洞内设施情况进行装载并捆绑牢固，固定可靠，防止发生碰撞和掉落。
2. 临时作业平台四周应设置安全栏杆、密闭式安全网、人员上下工作梯。
3. 各类用电设备应有绝缘保护装置，电线路还应符合洞内临时用电要求，以免造成触电事故或火灾。
4. 衬砌钢筋安装过程中应采取临时支撑等防倾倒措施。</td></tr>
<tr><td>审核人</td><td></td><td>交底人</td><td></td><td>接受交底
负责人</td><td></td></tr>
<tr><td colspan="6">作业班组全体签名：</td></tr>
</table>

二次衬砌混凝土作业安全交底

编号：

施工单位	
工程名称	
分部分项工程	
工　　种	

交底内容：

一、主要危险源与危害因素

1. 临时用电不符合要求，作业面光照度不足。

2. 高处作业台(支)架失稳、安全防护失效。

3. 施工机具安全性能缺失或下降。

4. 衬砌台车出现变形等异常情况时，作业人员未应及时撤离。

二、安全注意事项

1. 作业面应有足够的照明，临时用电须符合相关规范要求。

2. 泵送混凝土管道安设及连接应符合规定，施工过程中应经常检查其连接的可靠性、安全性及管道的稳定性。

3. 泵送混凝土管道堵塞时，应及时停止泵送并逐节检查确定堵塞部位。堵管处理应按操作程序进行，不得违规作业。

4. 衬砌混凝土浇筑时必须控制浇筑速度，浇筑压力不得过高，并保证两侧基本对称浇筑。

5. 衬砌台车端头挡板与防水板、台车间接触面应紧密，挡板支撑应稳固。混凝土浇筑过程中应有专人检查挡板及支撑的安全状况。

6. 混凝土浇筑过程中应有专人检查台车受力状况，当台车出现变形等异常情况时，作业人员应及时撤离作业平台，隐患消除后方可恢复作业。

重点强调：

1. 泵送混凝土管道安设及连接应符合规定，施工过程中应经常检查其连接的可靠性、安全性及管道的稳定性。

2. 堵管时，应及时停止泵送。

3. 混凝土浇筑时必须控制浇筑速度，并保证两侧基本对称，浇筑压力不得过高。

4. 混凝土浇筑过程中应有专人检查挡板及支撑的安全状况。

5. 混凝土浇筑过程中应有专人检查台车受力状况，当台车出现变形等异常情况时，作业人员应及时撤离，隐患消除后方可恢复作业。

审核人		交底人		接受交底负责人	

作业班组全体签名：

衬砌台车(架)作业安全交底　　编号:

施工单位	
工程名称	
分部分项工程	
工　　种	

交底内容:

一、主要危险源与危害因素

1. 临时用电不符合要求,作业面光照度不足。

2. 衬砌时机选择不当,与开挖工作面距离过长。

3. 高处作业台(支)架失稳、安全防护失效。

4. 施工机具安全性能缺失或下降。

5. 衬砌台车出现变形等异常情况时,作业人员未应及时撤离。

二、安全注意事项

1. 作业面应有足够的照明,临时用电须符合相关规范要求。

2. 衬砌作业台架下预留通行作业人员、施工车辆以及安设风、水、电线路或管道的净空,应满足洞内车辆和人员安全通行的要求。

3. 衬砌作业台架应有足够的强度、刚度和稳定性,衬砌台车、台架组装调试完成应经验收合格方可投入使用。

4. 衬砌作业台架的移动,应有专人指挥,慢速移位,工作区严禁非作业人员和车辆通行、停留;非作业人员、设备、材料、工器具等应撤离到安全地点。

5. 衬砌作业台架四周应设置安全栏杆、密闭式安全网、人员上下工作梯,衬砌台车还应配置灭火器,经验收合格方可投入使用。

6. 衬砌作业台架上的各类用电设备应有绝缘保护装置,电线路还应符合洞内临时用电要求。

7. 运输机械应按规定线路及限行速度行驶,过往台架时应加强瞭望,倒车作业应有专人指挥,驻停时应有制动措施及安全警示标志。

8. 每项衬砌作业完毕后应及时清理作业场地、消除安全隐患,保持作业场地干净、通行无碍。

9. 衬砌台车应具有出厂合格证和产品说明书。

10. 衬砌台车的组装、拆卸应在洞外宽敞、平坦、坚实的场地上进行;当条件限制,必须在洞内组装、拆卸时,应选在围岩条件较好和洞身较宽阔的地段进行。

11. 埋设衬砌台车各类吊点、吊具应牢固可靠;组装、拆卸的吊装作业应符合起重作业要求。

12. 衬砌台车组装完毕后,应由专业人员检查台车各部件连接情况,确保各部件连接牢固可靠,支撑系统、驱动系统应经调试合格后方可投入使用。

13. 衬砌台车就位后,应按规定设置防溜车装置,按设计高程及中线调整台车支撑系统,液压支撑应有锁定装置。

续上表

<table>
<tr><td colspan="6">14. 使用衬砌台车进行混凝土作业时应有专人检查台车支撑系统安全性能。
15. 衬砌端头挡板应安设牢固，支撑稳固，并有防止模板移动的措施。
16. 当衬砌台车出现变形等异常情况时，作业人员应及时撤离作业平台，隐患消除后方可恢复作业。</td></tr>
<tr><td colspan="6">重点强调：
1. 作业面应有足够的照明，临时用电须符合相关规范要求。
2. 衬砌作业台架下预留通行作业人员、施工车辆以及安设风、水、电线路或管道的净空，应满足洞内车辆和人员安全通行的要求。
3. 衬砌作业台架的移动，应有专人指挥，慢速移位，工作区严禁非作业人员和车辆通行、停留；非作业人员、设备、材料、工器具等应撤离到安全地点。
4. 衬砌作业台架四周应设置安全栏杆、密闭式安全网、人员上下工作梯，衬砌台车还应配置灭火器，经验收合格方可投入使用。
5. 衬砌作业台架上的各类用电设备应有绝缘保护装置，电线路还应符合洞内临时用电要求。
6. 运输机械应按规定线路及限行速度行驶，过往台架时应加强瞭望，倒车作业应有专人指挥，驻停时应有制动措施及安全警示标志。
7. 衬砌端头挡板应安设牢固，支撑稳固，并有防止模板移动的措施。
8. 当衬砌台车出现变形等异常情况时，作业人员应及时撤离作业平台，隐患消除后方可恢复作业。</td></tr>
<tr><td>审核人</td><td></td><td>交底人</td><td></td><td>接受交底负责人</td><td></td></tr>
<tr><td colspan="6">作业班组全体签名：</td></tr>
</table>

第二节　洞桩法施工安全交底

小导洞(洞桩法)施工安全交底

编号：

施工单位	
工程名称	
分部分项工程	
工　　种	

交底内容：

一、主要危险源与危害因素

1. 一次开挖进尺过大。

2. 随意挪用、挪动抢险物资，未备好抢险物资。

3. 发现险情时，人员未立即撤离危险区域。

4. 顶部、底部或边墙出现突变时，未及时施工临时支撑以形成封闭环。

二、安全注意事项

1. 超前预注浆，根据注浆技术交底，控制好注浆压力，密切关注注浆量，确保达到理想的加固效果。

2. 严格控制开挖循环进尺，对不良地质地段，应适当缩短开挖进尺，环形开挖留核心土，必要时喷混凝土封闭开挖工作面，并在技术人员指导的前提下选用具有足够刚度和早强的支护设计，如适当加厚喷层，喷射早强混凝土，及早完成锚喷网联合支护。

3. 严格按设计要求开挖，施工时采取必要措施，确保施工各阶段支护和围岩的稳定。

4. 应备好抢险物资，并在现场堆码整齐，专料专用，保证各项器材的数量，不得随意挪动，使用后随即补足数量；所用材料、构件和设备应符合现行国家或行业标准的规定，以及设计要求，应具有出厂合格证和质量证明文件。

5. 应随时对开挖面及支护开挖成型地段进行检查，发现异常立即处理；如发现险情，必须立即通知其他人员撤离现场。

6. 开挖过程中发现顶部、底部或边墙出现突变时，及时施工临时支撑，形成封闭环，控制位移和变形。

续上表

<table>
<tr><td colspan="6">重点强调：
1. 严格控制开挖循环进尺。
2. 应备好抢险物资，并在现场堆码整齐，专料专用，保证各项器材的数量，不得随意挪动，使用后随即补足数量。
3. 应随时对开挖面及支护开挖成型地段进行检查，发现异常立即处理；如发现险情，必须立即通知其他人员撤离现场。</td></tr>
<tr><td>审核人</td><td></td><td>交底人</td><td></td><td>接受交底负责人</td><td></td></tr>
<tr><td colspan="6">作业班组全体签名：</td></tr>
</table>

小导洞内挖孔桩(洞桩法)施工安全交底　　编号:

施工单位	
工程名称	
分部分项工程	
工　　种	

交底内容:

一、主要危险源与危害因素

1. 缺氧伤害;有毒气体中毒。

2. 孔口无专人防护;孔口、孔内人员未随时保持联系。

3. 无应急软梯;作业人员未戴好安全帽,未拴好安全绳,未穿绝缘鞋,异常时未立即撤出孔外。

4. 人员上下携带工具材料;孔口周边1米内堆放土石;孔内护壁未及时跟上;桩孔不施工时未盖严孔口。

二、安全注意事项

1. 为减少施工时桩间土体相互影响,人工挖孔采用"跳三挖一"施工。

2. 施工中应及时检测有无毒害气体和缺氧情况,并采取有效措施。孔口应由专人看守,坚持孔下排水送风,并与孔下作业人员保持联系,随时注意护壁变化及孔底施工情况,发现异常时,应立即协助孔内人员撤出。上下桩孔必须通过软爬梯上下,严禁直接采用卷扬机吊起、直上直下,孔内放置软爬梯并随挖孔深度增加放长至工作面,作为救急之用。

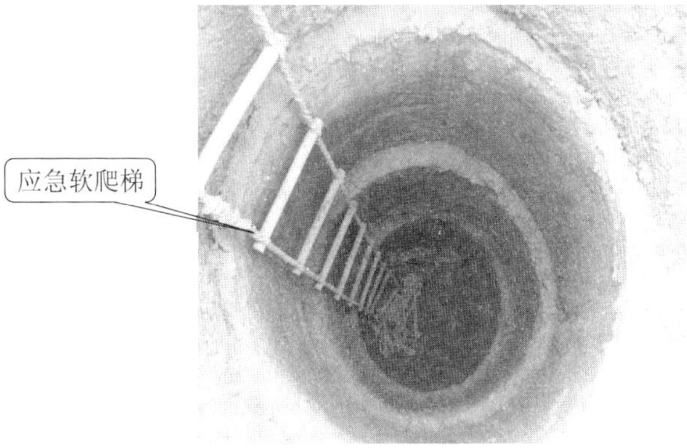

3. 孔内作业人员必须戴好安全帽,挂好安全绳,穿好绝缘胶鞋,人员上下不得携带任何工具和材料。

4. 起吊设备必须有限位器和防脱钩装置。

5. 挖出的土石方应及时运走,不得堆放在孔口周边1米范围内,机动车辆的通行不得对孔壁的安全造成影响。

续上表

6. 挖孔作业采用人工逐层开挖，由人工逐层用镐、锹进行，遇坚硬土层用锤、钎或风镐破碎，挖土次序为先挖中间部分后周边。

7. 为防止塌孔，挖土一般情况下每层挖深 1.0 米左右，及时用钢模现浇混凝土护壁。桩护壁上段竖向筋每隔一根伸入下段护壁内，伸入长度不小于设计要求的长度。上下节护壁的搭接长度不得小于 50 毫米。

8. 孔下施工照明采用 12 V 低压电，接零和使用漏电保护器。各桩孔用电必须分闸，严禁一闸多孔和一闸多用。孔口照明强度要明亮。

9. 生产危险地段必须设警线，做上明显的标记，夜间设红灯示警；在桩不施工时，要用盖板盖严孔口。

10. 孔桩施作完后及时清除积水、浮浆和剩余混凝土。

11. 其余施工安全要点见下面人工挖孔桩示意图。

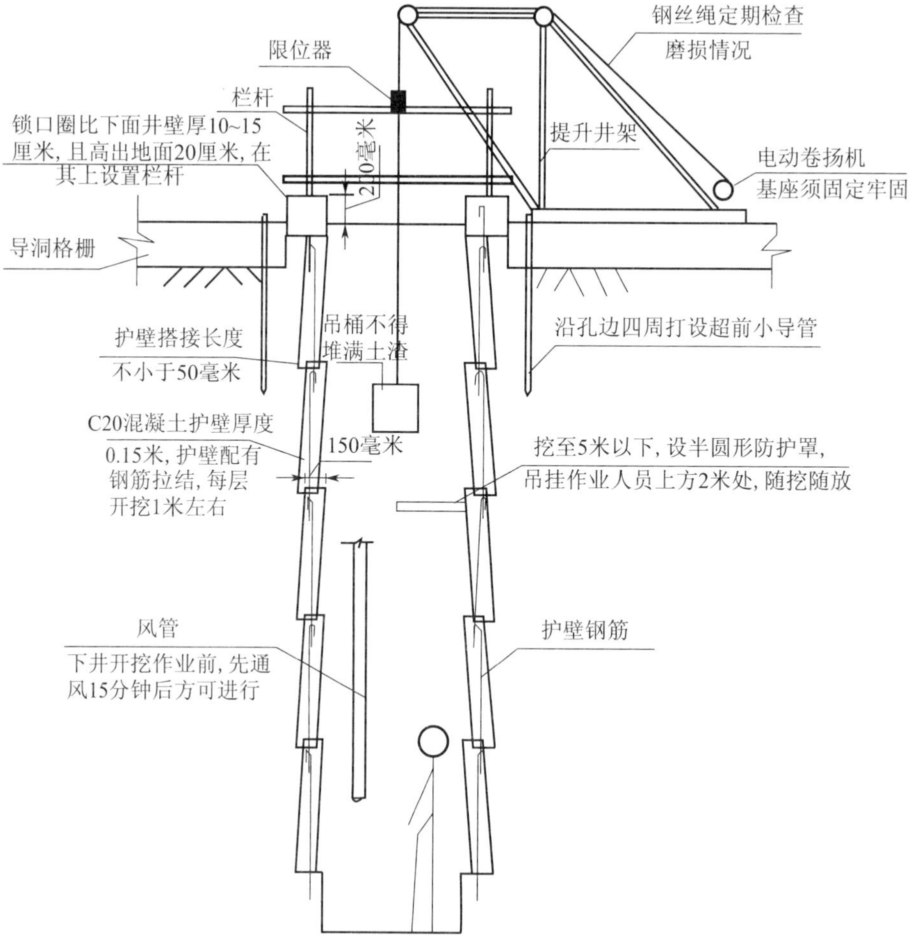

续上表

<table>
<tr><td colspan="6">重点强调：
1. 施工中应及时检测有无毒害气体和缺氧情况，并采取有效措施。孔口应设专人看守，坚持孔下排水送风，并与孔下作业人员保持联系，并随时注意护壁变化及孔底施工情况，发现异常时，应立即协助孔内人员撤出。上下桩孔必须通过软爬梯上下，严禁直接采用卷扬机吊起、直上直下，孔内放置软爬梯并随挖孔深度增加放长至工作面，作为救急之用。
2. 挖出的土石方应及时运走，不得堆放在孔口周边 1 米范围内。
3. 孔下施工照明采用 12 V 低压电。在桩孔不施工时，要用盖板盖严孔口。</td></tr>
<tr><td>审核人</td><td></td><td>交底人</td><td></td><td>接受交底负责人</td><td></td></tr>
<tr><td colspan="6">作业班组全体签名：</td></tr>
</table>

小导洞内钻孔桩(洞桩法)施工安全交底 编号:

施工单位	
工程名称	
分部分项工程	
工　　种	

交底内容:

一、主要危险源与危害因素

1. 孔内弃土堆在钻孔周围。停钻后,钻头未提出孔外放到安全位置。

2. 用机械动力拆接钻杆。

3. 对于已埋设护筒未开钻或已成桩护筒尚未拔出时,未加设护筒顶盖或铺设安全网罩。

二、安全注意事项

1. 导洞内场地狭窄,应分区域分段纵向布置钻机设备、泥浆箱、管路及道路,用砖墙将钻桩作业区和道路运输分开。

2. 钻孔桩应采用特制或改进的钻机。

3. 钻机安装时,机架应垫平,保持稳定,不得产生位移或沉陷。

4. 钻头的组装应按照说明书规定进行,竖立或放倒钻架时,应由桩机操作人员进行。钻头和钻杆连接螺纹应良好,滑扣时不得使用。钻头焊接应牢固,不得有裂纹,钻杆连接处应加设便于拆卸的橡胶垫圈。

5. 钻架的吊重中心、钻机的卡孔和护进管中心应在同一垂直线上。

6. 钻进时,钻速不得过快或骤然变速;回转马达不得反转,以防钻杆脱口发生意外;要紧密监视掘进情况,观察孔内有无异常,钻架是否倾斜、各连续部位是否松动、是否有塌孔征兆,如有异常,立即纠正。

7. 电动卷扬机在工作中,如遇停电或停机检查保养时,应将电源关闭。钻机停钻,必须将钻头提出孔外,置于钻架上不得滞留孔内。钻机停止工作后,应立即切断电源。

8. 孔内弃土不得堆积在钻孔周围。

9. 摘卸钻杆时,必须使用专用叉手,司机和辅助人员密切配合,防止失手。当拆钻杆为双层作业时,上下应紧密配合,防止落物伤人;严禁用机械动力拆接钻杆。

10. 钻机及起重工具应经常检查维修。

11. 对于已埋设护筒未开钻或已成桩护筒尚未拔出的,应加设护筒顶盖或铺设安全网罩。

12. 孔桩施作完后及时清除积水、浮浆和剩余混凝土。

重点强调:

1. 孔内弃土不得堆积在钻孔周围。停钻后,钻头应提出孔外安全放置。

2. 摘卸钻杆时,必须使用专用叉手。严禁用机械动力拆接钻杆。

3. 对于已埋设护筒未开钻或已成桩护筒尚未拔出的,应加设护筒顶盖或铺设安全网罩。

审核人		交底人		接受交底负责人	

作业班组全体签名:

小导洞内钢管柱(洞桩法)施工安全交底　　编号：

施工单位	
工程名称	
分部分项工程	
工　　种	

交底内容：

一、主要危险源与危害因素

1. 正式吊装钢管柱前，未进行试吊。

2. 钢管柱安装完成后，未及时增设钢管支撑。

二、安全注意事项

1. 钢管柱吊装如下图所示。

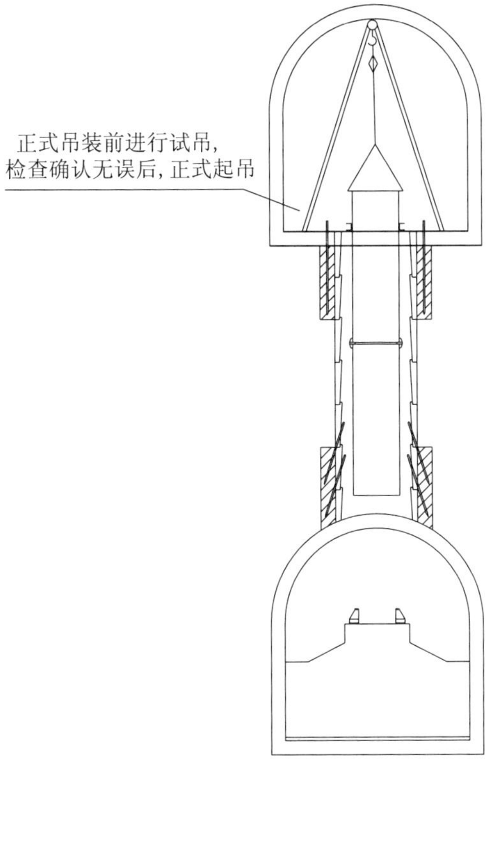

续上表

2. 钢管柱固定如下图所示。

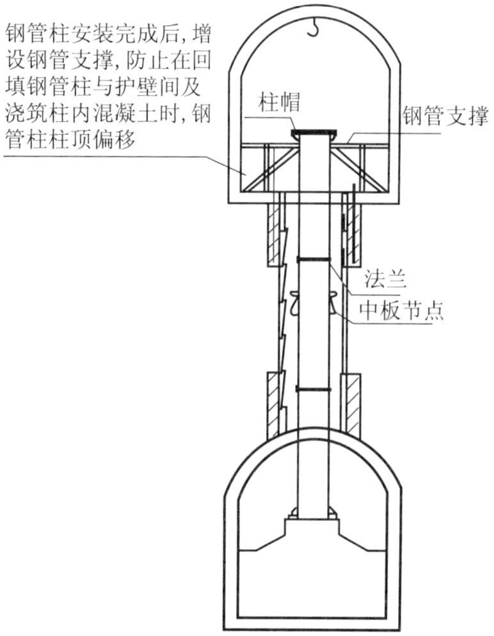

钢管支撑固定

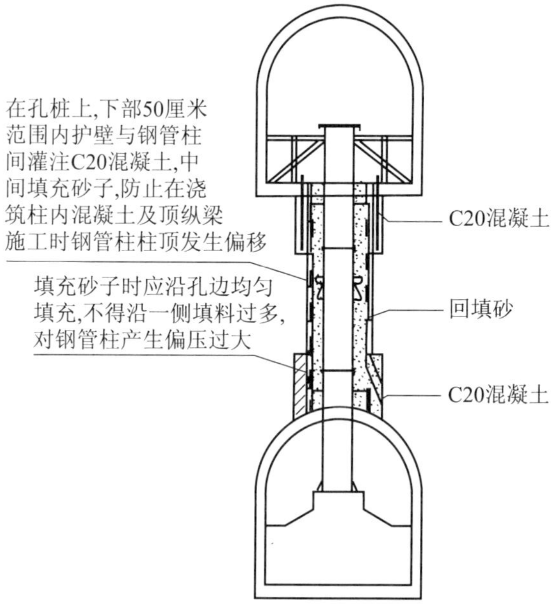

护壁柱间回填固定

重点强调:

1. 正式吊装钢管柱前,应进行试吊。
2. 钢管柱安装完成后,应增设钢管支撑。

审核人		交底人		接受交底负责人	

作业班组全体签名:

桩顶冠梁及边导洞内侧拱(洞桩法)施工安全交底 编号:

施工单位	
工程名称	
分部分项工程	
工　　种	

交底内容:

一、主要危险源与危害因素

1. 支架基础不稳、基底不平。

2. 支架、模板拆除程序错误。

3. 抛掷杆件、模板。

4. 用大锤和撬棍硬砸硬撬的方式拆模。

二、安全注意事项

1. 支护体系。该工序主要有以下两个模板支架体系,经工程师对设计模板及支撑体系进行承载力验算、确认安全之后,方可进行搭设和安装。脚手架搭设应符合《钢管脚手架、模板支架安全选用技术规程》(DB11/T 583—2008)。

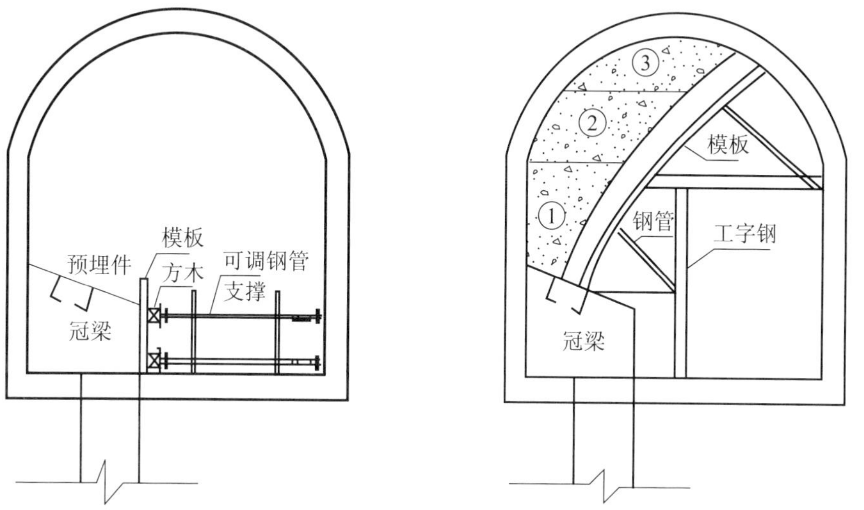

冠梁模板支架图　　回填模板支架图

2. 背后回填。导洞回填采用泵送混凝土,施工时应分层分段进行浇筑。

3. 支架安全控制要点(参照明挖车站工程施工安全交底中相关内容,并特别注意以下几点)。

(1)支架基底要坚实、平整。

(2)支架的拆除作业应按确定的拆除程序进行。

(3)避免误伤和误靠已松脱连接的杆件。

(4)严禁向下抛掷杆件。

(5)禁止单人进行拆除较重杆件等危险性的作业。

续上表

<table>
<tr><td colspan="6">4. 模板安全拆除规定(参照明挖车站工程施工安全交底中相关内容,并特别注意以下几点)。
(1)模板支撑架拆除时混凝土的强度应符合现行国家标准《混凝土结构工程施工质量验收规范》(GB 50204—2002)中的有关规定。
(2)模板拆除的顺序和方法遵循“先支后拆,后支先拆,先非承重部位和后承重部位以及自上而下”的原则。拆模时,严禁用大锤和撬棍硬砸硬撬。
(3)拆模时,操作人员应站在安全处,以免发生安全事故。待该段模板全部拆除后,方准将模板、配件、支撑等运出堆放。
(4)拆下的模板等配件,严禁抛扔,要有人员接应传递,按指定点堆放。并做到及时清理、维修,涂刷好脱模剂,以备下一循环使用。</td></tr>
<tr><td colspan="6">重点强调:
1. 支架基底要坚实、平整。支架的拆除作业应按确定的拆除程序进行。
2. 严禁向下抛掷杆件、模板。
3. 模板拆除的顺序和方法遵循“先支后拆,后支先拆,先非承重部位和后承重部位以及自上而下”的原则。拆模时,严禁用大锤和撬棍硬砸硬撬。</td></tr>
<tr><td>审核人</td><td></td><td>交底人</td><td></td><td>接受交底负责人</td><td></td></tr>
<tr><td colspan="6">作业班组全体签名:</td></tr>
</table>

顶纵梁(洞桩法)施工安全交底　　编号：

施工单位	
工程名称	
分部分项工程	
工　　种	

交底内容：

一、主要危险源与危害因素

1. 架立筋未用钢管支撑在导洞初衬上，导致顶纵梁倾覆。

2. 顶纵梁加固前，进行扣拱作业。

二、安全注意事项

1. 架立筋固定注意事项如下图所示。

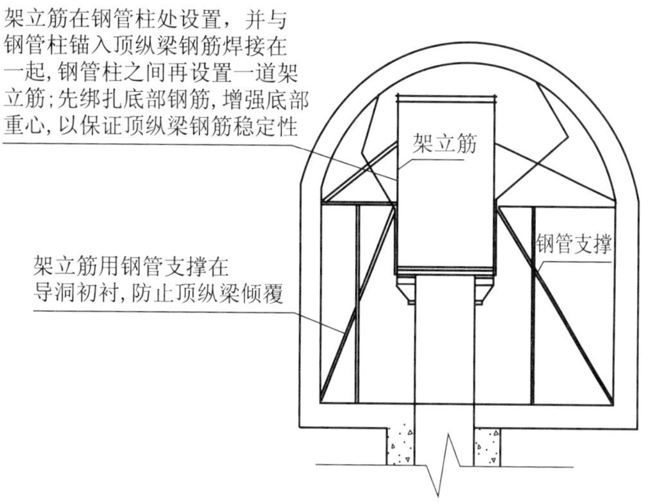

2. 顶纵梁加固

(1)混凝土面板顶梁加固注意事项如下图所示。

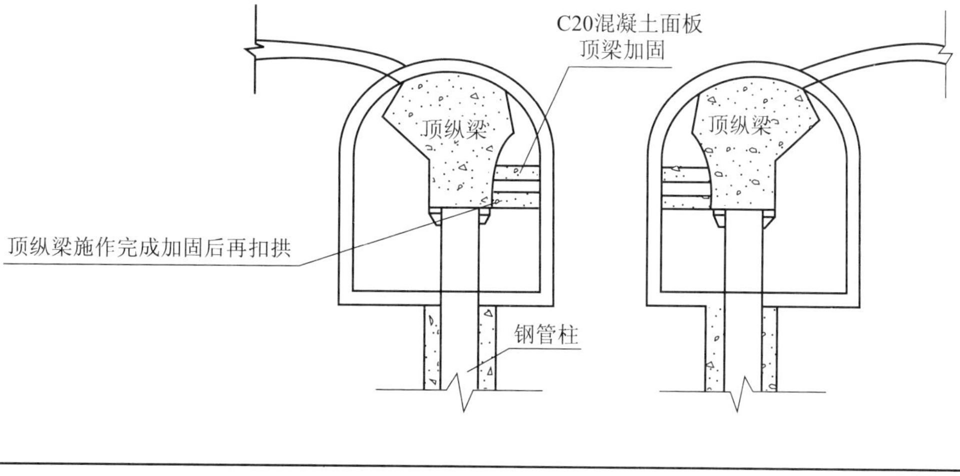

续上表

(2)拉压杆顶梁加固注意事项如下图所示。

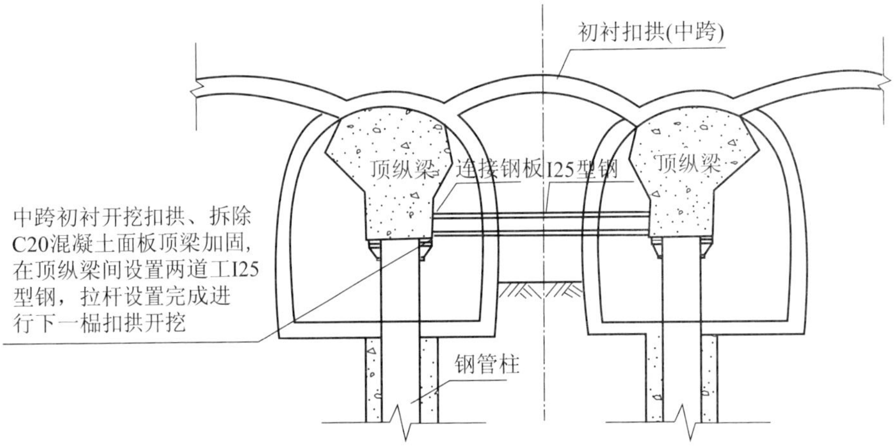

3. 预留件保护注意事项如下图所示。

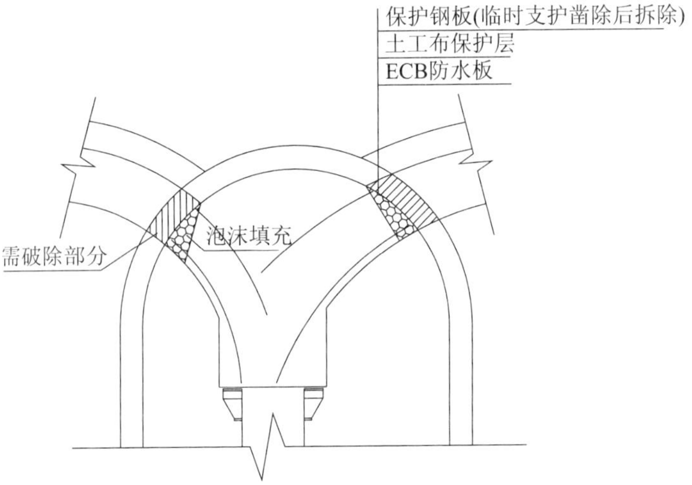

顶纵梁防水层及钢筋接头保护示意

重点强调：

1. 架立筋应用钢管支撑在导洞初衬上,防止顶纵梁倾覆。
2. 顶纵梁施作完成并加固后,方可扣拱。

审核人		交底人		接受交底 负责人	

作业班组全体签名：

扣拱衬砌(洞桩法)施工安全交底　　编号：

施工单位	
工程名称	
分部分项工程	
工　　种	

交底内容：

一、主要危险源与危害因素

1. 台车组装及移动无专人统一指挥。

2. 采用机械或手拉葫芦吊装，吊环不牢靠。

3. 作业面照明不良；违章用电。

二、安全注意事项

1. 作业面应照明良好。

2. 用电线路应绝缘良好，严禁违章用电。

3. 作业人员须配戴整齐安全防护用品。

4. 初支结构破除施工安全要点。

(1)中隔壁拆除跳槽分段施工。根据每模衬砌长度，中隔壁拆除位置选定应尽量选择以钢管柱为中心向两侧平均分配拆除长度。

(2)顶纵梁部位的破除注意防水板和预埋拱顶钢筋接驳器的保护，破除完成后检查防水板破坏情况，做好标记，及时修补。

5. 扣拱施工安全控制要点。

(1)根据监控量测信息，分段对称破除。顶纵梁部位破除导洞初支结构时，加强顶纵梁部位防水板的保护与检查，破坏的防水板应及时修补。

(2)施工缝凿毛，二衬钢筋绑扎前要对顶纵梁处的混凝土面进行凿毛处理，注意保护预埋筋接头。

(3)预留好注浆管。

(4)边拱与下道工序接口部位预留斜向坡口。

拱部二衬钢筋绑扎图

(5)台车加工要经过受力计算，未经过受力计算不得加工。

续上表

<table>
<tr><td colspan="6">

(6)台车基础要有足够的承载力，经工程师检算合格后，方可组装台车。

(7)台车组装及移动必须由专人统一指挥。

(8)采用机械或手拉葫芦吊装，吊环设置必须牢固可靠。

(9)台车就位后应对其中线、高程进行检校，调整台车水平丝杆与竖向千斤顶，确保中线、高程完全满足设计要求。所有临时支撑不能顶在钢管柱、顶纵梁上。

侧拱衬砌台车

中拱衬砌台车

</td></tr>
<tr><td colspan="6">

重点强调：

1. 顶纵梁部位破除导洞初支结构时，加强顶纵梁部位防水板的保护与检查，破坏的防水板应及时修补。

2. 台车组装及移动必须由专人统一指挥。

3. 采用机械或手拉葫芦吊装，吊环设置必须牢固可靠。

</td></tr>
<tr><td>审核人</td><td></td><td>交底人</td><td></td><td>接受交底
负责人</td><td></td></tr>
<tr><td colspan="6">作业班组全体签名：</td></tr>
</table>

土方开挖(洞桩法)安全交底　　编号：

施工单位	
工程名称	
分部分项工程	
工　　种	

交底内容：

一、主要危险源与危害因素

1. 靠近成品结构部位的土方采用大型机械开挖，造成成品结构损毁。

2. 机械车辆搭乘人员，造成人员伤害。

3. 挖掘机斗臂在抬高及回转时，碰到墙壁、钢管柱或其他物体。

4. 格栅割除过程中未注意保护防水板，烧损防水层。

二、安全注意事项

1. 土方开挖安全控制要点。

(1)注意对已完成结构的成品进行保护。

(2)所有机械、车辆要有专人统一指挥。

(3)靠近成品结构部位要用人工开挖。

(4)挖至中板之前30厘米用人工开挖、清底。

(5)中板结构强度达到设计要求时方可开挖下层土体。

(6)在开挖中板以下土方时要及时将中板以下制作土模的砂浆层、砖等清理干净。

2. 机械作业安全要点。

(1)车站土方开挖一般采用小挖掘机开挖，所有机械设备要经报验合格后方可使用，操作人员必须是熟练工并持证上岗。

(2)除驾驶室外，机械车辆任何地方严禁乘坐或站立人员。

(3)挖掘机斗臂在抬高及回转时，不得碰到墙壁、钢管柱或其他物体。

(4)向运土车辆装车时，要减小卸落高度，不得偏装或砸坏车厢。

(5)在汽车未停稳或铲斗需越过驾驶室而司机未离开前不得装车。

(6)运输车辆不得超载，操作人员离开车辆时，应熄火、挂挡、拉手刹。

(7)内燃机运转或料斗内载荷时，严禁人员在车底下进行任何作业。

(8)料斗不得在卸料状态下行驶或进行平地作业。

(9)在坑槽边缘卸料时，应设置安全挡块，车辆接近时，应减速行驶。

3. 下导洞初支破除施工安全要点。

(1)严禁机械扰动钢管柱，破除时要避免破坏底纵梁、底纵梁处的防水板、预留钢筋接头等。

(2)格栅割除过程中要注意防水板保护，杜绝烧损防水层。

续上表

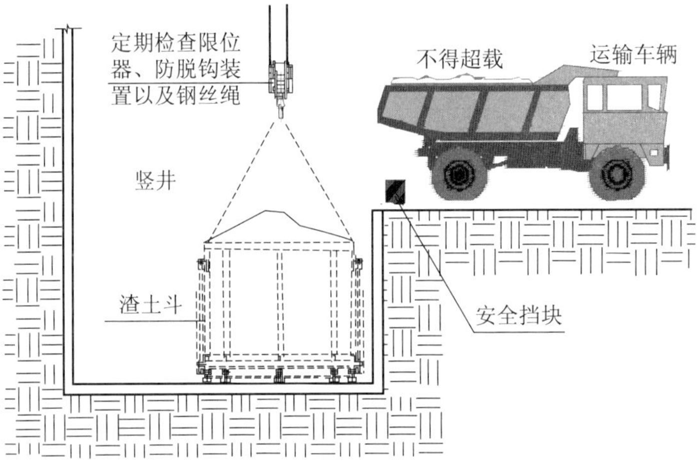

重点强调：

1. 靠近成品结构部位的土方要用人工开挖。
2. 除驾驶室外，机械车辆任何地方严禁乘坐或站立人员。
3. 挖掘机斗臂在抬高及回转时，不得碰到墙壁、钢管柱或其他物体。
4. 格栅割除过程中要注意防水板保护，不得烧损防水层。

审核人		交底人		接受交底负责人	

作业班组全体签名：

第三节　附属工程施工安全交底

暗挖法竖井施工与使用安全交底　　　编号：

施工单位	
工程名称	
分部分项工程	
工　　种	

交底内容：

一、主要危险源与危害因素

1. 竖井提升系统信号和制动失灵、调度指挥不当、运行过程中发生机械故障等。

2. 违章使用挖掘机，对周围环境不熟悉，造成挖、碰、刮电缆及其他设施。

3. 未按爆破作业规程进行凿岩爆破；违章使用竖井提升机械。

4. 电动机械绝缘不良，违章用电。

二、安全注意事项

1. 施工竖井不得设在低洼处，且井口应比周围地面高 30 厘米以上，地面排水系统应完好、畅通。

2. 井口 2 米范围内不得堆放材料。

3. 不设作业平台的竖井周围必须设防护栏杆，栏杆底部 50 厘米应采取封闭措施。

4. 挖掘机选位必须得当，在确保挖掘机不倾覆的前提下，方可进行挖掘作业。挖掘机铲斗下掘及上扬要确保不挖、碰、刮电缆及其他设施。挖掘部分要保证边坡角不大于 37°。

5. 竖井井口周边截排水系统和防冲刷设施应尽早完成。竖井锁口圈应及早施作。

6. 竖井每下掘 4 米打一临时梯子吊挂孔，并安装临时施工的金属梯子。

7. 竖井井口及井架应符合下列规定。

(1)井口的锁口圈应配置井盖，只有在升降人员和物料进出时，井盖方可打开。

(2)井口应设防雨设施，通向井口的轨道应设阻车器。

(3)井口周围应设置安全栅栏和安全门，安全栅栏的高度不应小于 1.2 米。

(4)井口、井底、卷扬机房和工作吊盘间均应有联络信号，并有专人负责，必要时应装设直通电话。

(5)竖井井架天轮棚必须安装避雷针，井架脚必须安装接地线。

8. 凿岩爆破工严格按照爆破作业规程施工，必须设置警戒线，并在井口确保安全距离的前提下引爆。竖井采用爆破法掘进应符合下列规定。

(1)竖井钻孔结束后，应将钻孔机具提升出井外，防止爆破损坏钻孔机具。

(2)每次爆破后，应有专人清除危石和掉落在井圈上的石渣，并检查初期支护和临时支撑有无受损，清理完后方可正常工作。

(3)当工作面附近或未衬砌地段发现落石、支撑发响、大量涌水时，施工人员应立即撤出井外，并报告项目部负责人。

续上表

9. 井帽部分必须将浮石排净，并在每班爆破后重新排查一次。 10. 井筒内每个作业地点，应设有独立的声、光信号系统和通风装置，井口应设专职信号工，整个信号系统，应由井口信号工与卷扬机房和井筒工作面联系。 11. 竖井提升机械的使用应符合下列规定。 (1)提升机械安装完毕后必须经具有专业资质的检测机构验收合格，并出具安全检验合格证书，方可投入使用。 (2)提升机械不得超负荷运行，并应有深度指示器和防止过卷、过速等保险装置，以及限速器和松绳信号等。 (3)工作吊盘的载重量不得超过吊盘的设计载重能力。 (4)提升用的钢丝绳和各种悬挂使用的钩、链、环、螺栓等连接装置，应具有规定的安全系数，使用前应检验合格后方可安装。使用中应定期检查、维修和更换。 (5)必须由经验丰富的卷扬机工(主、副司机)操作，发现绳摆等异常情况，立即停车，查明原因后方可继续操作。 (6)提升司机实行双监护，提升司机必须持证上岗，提升控制室内必须装备电视监控系统，且图像清晰；同时要配齐人员，做到一人操作一人监护，严禁疲劳操作。 (7)当用吊筒提升时，井帽部分应安装好过卷装置，悬挂吊筒的钢丝绳应设稳绳装置及滑离钩。吊筒的上方应设坚固的保护伞。 (8)摘挂钩头实行双监控，一人摘挂钩头，操作完检查符合要求后，另一个人复查，确认无误后方可进入下一道工序。 (9)吊挂检查做到双把关，由技术素质好，业务能力强，能履行安全检查职责的人员对提升吊挂系统进行检查和复查。 12. 竖井采用吊桶升降人员和物料时应遵守下列规定。 (1)吊桶必须沿钢丝绳轨道升降，保证吊桶不碰撞岩壁。 (2)运送人员及物料的速度不得超过有关规定。 (3)提升钢丝绳应与吊桶连接牢固，不得自动脱钩。 (4)吊桶上方必须设置保护伞。 (5)人员不得在吊桶边缘上坐立，乘坐人员身体的任何部位不得超出桶沿。 (6)吊桶不准超载，装有物料的吊桶不得乘人。 13. 竖井采用罐笼升降人员和物料时，应遵守下列规定。 (1)罐顶应设置可打开的铁盖或铁门，罐底必须满铺钢板，并不得有孔；严禁使用底开式吊罐。 (2)罐笼一次容纳人数和最大载重量应明确规定，并在井口公布。 (3)罐笼升降速度不得大于 3 米/秒，加速度不得大于 0.25 米/秒^2。 (4)罐笼、钢丝绳、卷扬机各部及其连接处，必须设专人检查，发现钢丝绳有损坏，罐道和罐耳间磨损度超过规定等，必须立即更换。 (5)升降人员或物料的单绳提升罐笼必须设置可靠的防坠器。 (6)罐笼升降作业时，其下方不得停留人员。 14. 竖井防排水应符合下列规定。 (1)竖井建井期间，如果裂隙水较发育，影响作业人员安全，应采用周边帷幕注浆止水；在有少量裂隙水时，应随竖井的施工开挖在井底设集水坑，采用小型抽水机将水抽入吊桶排至井外。

续上表

<table>
<tr><td colspan="6">(2)竖井使用期间，基坑裂隙水及施工废水应排入井底水仓，由井底抽水机排出。
15. 稳车制动系统完好可靠，稳车安装完毕后必须检查安全闸的可靠性。
16. 吊盘采取双层吊盘作业。吊盘要根据工作的深度情况适时移动，要求距工作面保持在 30 米左右。
17. 井口设严密可靠的井口盖和能自动启闭的井盖门。
18. 卸渣装置要严密，不许漏渣。
19. 风、水、电等管线吊挂要牢固；井口及井下用电设备应在井口设漏电保护器。
20. 通风设施要架设到位，必须确保在通风良好的情况下方准作业。
21. 吊桶内岩渣不能装满，应低于桶口边缘 0.1 米以上。装入桶内的长物件须牢固绑在吊桶梁上。</td></tr>
<tr><td colspan="6">重点强调：
1. 挖掘机选位必须得当，在确保挖掘机不倾覆的前提下，方可进行挖掘作业。
2. 井口及井架须符合规定，凿岩爆破工须按爆破作业规程施工，使用竖井提升机械须符合规定。
3. 竖井采用吊桶、罐笼升降人员和物料时须遵守相应规定。
4. 风、水、电等管线吊挂要牢固。井口及井下用电设备应在井口设漏电保护器。</td></tr>
<tr><td>审核人</td><td></td><td>交底人</td><td></td><td>接受交底负责人</td><td></td></tr>
<tr><td colspan="6">作业班组全体签名：</td></tr>
</table>

暗挖法斜井施工与使用安全交底

编号：

施工单位	
工程名称	
分部分项工程	
工　　种	

交底内容：

一、主要危险源与危害因素

1. 斜井无轨运输道路坡度过大，运输车辆超速、超载、超限。

2. 斜井有轨运输轨道养护不到位、调度指挥不当，运输车辆超速、超载、超限。

3. 未严格执行“六不开”、“六不挂”的规定。

4. 人车混行；斗车、矿车载人。

二、安全注意事项

1. 斜井井口周边的截水、排水系统和防冲刷设施应尽早完成。

2. 斜井洞门应及早施作。

3. 斜井废弃时应按要求做好排水、加固，并采取安全防护措施。

4. 长大斜井应配备双电源和双管路，并保证在系统电源断电后立即切换到备用电源上。

5. 在斜井与车站基坑交叉口处应设专人指挥，并设置反光警示及限速标志。

6. 斜井施工应加强施工照明和施工通风管理，保证视线和通风效果良好。

7. 斜井掘进应符合下列规定。

(1)斜井安装初期支护钢架时，必须按设计要求进行，并在安装过程中采取专门稳固钢架的措施。

(2)各种作业平台必须配有制动装置，就位后应进一步采取加固措施，防止作业过程中顺坡溜滑。

8. 斜井无轨运输道路应符合下列规定。

(1)单车道的斜井，每隔一定距离应设置一处会车道，其长度应满足安全行车要求。

(2)斜井内运输道路必须硬化，并采取防滑措施。

9. 斜井无轨运输车辆必须限速行驶，进坑重车不得大于 8 千米/小时，轻车不得大于 15 千米/小时；出坑爬坡不得大于 20 千米/小时。

10. 斜井无轨运输，坑内外应设各种安全设施和警示标志，并应符合下列规定。

(1)距离洞口一定位置应设限高标志。坑内各种作业平台必须满足最小行车限界要求，并设置明显的警示标志。

(2)在坑内的集水坑、紧急避险处应设置防撞隔离栏和闪光红灯警示标志。

(3)坑内安全岛内应设有废轮胎防撞墙，作为车辆制动失灵时的安全应对措施。

11. 斜井运输车辆投入使用前应进行检查，符合要求方可进洞作业；驾驶员应每天对车辆进行自检，确保车况良好。

12. 斜井采用有轨运输时，井口必须设置挡车器，并设专人管理；斜井长度超过 100 米

续上表

时，应在井口下20米和接近井底60米处设置第二道挡车器；长大斜井应每隔100米和接近井底时在轨道上设置防溜车装置。

13. 斜井口、井下及卷扬机之间应有联络信号。提升、下降与停留应有明确的色灯和音响等信号规定。

14. 斜井中牵引运输速度不得大于5米/秒，接近洞口与井底时不得大于2米/秒，升降加速度不得大于0.5米/秒^2。

15. 斜井提升设备必须装设下列保险装置。

(1)防止过卷装置，当提升容器超过正常卸载位置0.5米时，必须能自动断电，并能使保险闸发生作用。

(2)防止过速装置，当提升速度超过最大速度15%时，必须能自动断电，并能使保险闸发生作用。

(3)当提升速度超过3米/秒时，必须装设限速器，保证提升容器到达终端停止位置前的速度不大于2米/秒。

(4)提升卷扬机必须装设深度指示器、开始减速时能自动示警的警铃及司机不需离座即能操纵的常用闸和保险闸。

(5)提升卷扬机供电实行双回路。提升机高、低压供电必须具备双回路要求，且供电电源可靠。

(6)提升卷扬机保护实行"八加一"。提升机的"八大保护"装置必须齐全有效，并配备后备保护装置。

16. 斜井施工使用的钢丝绳应符合下列规定。

(1)提升用的钢丝绳必须每天检查1次，每隔6个月检验1次。

(2)钢丝绳的安全系数和检验要求可参照《起重机械安全规程》的规定。

(3)钢丝绳的钢丝有变黑、锈皮、点蚀麻坑等损伤时，不得用作升降人员。钢丝绳锈蚀严重，点蚀麻坑形成沟纹，外层钢丝松动时，必须更换。

17. 串车提升应设防脱钩装置。使用串车提升时，必须使用不能自行脱落的连接装置并加装保险绳，保险绳应按照提升钢丝绳的要求进行日常检查。使用"V"型矿车提升时，应装置防翻斗、防掉头、防跳销装置。

18. 提升操作司机实行双监护。提升操作司机必须持证上岗，提升控制室内必须装备电视监控系统，且图像清晰；同时要配齐人员，做到一人操作、一人监护，严禁疲劳操作。

19. 提升操作司机必须做到"六不开"。提升卷扬机状况不完好不开，钢丝绳不合格不开，安全设施不齐全不开，信号设施不齐全不开，信号不清不开，"四超"车辆无运输措施不开。

20. 把钩人员必须做到"六不挂"。安全设施不全不可靠不挂，联系不清不挂，"四超"车辆无措施不挂，物料装车不合格不挂，连接装置不合格不挂，斜井内有行人不挂。

21. 斜井施工中严禁人员乘坐斗车、矿车。当斜井的垂直深度超过50米时，应配备运送人员的车辆，其使用应遵守下列规定。

(1)运送人员的车辆必须有顶盖，并装有可靠的防坠器；当断绳时能自动发生作用，同时也能用手动操纵。

(2)运送人员的列车必须设车长跟随，车长坐在行车前方的最前排座位上，手动防溜车装置必须装在车长座位处。

续上表

<table>
<tr><td colspan="6">(3)每班运送人员前，必须检查车辆的连接装置、保险链及防坠器；运送人员前，应先放一次空车，检查斜井轨道和卷扬机的安全状况。
(4)运送人员的车辆不得超过定员，乘车人员及携带的工具不得超出车厢。
(5)运送人员的车辆中必须装有向卷扬机司机发送紧急信号的装置。
22. 斜井运输必须做到行人不行车、行车不行人，并有醒目的标识。</td></tr>
<tr><td colspan="6">重点强调：
1. 斜井无轨运输车辆必须限速行驶，进坑重车不得大于 8 千米/小时，轻车不得大于 15 千米/小时；出坑爬坡不得大于 20 千米/小时。
2. 斜井提升设备必须装设符合规定的保险装置；斜井施工使用的钢丝绳须符合规定。
3. 提升操作司机必须做到“六不开”，把钩人员必须做到“六不挂”。
4. 斜井施工中严禁人员乘坐斗车、矿车。
5. 斜井运输必须做到行人不行车、行车不行人，并有醒目的标识。</td></tr>
<tr><td>审核人</td><td></td><td>交底人</td><td></td><td>接受交底负责人</td><td></td></tr>
<tr><td colspan="6">作业班组全体签名：</td></tr>
</table>

第五章　高架及地面车站工程施工安全交底

模板及支架施工安全交底、钢筋工程作业安全交底、混凝土工程作业安全交底、现浇结构工程施工安全交底参见第二章相关内容。本章不再赘述。

第一节　地基处理与基础工程施工安全交底

地面车站原地面处理和换填安全交底　　编号：

施工单位	
工程名称	
分部分项工程	
工　　种	

交底内容：

一、主要危险源与危害因素

1. 机械作业时倾覆。
2. 施工影响毗邻的既有建(构)筑物和设备、管线。
3. 机械现场组装和操作不当，机械作业用电及防雷措施不当。
4. 大风等恶劣气候条件下人员和机械处于不安全状态。
5. 施工噪声、排放泥浆等环境因素。
6. 人机混合作业。

二、安全注意事项

1. 施工现场应按规定设置防护设施和安全警示标志，并由专人管理。
2. 作业场地及行走范围应保持平整并满足相应的承载力等要求。
3. 机械系统的能力应与施工要求相匹配，现场装配应由专业人员负责。作业时应严格按照操作规程操作。
4. 大型机械作业或多机配合作业时，应设专人统一协调指挥。
5. 作业人员登高检查或维修时应系安全带并防止坠物伤人。
6. 大雾、暴雨、大风等气候条件下应提前对现场机械采取防护措施。天气条件特别恶劣时应停止作业。
7. 严禁火烧杂草、树木等。砍伐树木时应设置防护和警示标志。
8. 清除淤泥或处理空穴时，应查明地质情况，采取保证人员和机械安全的防护措施。
9. 清淤作业应防止人员陷入，软土地段机械作业应考虑地基承载力能否满足机械作业要求，不能满足应采取必要的安全措施。

续上表

10. 开挖作业应注意以下内容。 (1)开挖应自上而下进行,严禁掏底开挖。 (2)作业面应相互错开,严禁上下重叠作业。 (3)在岩石走向、倾向不利于边坡及施工安全的地段,应顺层或加固后开挖,并采取减弱施工振动的措施。 (4)挖掘机作业应符合下列规定:①起动后,铲斗内、管杆、履带和机棚上严禁站人;②上下坡道的坡度不得超过机械自身允许坡度;③挖掘时停留地面必须平坦稳固,并应制动履带,轮胎式挖掘机应顶好支腿;车身方向应与挖掘工作面延伸方向一致;④履带式挖掘机距工作面边缘距离应大于 1.0 米;⑤作业时,最大开挖高度和深度不得超过机械本身性能的规定;⑥在高陡工作面上挖掘夹有石块的土方时,应将较大的石块和杂物清除。严禁用铲斗碰砸悬空土石;⑦严禁在松动危石下方作业;多人相邻挖土时,相互距离不得小于 3 米,禁止人员面对面开挖作业;⑧严禁人员在松动危石下方、滑坡体范围内停留和停放机具。 11. 挖掘机向运输车辆卸土石时,应符合下列规定。 (1)应降低铲斗,减小卸落高度,防止偏载或砸坏车厢。 (2)铲斗回转范围内,严禁人员停留或通过。 12. 装载机向运输车辆卸土石时,应符合下列规定。 (1)铲斗动作应缓慢,前翻及回位不得碰撞车厢。 (2)在边坡、壕沟、凹坑装卸时,轮胎离边缘距离应大于 1.5 米。 (3)在坡度大于 3 度的坡面上,不得前倾卸料。 13. 运输车辆不得超载,严禁人料混载。 14. 运输车辆卸料时,应符合下列规定。 (1)在陡坡、高坡、坑边处卸料时,应设专人指挥。 (2)停卸地面必须平整坚实,与边缘保持一定的安全距离。 (3)自卸车卸料时,应防止刮断电线和伤及人员。 15. 接触灰土的作业人员,应佩戴口罩和手套等防护用品并站在上风口作业。 16. 混凝土、改良土、级配碎石、沥青等用料生产时应符合下列规定。 (1)搅拌筒启动前应盖好仓盖。机械运转中,严禁将手伸入料斗或搅拌筒内探摸。严禁从提升斗下通过。 (2)沥青拌和时,严禁人员在溢流管周围逗留或从溢管下通过。 (3)设备维修时,必须关掉电源开关,挂维修警示牌。 (4)接触石灰以及有腐蚀性添加剂的人员应按规定穿戴防护用品。 17. 在不稳定的地面斜坡及易于倾塌滑动的斜坡上施工时,人行道离填方坡脚线不得小于 5 米,并应设警示标志。 18. 多机在同一作业面作业时,应设专人指挥,明确指挥信号,相互间应保持安全距离。 19. 配合机械作业的清底、摊铺、平整、修坡等人员,应在机械回转半径以外工作。 20. 采用机械填筑时,在填筑作业区边缘应设置明显的安全标志。 21. 车辆严禁在走行中卸土,卸土下方不得有作业人员。 22. 推土机作业应符合下列规定。 (1)上下坡道的坡度不得超过机械自身允许坡度。

续上表

<table>
<tr><td colspan="6">
(2)多机相邻作业时,前后距离应大于 8.0 米,左右距离应大于 2 米。
(3)在高边坡、陡坡、高坎上作业时,必须设专人指挥、防护。
23. 平地机作业应符合下列规定。
(1)作业时应与路堤边缘保持一定的安全距离。
(2)作业时,应将刮刀下降到接近地面,起步后再下降铲刀铲土。
(3)刮土、平整等各类铲刮作业应低速行驶。
24. 碾压作业应符合下列规定。
(1)压路机必须在前后、左右无障碍物和人员时方可启动。
(2)两台以上压路机同场作业时,前后间距不得小于 3 米。
25. 振动冲击夯作业时应控制夯机前进速度,防止倾覆伤人。
</td></tr>
<tr><td colspan="6">
重点强调:
1. 大型机械作业或多机配合作业时,应设专人统一协调指挥。
2. 大雾、暴雨、大风等气候条件下应提前对现场机械采取防护措施。天气条件特别恶劣时应停止作业。
3. 开挖应自上而下进行,严禁掏底开挖。作业面应相互错开,严禁上下重叠作业。
4. 挖掘机、装载机、推土机、平地机、压路机、搅拌机作业应符合相应的操作规程和有关规定。
5. 运输车辆不得超载,严禁人料混载。
6. 运输车辆在陡坡、高坡、坑边处卸料时,应设专人指挥。自卸车卸料时,应防止刮断电线和伤及人员。
7. 接触灰土的作业人员,应佩戴口罩和手套等防护用品并站在上风口作业。
8. 振动冲击夯作业时应控制夯机前进速度,防止倾覆伤人。
</td></tr>
<tr><td>审核人</td><td></td><td>交底人</td><td></td><td>接受交底负责人</td><td></td></tr>
<tr><td colspan="6">作业班组全体签名:</td></tr>
</table>

地面车站基坑放坡开挖安全交底

编号：

施工单位	
工程名称	
分部分项工程	
工　　种	

交底内容：

一、主要危险源与危害因素

1. 地下管线、地下构筑物等调查不明，盲目施工。

2. 机械设备未按规定进行检查验收。

3. 危险处所未按规定设置防护设施和警示标志。

4. 基坑开挖未按规定进行放坡。

5. 基坑降水影响周边建筑物，观测处理不及时。

6. 作业人员未按规定佩戴劳动防护用品。

7. 施工现场违章用电。

二、安全注意事项

1. 当基坑边坡能自稳且无放坡条件限制时，方可放坡开挖。

2. 基坑开挖前，必须调查探明作业区内地下管线、地下构筑物及地面以上通信、电力线路等，有碍施工时，应先进行加固防护或改移。

3. 机械设备等在施工前应经检查验收合格后方可使用。

4. 基坑四周必须设置护栏及明显的警示标志，夜间应悬挂示警红灯，非工作人员不得入内。

5. 基坑开挖对邻近建(构)筑物或临时设施有影响时，应采取安全防护措施。

6. 基坑顶面四周应开挖排水沟，防止地表水流入基坑。

7. 开挖基坑应视地质和水文情况、基坑深度按规定坡度分层进行。严禁采用局部开挖深坑，从底层向四周掏土的方法施工。

8. 基坑顶有动载时，坑口边缘与动载间的安全距离应根据基坑深度、坡度、地质和水文条件及动载大小等情况确定，且均不应小于 1.0 米。弃土堆坡脚与坑口边缘的距离不得影响基坑边坡的稳定。

9. 在土石松动地层或在粉、细砂层中开挖基坑时，应先做好安全防护设施；软基开挖必须进行支护。当基坑开挖需要爆破时，应执行现行国家标准《爆破安全规程》(GB 6722—2003)的规定。

10. 采用垂直运输出土时，应每班检查吊斗绳索、挂钩、机具等是否完好牢固。装土或卸土后必须将斗门关好，斗门扣件应有防脱措施。吊斗升降时，坑内作业人员应躲离吊斗升降移动范围以外。吊斗不使用时，应及时摘下，不得悬挂。

11. 基坑开挖时，应观测坡面稳定情况。当发现坑沿顶面出现裂缝、坑壁松塌或遇涌水、涌砂时，应立即停止施工，加固处理后，方可继续施工。

续上表

<table>
<tr><td colspan="6">12. 采用天然冻结法开挖基坑时，必须根据地质、水文、气象等实际情况，制定施工安全技术措施。开挖时应分层冻结，逐层开挖，严禁破坏周边冻结层，并且应在冻融前完成基础工程施工。
13. 基坑防水和降排水施工应根据所设计的方案进行。
14. 在降、排水过程中，当出现大量涌砂、涌水、坑壁坍塌等情况时，应停止抽水，并在工程师的指导下采取加固措施。
15. 拆除多层井点应自底层开始逐层向上进行，在下层井点拆除中，上部各层井点应继续抽水。</td></tr>
<tr><td colspan="6">重点强调：
1. 基坑开挖前，必须调查探明作业区内地下管线、地下构筑物及地面以上通信、电力线路等，有碍施工时，应先进行加固防护或改移。切不可盲目施工或冒险施工。
2. 基坑四周必须设置护栏及明显的警示标志，夜间应悬挂示警红灯(夜间未悬挂示警红灯而造成行人坠落事故的例子有很多)。
3. 采用垂直运输出土时，应每班检查吊斗绳索、挂钩、机具等是否完好牢固。装土或卸土后必须将斗门关好，斗门扣件应有防脱措施。吊斗升降时，坑内作业人员应躲离吊斗升降移动范围以外。吊斗不使用时，应及时摘下，不得悬挂。
4. 基坑开挖时，应观测坡面稳定情况。当发现坑沿顶面出现裂缝、坑壁松塌或遇涌水、涌砂时，应立即停止施工，加固处理后，方可继续施工。
5. 在降、排水过程中，当出现大量涌砂、涌水、坑壁坍塌等情况时，应停止抽水，并在工程师的指导下采取加固措施，不得随意擅自采取加固措施。</td></tr>
<tr><td>审核人</td><td></td><td>交底人</td><td></td><td>接受交底
负责人</td><td></td></tr>
<tr><td colspan="6">作业班组全体签名：</td></tr>
</table>

地面车站基坑挡板护壁开挖安全交底

编号：

施工单位	
工程名称	
分部分项工程	
工　　种	

交底内容：

一、主要危险源与危害因素

1. 地下管线、地下构筑物等调查不明，盲目施工。

2. 危险处所未按规定设置防护设施和警示标志；作业人员不按规定佩戴劳动防护用品。

3. 挡板未随时检查；发现变形，未及时得到可靠的处理。

4. 拆除支撑时由上而下或一次全部拆除。

5. 施工现场违章用电。

二、安全注意事项

1. 基坑开挖前，必须调查探明作业区内地下管线、地下构筑物及地面以上通信、电力线路等，有碍施工时，应先进行加固防护或改移。

2. 机械设备等在施工前应经检查验收合格后方可使用。

3. 基坑四周必须设置护栏及明显的警示标志，夜间应悬挂示警红灯，非工作人员不得入内。

4. 当基坑边坡不能自稳并受地下水影响，或因条件限制不能放坡时，必须对坑壁进行支护加固后开挖。

5. 挡板护壁施工应符合下列规定。

(1)基坑每层开挖深度应根据地质情况确定，并应边挖边支。

(2)支撑结构应随时检查，发现变形，及时加固或更换。

(3)支撑拆除时应自下而上，待下层支撑拆除并回填土后，再拆除上层支撑。

(4)用吊斗出土，应有防护措施，吊斗不得碰撞支撑。

(5)吊斗不使用时，应及时摘下，不得悬挂。

6. 基坑防水和降、排水施工应根据所设计的方案进行。

7. 在降、排水过程中，当出现大量涌砂、涌水、坑壁坍塌等情况时，应停止抽水，并在工程师的指导下采取加固措施。

8. 拆除多层井点应自底层开始逐层向上进行，在下层井点拆除中，上部各层井点应继续抽水。

续上表

<table>
<tr><td colspan="6">重点强调：
1. 基坑开挖前，必须调查探明作业区内地下管线、地下构筑物。
2. 基坑四周必须设置护栏及明显的警示标志，夜间应悬挂示警红灯，非工作人员不得入内。
3. 挡板护壁施工的支撑结构应随时检查，发现变形，及时加固或更换。
4. 支撑拆除时应自下而上，待下层支撑拆除并回填土后，再拆除上层支撑。
5. 在降、排水过程中，当出现大量涌砂、涌水、坑壁坍塌等情况时，应停止抽水，并在工程师的指导下采取加固措施。</td></tr>
<tr><td>审核人</td><td></td><td>交底人</td><td></td><td>接受交底
负责人</td><td></td></tr>
<tr><td colspan="6">作业班组全体签名：</td></tr>
</table>

地面车站基坑排桩支护开挖安全交底　　编号：

施工单位	
工程名称	
分部分项工程	
工　　种	

交底内容：

一、主要危险源与危害因素

1. 地下管线、地下构筑物等调查不明，盲目施工。

2. 危险处所未按规定设置防护设施和警示标志。

3. 钢板桩吊环焊接质量不合格；钢支撑连接不顺直，容易失去稳定。

4. 作业人员不按规定佩戴劳动防护用品。

5. 施工现场违章用电。

二、安全注意事项

1. 基坑开挖前，必须调查探明作业区内地下管线、地下构筑物及地面以上通信、电力线路等，有碍施工时，应先进行加固防护或改移。

2. 机械设备等在施工前应经检查验收合格后方可使用。

3. 基坑四周必须设置护栏及明显的警示标志，夜间应悬挂示警红灯，非工作人员不得入内。

4. 当基坑边坡不能自稳并受地下水影响，或因条件限制不能放坡时，必须对坑壁进行支护加固后开挖。

5. 排桩支护施工应符合下列规定。

(1)排桩支护结构应进行设计检算，并按设计施工，严格遵守先支撑后开挖的原则。

(2)钢支撑的连接必须牢固、顺直。

(3)钢支撑端头与冠梁或腰梁的连接应能满足支撑端头局部稳定和传递支撑力的要求，支撑端面与支撑轴线不垂直时，应采取构造措施承受支撑与冠梁或腰梁之间的剪力。

(4)拉锚应做抗拔试验，确保锚固稳定可靠。

(5)当地下水位高于基坑底面时，应先行降水或在排桩外围施工隔水帷幕后再开挖基坑。

6. 基坑防水和降、排水施工应根据所设计的方案进行。

7. 在降、排水过程中，当出现大量涌砂、涌水、坑壁坍塌等情况时，应停止抽水，并在工程师的指导下采取加固措施。

8. 拆除多层井点应自底层开始逐层向上进行，在下层井点拆除中，上部各层井点应继续抽水。

续上表

<table>
<tr><td colspan="6">重点强调：
1. 基坑开挖前必须调查探明作业区内地下管线、地下构筑物等。
2. 夜间应在基坑四周悬挂示警红灯。
3. 钢支撑的连接必须牢固、顺直。
4. 在降、排水过程中，当出现大量涌砂、涌水、坑壁坍塌等情况时，应停止抽水，并在工程师的指导下采取加固措施。</td></tr>
<tr><td>审核人</td><td></td><td>交底人</td><td></td><td>接受交底负责人</td><td></td></tr>
<tr><td colspan="6">作业班组全体签名：</td></tr>
</table>

地面车站基坑锚喷支护开挖安全交底

编号：

施工单位	
工程名称	
分部分项工程	
工　　种	

交底内容：

一、主要危险源与危害因素

1. 地下管线、地下构筑物等调查不明，盲目施工。

2. 危险处所未按规定设置防护设施和警示标志。

3. 喷射过程中碾压、踩踏管路。

4. 喷射混凝土时喷嘴面对有人方向。

5. 未停风停水处理喷射机故障。

6. 作业人员不按规定佩戴劳动防护用品。

7. 施工现场违章用电。

二、安全注意事项

1. 基坑开挖前，必须调查探明作业区内地下管线、地下构筑物及地面以上通信、电力线路等，有碍施工时，应先进行加固防护或改移。

2. 机械设备等在施工前应经检查验收合格后方可使用。

3. 基坑四周必须设置护栏及明显的警示标志，夜间应悬挂示警红灯，非工作人员不得入内。

4. 当基坑边坡不能自稳并受地下水影响，或因条件限制不能放坡时，必须对坑壁进行支护加固后开挖。

5. 锚喷支护施工应符合下列规定。

(1)喷射混凝土作业前应检查现场环境、管路、接头、压力表及安全阀。

(2)喷射作业过程中应设专人指挥，专人操作喷射设备。

(3)严禁喷射过程中碾压、踩踏管路。

(4)根据土质与渗水情况，每次下挖后应及时喷护，对无水或少水坑壁，喷射顺序应由下而上，但对渗水的坑壁应由上而下。

(5)喷射混凝土终凝 2 小时后，应进行湿润养护。

(6)喷射混凝土时，喷嘴不得面对有人方向。

(7)喷射机发生故障时，应先停风、停水后再处理。

(8)锚杆施工所用的钢材、锚具、砂浆等材料和钻孔、张拉、注浆设备等均应按国家有关规定进行检验。

(9)锚杆施工前应进行现场拉拔试验、锚杆群锚效果试验等，以判明锚杆能否满足设计要求的性能。

(10)锚杆锚固段的强度达到设计要求后方可进行张拉，锚杆锁定应按设计要求进行。

(11)锚杆的张拉顺序应考虑对临近锚杆的影响。

续上表

<table>
<tr><td colspan="6">6. 基坑防水和降、排水施工应根据所设计的方案进行。
7. 在降、排水过程中，当出现大量涌砂、涌水、坑壁坍塌等情况时，应停止抽水，并在工程师的指导下采取加固措施。
8. 拆除多层井点应自底层开始逐层向上进行，在下层井点拆除中，上部各层井点应继续抽水。</td></tr>
<tr><td colspan="6">重点强调：
1. 基坑开挖前，必须调查探明作业区内地下管线、地下构筑物及地面以上通信、电力线路等。
2. 基坑四周必须设置护栏及明显的警示标志，夜间应悬挂示警红灯，非工作人员不得入内。
3. 喷射作业过程中应设专人指挥，专人操作喷射设备。
4. 严禁喷射过程中碾压、踩踏管路。
5. 根据土质与渗水情况，每次下挖后应及时喷护，对无水或少水坑壁，喷射顺序应由下而上，但对渗水的坑壁应由上而下。
6. 喷射混凝土时，喷嘴不得面对有人方向。
7. 喷射机发生故障时，应先停风、水后再处理。
8. 在降、排水过程中，当出现大量涌砂、涌水、坑壁坍塌等情况时，应停止抽水，并在工程师的指导下采取加固措施。</td></tr>
<tr><td>审核人</td><td></td><td>交底人</td><td></td><td>接受交底负责人</td><td></td></tr>
<tr><td colspan="6">作业班组全体签名：</td></tr>
</table>

地面车站砂桩(碎石桩)地基处理安全交底

编号:

施工单位	
工程名称	
分部分项工程	
工　　种	

交底内容:

一、主要危险源与危害因素

1. 桩锤坠落伤人毁物。

2. 挤密桩按照朝向既有建(构)筑物方向施工。

3. 吊锤、回转与行走等动作同时进行;锤击偏心。

4. 悬挂振动桩锤的起重机,其吊钩上无防松脱的保护装置。

二、安全注意事项

1. 应根据所选用机械的操作规程和场地等情况采取相应的安全措施。

2. 砂桩、碎石桩施工前,应评估对临近的既有建(构)筑物的影响,并选用相应的施工工艺。以挤密作用为主的桩施工时,应沿逐渐远离既有建(构)筑物及设备方向顺序进行施工。

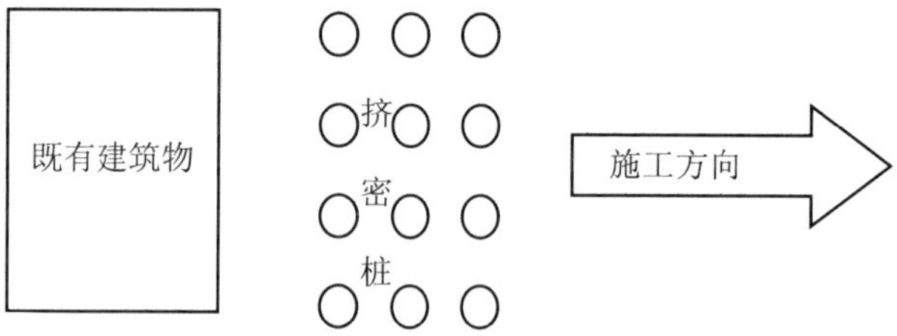

3. 锤击法沉管作业时,加料与锤击压实应采取相应的安全措施;作业前应检查所有紧固螺栓,不得在松动及缺件情况下启动;严禁吊锤、回转与行走等动作同时进行;桩锤、沉管应在同一轴线上,不得偏心锤击;作业后,应将桩锤放至最低处并垫实。

4. 采用振动法施工时,重复压拔管与加料、挤压作业应协调一致,加料时应暂停振动;悬挂振动桩锤的起重机,其吊钩上必须有防松脱的保护装置;作业前,应检查振动桩锤减震器与连接螺栓的紧固性,禁止在螺栓松动或缺失状态下启动;作业后,应将振动桩锤放至最低处并垫实。

续上表

<table>
<tr><td colspan="6">重点强调：
1. 以挤密作用为主的桩施工时，应沿逐渐远离既有建（构）筑物及设备方向顺序进行施工。
2. 锤击法沉管作业时，严禁吊锤、回转与行走等动作同时进行；桩锤、沉管应在同一轴线上，不得偏心锤击；作业后，应将桩锤放至最低处并垫实。
3. 采用振动法施工时，悬挂振动桩锤的起重机，其吊钩上必须有防松脱的保护装置。</td></tr>
<tr><td>审核人</td><td></td><td>交底人</td><td></td><td>接受交底
负责人</td><td></td></tr>
<tr><td colspan="6">作业班组全体签名：</td></tr>
</table>

地面车站水泥粉煤灰碎石桩(CFG)复合地基处理安全交底

编号：

施工单位	
工程名称	
分部分项工程	
工　　种	

交底内容：

一、主要危险源与危害因素

1. 施工现场未设置防护设施和安全警示标志。

2. 钻进中机架出现异常的摇晃、移动、偏斜或发出异常响声时，仍继续钻进作业。

3. 紧固螺栓松动时仍继续作业。

4. 灌注作业时，先提管后泵料。

5. 机械移位时未严格执行行走装置的操作规程，无专人指挥。

6. 截桩机处理桩头时，施工人员站位和操作方式错误。

7. 暴雨、大风等恶劣天气条件下仍继续作业。

二、安全注意事项

1. 施工现场应按规定设置防护设施和安全警示标志，并由专人管理。

2. 机械进场前，应对作业场地进行平实，其承载力应满足机械作业要求。

3. 机械系统的能力应与施工要求相匹配，现场装配应由专业人员负责。作业时应严格按照操作规程操作。

4. 钻孔作业应符合下列规定。

(1)钻机就位后应调整钻杆垂直并对准桩位中心。启动前应检查各部位连接情况。启动后应作空运转试验，检查仪表、温度、制动等各项正常后，方可作业。

(2)钻进中如机架出现异常的摇晃、移动、偏斜或发出异常响声时，应立即停钻，经处理后方可继续施钻。

(3)改变钻杆回转方向时应待钻杆完全停转后再进行。

(4)严禁直接用手清除螺旋片中的泥土。

(5)发现紧固螺栓松动时应立即停机，紧固后方可继续作业。

5. 灌注作业应符合下列规定。

(1)应由专人负责输送泵和钻机的配合，并随时检查连接软管及接头情况。

(2)应在钻杆芯管充满混合料后，方可开始提管，严禁先提管后泵料。

(3)应控制提管速度与泵料速度相协调，并连续灌注成桩。

6. 机械移位时应根据行走装置的操作规程，由专人指挥，协调行动，防止机械倾覆。移位后应再次对机械各部位进行检查。

7. 成桩区严禁大型机械进入，开挖及清土作业应采用小型机械，不得扰动桩间土。

8. 截桩机处理桩头时应防止锯片伤人。

9. 大雾、暴雨、大风等恶劣天气条件下应提前对现场机械采取防护措施，并停止作业。

续上表

10. 作业人员登高检查或维修时应系安全带并防止坠物伤人。
重点强调： 1. 施工现场应按规定设置防护设施和安全警示标志，并由专人管理。 2. 钻进中如机架出现异常的摇晃、移动、偏斜或发出异常响声时，应立即停钻，经处理后方可继续施钻。 3. 严禁直接用手清除螺旋片中的泥土。发现紧固螺栓松动时应立即停机，紧固后方可继续作业。灌注作业时，应在钻杆芯管充满混合料后，方可开始提管，严禁先提管后泵料。 4. 机械移位时应根据行走装置的操作规程，由专人指挥，协调行动，防止机械倾覆。 5. 截桩机处理桩头时应防止锯片伤人。 6. 大雾、暴雨、大风等恶劣天气条件下应停止作业。

审核人		交底人		接受交底负责人	
作业班组全体签名：					

地面车站强夯和强夯置换地基处理安全交底　编号：

施工单位	
工程名称	
分部分项工程	
工　　种	

交底内容：

一、主要危险源与危害因素

1. 多机作业无专人指挥；恶劣天气条件时仍继续强夯作业。

2. 吊锤司机未佩戴防护镜。

3. 夯锤或挂钩碰撞吊臂；锤上站人随锤提升；夯锤起吊及下落前，施工人员未撤离至安全地点。

二、安全注意事项

1. 作业场地及行走范围应保持平整并满足相应的承载力等要求。

2. 强夯机械的性能应满足施工的要求，并根据计算结果设置必要的辅助门架或采取其他稳固措施。

3. 机械系统的能力应与施工要求相匹配，现场装配应由专业人员负责。作业时应严格按照操作规程操作。

4. 多机配合作业时，应设专人统一协调指挥。

5. 作业人员登高检查或维修时应系安全带并防止坠物伤人。

6. 大雾、暴雨、大风等气候条件下应提前对现场机械采取防护措施。天气条件特别恶劣时应停止作业。

7. 施工防护应符合下列规定。

(1)施工现场应封闭管理并按规定设置安全警示标志，由专人负责统一指挥。

(2)当强夯施工产生的振动对临近建(构)筑物和设备产生影响时，应设置相应的监测点，必要时应挖设防振沟。

(3)应在吊锤机械驾驶室前不影响司机视线的情况下设防护网，司机应佩戴防护镜，防止弹石。

8. 强夯施工时应符合下列规定。

(1)夯机的作业场地应平整，门架底座与夯机触地部位应保持水平，当下沉超过 100 毫米时，应重新垫高并保持稳定。

(2)施工前应检查机械各部位的状态、钢丝绳的完好情况并试夯。

(3)起吊夯锤速度应均匀，夯锤或挂钩不得碰吊臂，并在适当位置挂轮胎等进行防护。严禁锤上站人随锤提升。

(4)夯锤下落后，应在吊钩降至夯锤吊环附近时，操作人员方可下坑挂钩。

(5)在夯锤起吊及下落过程中，填筑及清土人员，应撤离至安全地点。

(6)作业完成后，夯锤应放实在地面。

9. 变换夯位后，应重新检查门架支腿，然后再将锤提升 100～300 毫米，检查整机的稳定

续上表

性，确认可靠后方可作业。重点强调： 1. 多机配合作业时，应设专人统一协调指挥。 2. 恶劣天气条件时应停止作业。 3. 在吊锤机械驾驶室前不影响司机视线的情况下设防护网，司机应佩戴防护镜，防止弹石。 4. 起吊夯锤速度应均匀，夯锤或挂钩不得碰吊臂，并在适当位置挂轮胎等进行防护。严禁锤上站人随锤提升。在夯锤起吊及下落过程中，填筑及清土人员应撤离至安全地点。					
审核人		交底人		接受交底负责人	
作业班组全体签名：					

地面车站钢筋混凝土打(压)入桩地基处理安全交底

编号：

施工单位	
工程名称	
分部分项工程	
工　　种	

交底内容：

一、主要危险源与危害因素

1. 施工现场未设置防护设施和安全警示标志。

2. 堆放的钢筋混凝土桩未采取防止滚动的措施。

3. 无安全防护人员；打桩时，安全防护人员距桩锤中心不足5米。

4. 吊桩、吊锤、回转与行走等动作同时进行。

5. 用打桩机行走或回转动作来纠正桩的倾斜度。

6. 振动沉桩作业中，液压管破损、液压操作箱失灵时，未立即采取应对措施。

7. 静力压桩作业的起重机的起重臂下，有人停留或通过。

8. 贯入度突变、桩身发生倾斜(位移)或有异常回弹、桩顶或桩身出现裂缝或破碎时，仍继续打桩作业。

9. 暴雨、大风等恶劣天气条件下仍继续作业。

二、安全注意事项

1. 施工现场应按规定设置防护设施和安全警示标志，并由专人管理。

2. 桩身强度达到设计强度时方可运输。桩的堆放场地应平整、坚实并有防止桩滚动的措施。吊运作业应符合规定。

3. 作业场地及行走范围应保持平整并满足相应的承载力等要求。

4. 机械系统的能力应与施工要求相匹配，现场装配应由专业人员负责。作业时应严格按照操作规程操作。

5. 机械作业时，安全防护人员必须在距桩锤中心5米以外监视，发现异常及时预警并采取相应的措施。

6. 作业时，应设专人统一协调指挥。

7. 打入桩作业应符合下列规定。

(1)作业前应检查所有紧固螺栓，不得在松动及缺件情况下启动。

(2)严禁吊桩、吊锤、回转与行走等动作同时进行。

(3)插桩时，应及时校正桩的垂直度。桩进土较深时，严禁用打桩机行走或回转动作来纠正桩的倾斜度。

(4)桩锤、桩帽和桩应在同一轴线上，不得偏心打桩。

(5)作业后，应将桩锤放至最低处并垫实。

8. 振动沉桩作业应符合下列规定。

(1)悬挂振动桩锤的起重机，其吊钩上必须有防松脱的保护装置。

续上表

<table>
<tr><td colspan="6">(2)作业前，应检查振动桩锤减振器与连接螺栓的紧固性，禁止在螺栓松动或缺失状态下启动。
(3)振动沉桩收紧钢丝绳加压时，应随桩沉入深度随时调整离合器，防止桩架抬起而发生事故。
(4)作业中，如发现液压管破损、液压操作箱失灵时，应立即采取措施，防止桩从夹持器中脱落。
(5)作业后，应将振动桩锤放至最低处并垫实。
9. 静力压桩作业应符合下列规定。
(1)作业前，应对紧固螺栓进行检查，在其未拧紧前不得启动。
(2)起重机的起重臂下，严禁站人。
(3)压桩过程中，应保持桩的垂直度，如遇地下障碍物使桩产生倾斜时，应先将桩拔起，待地下障碍物清除后，重新插桩。
(4)当桩在压入过程中，夹持机构与桩侧出现打滑时，不得任意提高液压缸压力强行操作，应查明原因，排除故障后方可继续进行。
(5)当压桩引起周围土体隆起影响桩机行走时，应将隆土平实，不得强行通过。
10. 沉桩过程中，有下列情况应暂停作业，经处理后再行施工：
(1)贯入度突变。
(2)桩身发生倾斜、位移或有异常回弹。
(3)桩顶或桩身出现裂缝或破碎。
11. 作业人员登高检查或维修时应系安全带并防止坠物伤人。
12. 大雾、暴雨、大风等恶劣天气条件下应提前对现场机械采取防护措施，并应停止作业。</td></tr>
<tr><td colspan="6">重点强调：
1. 施工现场应按规定设置防护设施和安全警示标志，并由专人管理。
2. 桩的堆放场地应平整、坚实，并有防止桩滚动的措施。吊运作业应符合规定。
3. 机械作业时，安全防护人员必须在距桩锤中心 5 米以外监视，发现异常及时预警并采取相应的措施。
4. 打入桩作业、沉桩作业、静力压桩作业均须符合相应规定。
5. 贯入度突变、桩身发生倾斜(位移)或有异常回弹、桩顶或桩身出现裂缝或破碎时，须暂停作业并处理。
6. 作业人员登高检查或维修时应系安全带并防止坠物伤人。
7. 大雾、暴雨、大风等恶劣天气条件下应提前对现场机械采取防护措施，并应停止作业。</td></tr>
<tr><td>审核人</td><td></td><td>交底人</td><td></td><td>接受交底
负责人</td><td></td></tr>
<tr><td colspan="6">作业班组全体签名：</td></tr>
</table>

地面车站混凝土灌注桩地基处理安全交底　　编号：

施工单位	
工程名称	
分部分项工程	
工　　种	

交底内容：

一、主要危险源与危害因素

1. 施工现场未设置防护设施和安全警示标志。

2. 钻进中机架出现异常的摇晃、移动、偏斜或发出异常响声时，仍继续钻进作业。

3. 钢筋笼起吊用的钢丝绳达到报废标准时仍继续使用。

4. 泥浆池无防护栏和警示标志；未灌注的孔未加盖保护并设警示标志。

5. 暴雨、大风等恶劣天气条件下仍继续作业。

二、安全注意事项

1. 施工现场应按规定设置防护设施和安全警示标志，并由专人管理。

2. 作业场地应平整、坚实。钻机安装时，机架应垫平，并设置必要的缆风绳及地锚等以保持稳固。

3. 钻机的能力应与施工要求相匹配，现场装配应由专业人员负责。作业时应严格按照操作规程操作。

4. 钻机作业时，应设专人统一协调指挥。

5. 钻机成孔作业时应符合下列规定。

(1)作业前，应检查各部位情况，确认一切正常后方可启动。

(2)钻进中，应随时观察钻机的运转情况，当发生异响、钻机摇晃异常等情况时，应立即停机检查，排除故障后方可继续施钻。

(3)提钻、下钻时，应轻提轻放，严禁钻杆在旋转时提升。

(4)高压胶管下，禁止站人。

(5)改变钻杆回转方向时，应先停钻后改变钻向。

6. 钢筋笼吊筋焊接方位应正确。钢筋笼起吊用的钢丝绳不得有起毛，卡环丝口不得有滑丝，滑轮不得松脱打滑等。在吊放钢筋笼时，始终保持一台吊车受力，并密切注意孔内变化，如发现塌孔情况，立即使用两台吊车配合吊起钢筋笼，待重新清孔处理后再下放钢筋笼。钢筋笼在下放时，要保持垂直下放精度，避免钢筋笼下放破坏孔壁引起坍孔。

7. 泥浆池应设防护栏和警示标志，废浆、废渣处理应符合环保要求。

8. 成孔后应及时灌注。未及时灌注的孔应加盖保护并设警示标志。

9. 作业人员登高检查或维修时应系安全带并防止坠物伤人。

10. 大雾、暴雨、大风等恶劣天气条件下应提前对现场机械采取防护措施，并应停止作业。

续上表

重点强调： 1. 钻机作业时，应设专人统一协调指挥。钻机成孔作业时应符合有关规定。 2. 钢筋笼起吊用的钢丝绳不得有起毛，卡环丝口不得有滑丝，滑轮不得松脱打滑。 3. 泥浆池应设防护栏和警示标志。 4. 未灌注的孔应加盖保护并设警示标志。 5. 大雾、暴雨、大风等恶劣天气条件下应提前对现场机械采取防护措施，并应停止作业。					
审核人		交底人		接受交底负责人	
作业班组全体签名：					

地面车站挤密桩地基处理安全交底

编号：

施工单位	
工程名称	
分部分项工程	
工　　种	

交底内容：

一、主要危险源与危害因素

1. 施工现场未设置防护设施和安全警示标志。

2. 违章采用振动法沉管作业；违章进行锤击法沉管作业。

3. 挤密作业沿朝向既有建(构)筑物及设备方向施工。

4. 暴雨、大风等恶劣天气条件下仍继续作业。

二、安全注意事项

1. 施工现场应按规定设置防护设施和安全警示标志，并由专人管理。

2. 作业场地及行走范围应保持平整并满足相应的承载力等要求。

3. 机械系统的能力应与施工要求相匹配，现场装配应由专业人员负责。应严格按照操作规程作业。

4. 附近有建筑物或构筑物时，经工程师对挤密作业进行安全评估且采取挖防振沟等防护措施后，方可进行挤密作业。

5. 采用振动法沉管作业时，应符合下列规定。

(1)悬挂振动桩锤的起重机，其吊钩上必须有防松脱的保护装置。

(2)作业前，应检查振动桩锤减振器与连接螺栓的紧固性，禁止在螺栓松动或缺失状态下启动。

(3)振动沉管收紧钢丝绳加压时，应随钢管沉入深度随时调整离合器，防止钢管架抬起而发生事故。

(4)作业中，如发现液压管破损、液压操作箱失灵时，应立即采取措施，防止钢管从夹持器中脱落。

(5)作业后，应将振动桩锤放至最低处并垫实。

6. 采用锤击法沉管作业时，应符合下列规定。

(1)作业前应检查所有紧固螺栓，不得在松动及缺件情况下启动。

(2)严禁吊钢管、吊锤、回转与行走等动作同时进行。

(3)插桩时，应及时校正桩的垂直度。管进土较深时，严禁用打桩机行走或回转动作来纠正钢管的倾斜度。

(4)桩锤和钢管应在同一轴线上，不得偏心打桩。

(5)作业后，应将桩锤放至最低处并垫实。

7. 挤密作业应从逐渐远离既有建(构)筑物及设备方向顺序施工。

8. 成孔后应及时填料，成排施工时应间隔进行。

9. 沉桩过程贯入度突变、桩身发生倾斜、位移或有异常回弹时，应暂停作业，经处理后再施工。

续上表

<table>
<tr><td colspan="6">10. 作业人员登高检查或维修时应系安全带并防止坠物伤人。
11. 大雾、暴雨、大风等恶劣天气条件下应提前对现场机械采取防护措施，并应停止作业。</td></tr>
<tr><td colspan="6">重点强调：
1. 采用振动法、锤击法沉管作业时，应符合有关规定。
2. 挤密作业应沿逐渐远离既有建(构)筑物及设备方向顺序施工。
3. 沉桩过程中，贯入度突变、桩身发生倾斜、位移或有异常回弹时，应暂停作业，经处理后施工。
4. 大雾、暴雨、大风等恶劣天气条件下应提前对现场机械采取防护措施，并应停止作业。</td></tr>
<tr><td>审核人</td><td></td><td>交底人</td><td></td><td>接受交底
负责人</td><td></td></tr>
<tr><td colspan="6">作业班组全体签名：</td></tr>
</table>

地面车站柱锤冲扩桩地基处理安全交底　　编号：

施工单位	
工程名称	
分部分项工程	
工　种	

交底内容：

一、主要危险源与危害因素

1. 施工现场未设置防护设施和安全警示标志。

2. 柱锤在升降过程中，作业人员仍继续向孔内填料。

3. 暴雨、大风等恶劣天气条件下仍继续作业。

二、安全注意事项

1. 施工现场应按规定设置防护设施和安全警示标志，并由专人管理。

2. 作业场地及行走范围应保持平整并满足相应的承载力等要求。

3. 机械系统的能力应与施工要求相匹配，现场装配应由专业人员负责。

4. 柱锤装配时应连接牢固。

5. 施工机械应有自动脱钩装置，作业前应检查钢丝绳及卡扣等情况。

6. 机械作业时，应设专人统一协调指挥。

7. 作业时应严格按照操作规程操作。

8. 施工时柱锤应对准桩位并保持垂直。

9. 柱锤在升降过程中禁止作业人员向孔内填料。

10. 作业人员登高检查或维修时应系安全带并防止坠物伤人。

11. 大雾、暴雨、大风等恶劣天气条件下应提前对现场机械采取防护措施，并应停止作业。

重点强调：

1. 柱锤装配时应连接牢固，以免施工中突然脱落。

2. 施工机械应有自动脱钩装置，作业前应检查钢丝绳及卡扣等情况。

3. 施工时柱锤应对准桩位并保持垂直。

4. 柱锤在升降过程中禁止作业人员向孔内填料。

5. 大雾、暴雨、大风等恶劣天气条件下应提前对现场机械采取防护措施，并应停止作业。

审核人		交底人		接受交底负责人	

作业班组全体签名：

地面车站高压旋喷桩地基处理安全交底

编号：

施工单位	
工程名称	
分部分项工程	
工　　种	

交底内容：

一、主要危险源与危害因素

1. 施工现场未设置防护设施和安全警示标志。

2. 喷射过程中出现压力突变时，仍继续喷射作业。

3. 近地面喷射时，未控制好压力和流量。

4. 清洗机具时，喷头对人。

5. 暴雨、大风等恶劣天气条件下仍继续作业。

二、安全注意事项

1. 施工现场应按规定设置防护设施和安全警示标志，并由专人管理。

2. 作业场地及行走范围应保持平整并满足相应的承载力等要求。

3. 应根据所选用机械的操作规程和场地情况采取相应的安全措施。

4. 机械系统的能力应与施工要求相匹配，现场装配应由专业人员负责。作业时应严格按照操作规程操作。

5. 注浆前，应检查高压设备和管路系统，密封圈必须完好，各管道和喷嘴内不得有杂物。

6. 机械作业时，应设专人统一协调指挥。

7. 作业时应控制空压机、高压水泵、送浆泵的压力和提管喷浆速度。

8. 喷射过程中出现压力突变时，应停工查明原因并采取相应措施。

9. 近地面喷射时，应控制压力和流量，防止伤人。

10. 清洗机具时，喷头严禁对人。

11. 作业人员登高检查或维修时应系安全带并防止坠物伤人。

12. 大雾、暴雨、大风等恶劣天气条件下应提前对现场机械采取防护措施，并应停止作业。

续上表

重点强调：					
1. 注浆前，应检查高压设备和管路系统，密封圈必须完好，各管道和喷嘴内不得有杂物。 2. 喷射过程中出现压力突变时，应停工查明原因并采取相应措施。 3. 近地面喷射时，应控制压力和流量，防止伤人。 4. 清洗机具时，喷头严禁对人。 5. 大雾、暴雨、大风等恶劣天气条件下应提前对现场机械采取防护措施，并应停止作业。					
审核人		交底人		接受交底负责人	
作业班组全体签名：					

地面车站粉(浆)体喷射搅拌桩地基处理安全交底

编号：

施工单位	
工程名称	
分部分项工程	
工　　种	

交底内容：

一、主要危险源与危害因素

1. 施工现场未设置防护设施和安全警示标志。

2. 粉体喷射搅拌作业时，作业人员未佩戴口罩和防护镜等防护用品。

3. 浆体喷射搅拌作业，近地面喷射时，未控制好压力和流量。

4. 清洗机具时，喷头对人。

5. 暴雨、大风等恶劣天气条件下仍继续作业。

二、安全注意事项

1. 施工现场应按规定设置防护设施和安全警示标志，并由专人管理。

2. 作业场地及行走范围应保持平整并满足相应的承载力等要求。

3. 机械系统的能力应与施工要求相匹配，现场装配应由专业人员负责。作业时应严格按照操作规程操作。

4. 机械作业时，应设专人统一协调指挥。

5. 粉体喷射搅拌作业时应符合下列规定。

(1)作业人员应按规定佩戴口罩和防护镜等防护用品。

(2)应在孔口设喷料防护装置，当喷嘴提升近地面时，应减压喷粉，当距地面50厘米时应停止喷粉。

(3)清洗机具时，喷头严禁对人。

6. 浆体喷射搅拌作业时应符合下列规定。

(1)喷嘴提升近地面时，应控制压力和流量。

(2)作业时的废浆、废渣应及时处理。

(3)清洗机具时，喷头严禁对人。

7. 作业人员登高检查或维修时应系安全带并防止坠物伤人。

8. 大雾、暴雨、大风等气候条件下应提前对现场机械采取防护措施。情况特别恶劣时应停止作业。

续上表

<table>
<tr><td colspan="6">重点强调：
1. 粉体喷射搅拌作业时，作业人员应按规定佩戴口罩和防护镜等防护用品。
2. 浆体喷射搅拌作业，喷嘴提升近地面时，应控制压力和流量。
3. 清洗机具时，喷头严禁对人。
4. 大雾、暴雨、大风等气候条件下应提前对现场机械采取防护措施。情况特别恶劣时应停止作业。</td></tr>
<tr><td>审核人</td><td></td><td>交底人</td><td></td><td>接受交底负责人</td><td></td></tr>
<tr><td colspan="6">作业班组全体签名：</td></tr>
</table>

第二节　钢筋混凝土工程施工安全交底

预应力工程施工安全交底　　　　编号：

施工单位	
工程名称	
分部分项工程	
工　　种	

交底内容：

一、主要危险源与危害因素

1. 预应力张拉高处、悬空作业时发生坠落；施加预应力时混凝土强度不足。

2. 预应力筋、锚具、夹具和连接器损伤引发夹片或预应力筋飞出伤人。油泵管路爆裂致喷溅伤人。

二、安全注意事项

1. 预应力张拉悬空作业时，应搭设张拉设备和操作人员作业的脚手架或操作平台。雨天张拉时，应搭设防雨棚。

2. 混凝土应在达到规定的强度和弹性模量值后，方可施加预应力。

3. 预应力筋、锚具、夹具和连接器应具有可靠的锚固性能、足够的承载能力，需敲击才能松开的夹具，必须保证不影响预应力筋的锚固、不危及操作人员的安全。

4. 张拉区应设明显的警示标志，严禁非操作人员进入。

5. 张拉区两端须设防护挡板，且应高出最上一组张拉钢筋 0.5 米，宽出张拉端两侧各不小于 1 米。

6. 张拉人员必须在张拉端侧面作业。张拉时，千斤顶后面严禁站人，不得踩踏高压油管。油泵工作时，严禁操作人员离岗。

7. 张拉千斤顶张拉吨位不得小于设计张拉力的 1.2 倍。

8. 施加预应力时，预应力筋、锚具和千斤顶应位于同一轴线上。

9. 预应力张拉控制应力和张拉程序应符合设计要求。预应力张拉控制应力均不得超过设计规定的最大张拉控制应力。

10. 张拉过程中发现油泵、千斤顶、锚夹具等有异常时，应立即停止作业，并查明原因进行检修，需要时在复工前应对油泵和千斤顶重新标定。张拉后，严禁撞击锚具、钢束。

11. 注浆时应调整好安全阀；关闭阀门时，作业人员应站在侧面，并应穿防护服、戴护目镜。

续上表

<table>
<tr><td colspan="6">重点强调：
1. 预应力张拉悬空作业时，应搭设张拉设备和操作人员作业的脚手架或操作平台。
2. 张拉区两端须按规定标准设防护挡板。张拉人员必须在张拉端侧面作业。张拉时，千斤顶后面严禁站人，不得踩踏高压油管。油泵工作时，严禁操作人员离岗。
3. 张拉过程中发现油泵、千斤顶、锚夹具等有异常时，应立即停止作业。</td></tr>
<tr><td>审核人</td><td></td><td>交底人</td><td></td><td>接受交底负责人</td><td></td></tr>
<tr><td colspan="6">作业班组全体签名：</td></tr>
</table>

第三节　钢结构工程施工安全交底

钢结构焊接作业安全交底　　编号：

施工单位	
工程名称	
分部分项工程	
工　　种	

交底内容：

一、主要危险源与危害因素

1. 打锤时，锤落伤人。

2. 多人抬材料和工作时动作不协调一致，抛扔物件，砸伤人。

3. 违章进行焊接操作；氧气瓶、乙炔瓶距离不足，导致火灾、爆炸事故。

4. 喷砂除锈时喷嘴对人，伤人。

5. 电焊机具和电线路绝缘不良，违章用电，导致触电伤害。

6. 卷板或平板时，操作人员正对卷板机。

7. 用剪板机剪切钢板时，钢板放置不平稳，手伸入压刃下方；剪切超过规定厚度的钢板。

二、安全注意事项

1. 钢结构及铁件制作施工人员必须熟悉图纸、钢结构制作工艺及安全规定。

2. 锤子的木把应质地坚实、安装牢固，打锤时禁止人员戴手套，两人打锤时严禁相对站立。

3. 多人抬材料和工作时要有专人指挥，精力集中，行动一致，互相照应，轻抬轻放，以免伤人，并应将道路清理好。

4. 各类机具必须做到人机固定，持证上岗，并按操作规程操作。

5. 焊工应持证上岗，并按规定穿戴劳动防护用品。

6. 施焊场地应清除易燃、易爆物品，并应对周围的易燃、易爆物品进行覆盖、隔离。氧气瓶、乙炔瓶与明火之间的距离不得小于 10 米，氧气瓶、乙炔瓶之间的距离不得小于 5 米，乙炔瓶使用时不得倾倒。

7. 喷砂除锈，喷嘴接头应牢固，不准对人。喷嘴堵塞时，应停机，消除压力后，方可进行修理或更换。

8. 钢构件操作平台及加工机械应有良好的接地，接地电阻值不得大于 10 Ω。

9. 电源的拆除应由电工来完成，电焊机外壳必须有良好的接零保护，并设有独立开关箱，室外开关箱应有防雨措施，并有门锁。

10. 焊钳与电缆必须绝缘良好，连接牢固。更换焊条应戴电焊手套，在潮湿地点操作时，应站在绝缘胶板或木板上。雷雨时，应停止露天焊接作业。

11. 操作者的头部不得靠近机械旋转部位，禁止戴手套进行钻孔操作。

续上表

<table>
<tr><td colspan="6">12. 砂轮机应有防护罩，使用者应戴防护眼镜。
13 卷板或平板时，操作人员应站在卷板机的两侧，钢板滚到尾端时，应留足够的余量，防止脱落回弹伤人，大直径筒体卷制时，应用吊具配合，并防止回弹。
14. 使用型钢调直机调直型钢时，应安放平稳，移动型钢时，手应在外侧。
15. 用剪板机剪切钢板时，钢板应放置平稳，机的上剪未复位不可送料，手不得伸入压刃下方。禁止剪切超过规定厚度的钢板。下班后应关闭机械，切断电源。</td></tr>
<tr><td colspan="6">重点强调：
1. 锤子的木把应质地坚实、安装牢固，打锤时禁止人员戴手套，两人打锤时严禁相对站立。
2. 多人抬材料和工作时要有专人指挥，精力集中，行动一致，互相照应，轻抬轻放，以免伤人，并应将道路清理好。
3. 施焊场地应清除易燃、易爆物品，并应对周围的易燃、易爆物品进行覆盖、隔离。氧气瓶、乙炔瓶与明火之间的距离不得小于 10 米，氧气瓶、乙炔瓶之间的距离不得小于 5 米，乙炔瓶使用时不得倾倒。
4. 喷砂除锈，喷嘴接头应牢固，不准对人。喷嘴堵塞时，应停机，消除压力后，方可进行修理或更换。
5. 焊钳与电缆必须绝缘良好，连接牢固。更换焊条应戴电焊手套，在潮湿地点操作时，人员应站在绝缘胶板或木板上。雷雨时，应停止露天焊接作业。
6. 卷板或平板时，操作人员应站在卷板机的两侧。
7. 用剪板机剪切钢板时，钢板应放置平稳，机的上剪未复位不可送料，手不得伸入压刃下方。禁止剪切超过规定厚度的钢板。</td></tr>
<tr><td>审核人</td><td></td><td>交底人</td><td></td><td>接受交底
负责人</td><td></td></tr>
<tr><td colspan="6">作业班组全体签名：</td></tr>
</table>

钢结构栓接作业安全交底　　编号：

施工单位	
工程名称	
分部分项工程	
工　　种	

交底内容：

一、主要危险源与危害因素

1. 高处违章作业，导致高处坠落事故、物体打击事故。

2. 钢构件摆放后未卡牢，导致钢构件倾翻伤人。

3. 雨中进行钢构件安装作业，导致钢构件滑落伤人。

二、安全注意事项

1. 作业人员进入施工现场必须戴安全帽，高处作业必须系安全带，穿防滑鞋。

2. 高处操作人员使用的工具及安装用的零部件，应放入随身携带的工具袋内，不可随便向上向下丢抛。手动工具如棘轮扳手、梅花扳手等应用小绳拴在施工人员的手腕上，拧下来的螺栓梅花头应随手放入专用的收集袋内。

3. 地面操作人员应尽量避免在高处作业的下方停留或通过，防止高处坠物伤人。

4. 构件摆放及拼装，必须卡牢。移动、翻身时，撬杠支点要垫稳。

5. 构件滚动或滑动时，前方不得站人。

6. 使用活扳手，扳口尺寸应与螺帽尺寸相符，不应在手柄上加套管。

7. 高处操作应使用呆扳手；必须使用活扳手时，应用绳子拴牢。

8. 构件安装时，摩擦面应干燥，没有结霜、积霜、积雪。

9. 不得在雨中进行钢构件安装作业。

10. 安装高强度螺栓前，必须做好接头摩擦面清理，不得有毛刺、铁屑、油污和焊接飞溅物。

11. 使用风动或其他噪声较大的工具、机具进行施工时，要尽量避免夜间施工，以免噪声扰民。

12. 高强度螺栓施工机具的接电应有防雨、防漏电的保护措施。

13. 拧下来的扭剪型高强度螺栓梅花头要集中堆放，统一处理。

续上表

<table>
<tr><td colspan="6">重点强调：
1. 高处作业人员必须系安全带，穿防滑鞋。使用的工具及安装用的零部件，应放入随身携带的工具袋内，不可随便乱抛。手动工具如棘轮扳手、梅花扳手等应用小绳拴在施工人员的手腕上，拧下来的螺栓梅花头应随手放入专用的收集袋内。
2. 地面操作人员应尽量避免在高处作业的下方停留或通过，防止高处坠物伤人。
3. 构件摆放及拼装，必须卡牢。移动、翻身时，撬杠支点要垫稳。
4. 不得在雨中进行钢构件安装作业。</td></tr>
<tr><td>审核人</td><td></td><td>交底人</td><td></td><td>接受交底负责人</td><td></td></tr>
<tr><td colspan="6">作业班组全体签名：</td></tr>
</table>

钢结构吊装安全交底　　编号：

施工单位	
工程名称	
分部分项工程	
工　　种	

交底内容：

一、主要危险源与危害因素

1. 高处违章作业，导致高处坠落事故、物体打击事故。

2. 超过6级强风天气，仍进行吊装作业；雨中进行钢构件安装作业，导致钢构件滑落伤人。

3. 用电机具绝缘不良，违章用电；违章气焊作业，氧气瓶、乙炔瓶之间距离不足。

二、安全注意事项

1. 进入现场，作业人员必须戴好安全帽，扣好帽带，并应正确使用个人劳动防护用具。

2. 操作人员必须身体健康，并经过专业培训考试合格，在取得有关部门颁发的操作证或特殊工种操作证后，方可独立操作。

3. 悬空作业处应有牢靠的立足处，并视具体情况配置防护网、栏杆或其他安全设施。

4. 悬空作业所用的索具、脚手板、吊篮、吊笼、平台等设备，均需经过技术鉴定或检验方可使用。

5. 在钢结构吊装时，为防止人员、物料和工具坠落或飞出造成安全事故，需铺设安全网。安全平网要求在建筑平面范围内满铺。安全竖网铺设在建筑物外围，竖网铺设的高度一般为两节柱的高度。

6. 为了便于接柱施工，在接柱处要设操作平台，平台固定在下节柱的顶部。

7. 需在刚安装的钢梁上设置存放电焊机、空压机、氧气瓶、乙炔瓶等设备用的平台，放置距离应符合安全生产的有关规定。

8. 为便于施工登高，吊装柱子前要先将登高钢梯固定在钢柱上，为便于进行柱梁节点紧固高强螺栓和焊接，需在柱梁节点下方安装挂篮脚手架。

9. 施工用的电动机械和设备均须接地，不允许使用破损的电线和电缆，严防设备漏电。施工用的电动机械、设备和机械的电缆需集中在一起，并随楼层的施工而逐节升高，每层楼面须分别设置配电箱，供每层楼面施工用电需要。

10. 高处施工，雨天或风力超过6级时，所有工作均须停止。

续上表

<table>
<tr><td colspan="6">重点强调：
1. 在钢结构吊装时，为防止人员、物料和工具坠落或飞出造成安全事故，需铺设安全网。安全平网要求在建筑平面范围内满铺。
2. 需在刚安装的钢梁上设置存放电焊机、空压机、氧气瓶、乙炔瓶等设备用的平台，放置距离符合安全生产的有关规定。
3. 施工用的电动机械和设备均须接地，不得使用破损的电线和电缆，严防设备漏电。
4. 雨天或风力超过 6 级时，所有高处作业均须停止。</td></tr>
<tr><td>审核人</td><td></td><td>交底人</td><td></td><td>接受交底负责人</td><td></td></tr>
<tr><td colspan="6">作业班组全体签名：</td></tr>
</table>

单层钢结构安装工程施工安全交底　　编号：

施工单位	
工程名称	
分部分项工程	
工　　种	

交底内容：

一、主要危险源与危害因素

1. 患有不宜高处作业疾病(心脏病、高血压、贫血等)的人员进行高处作业。

2. 超载吊装,歪拉斜吊;运输车辆超载、偏载。

解释:装车时,如果在车上有左右前后明显的不均衡情况,即为偏载。钢构件按制定方法装车,则不属于偏载。

3. 违章高处作业;防护网尺寸不足、质量不合格。

4. 钢构件堆放不稳。

5. 氧气瓶、乙炔瓶未按规定存放使用;使用时氧气瓶、乙炔瓶之间距离不足。

6. 电焊、气割时附近有易燃易爆物品,且未采取可靠隔离措施。

7. 遇 6 级以上强风、浓雾等恶劣天气,仍进行吊装作业。

二、安全注意事项

1. 在施工以前应对高处作业人员进行身体检查,对患有不宜高处作业疾病(心脏病、高血压、贫血等)的人员不得安排高处作业。

2. 在居民区附近施工时要避免夜间施工,以免施工扰民。

3. 施工现场必须做到道路畅通无阻碍,排水通畅无积水,现场整洁干净,临建搭设整齐。

4. 施工现场应封闭,完善施工现场的出入管理制度。施工人员在现场应佩戴工作卡,严禁非工作人员进入施工现场。

5. 施工现场材料、机具、构件应堆放整齐,禁止乱堆、乱放。

6. 对施工现场的螺栓、电焊条等的包装纸、包装袋应及时分类回收,避免环境污染。

7. 吊装作业范围内,应设立警戒线,并树立明显的警戒标志,禁止非工作人员通行。现场所有工作人员必须坚守工作岗位,听从指挥,统一行动,以确保安全。

8. 根据工程特点,在施工以前要对吊装用的机械设备和索具、工具进行检查,如不符合安全规定则不得使用。

9. 现场用电必须严格执行安全用电规范,电工需持证上岗。

10. 严禁超载吊装,歪拉斜吊;要尽量避免满负荷行驶。

11. 进入施工现场的人员必须戴安全帽,高处作业必须系安全带,穿防滑鞋。

12. 高处操作人员使用的工具及安装用的零部件,应放入随身佩戴的工具袋内,不可随便丢掷。施工时尽量避免交叉作业,如必须交叉作业时,不得在同一垂直方向上操作。下层作业的位置必须处于依上层高度确定的可能坠落范围之外,不符合上述条件的应设置安全防护层。

13. 钢构件应堆放整齐牢固,防止构件失稳伤人。

续上表

14. 要做好防火工作，氧气、乙炔要按规定存放使用。使用时要保持安全距离，安全距离应大于10米。电焊、气割时要注意周围环境有无易燃物品后再进行操作，严防火灾发生。 15. 雨、雪天气尽量不要进行高处作业，如需高处作业则必须采取必要的防滑、防寒和防冻措施。遇6级以上强风、浓雾等恶劣天气，不得进行吊装作业。					
重点强调： 1. 在施工以前应对高处作业人员进行身体检查，对患有不宜高处作业疾病（心脏病、高血压、贫血等）的人员不得安排高处作业。 2. 严禁超载吊装，歪拉斜吊；要尽量避免满负荷行驶。 3. 高处操作人员使用的工具及安装用的零部件，应放入随身佩戴的工具袋内，不可随便丢掷。施工时尽量避免交叉作业，如必须交叉作业时，不得在同一垂直方向上操作。下层作业的位置必须处于依上层高度确定的可能坠落范围之外，不符合上述条件的应设置安全防护层。 4. 钢构件应堆放整齐牢固，防止构件失稳伤人。 5. 要做好防火工作，氧气、乙炔要按规定存放使用。使用时要保持安全距离，安全距离应大于10米。电焊、气割时要注意周围环境有无易燃物品后再进行操作，严防火灾发生。 6. 遇6级以上强风、浓雾等恶劣天气，不得进行吊装作业。					
审核人		交底人		接受交底负责人	
作业班组全体签名：					

钢结构涂装作业安全交底

编号：

施工单位	
工程名称	
分部分项工程	
工　　种	

交底内容：

一、主要危险源与危害因素

1. 违章动用明火、吸烟，导致火灾事故。

2. 配制硫酸溶液时，方法错误，导致酸液伤人。

3. 作业人员未按规定戴好防毒口罩、封闭式眼罩、防护眼镜等保护用品，导致中毒、伤眼事故。

4. 高处作业未系安全带、未戴安全帽导致高处坠落、物体打击事故。

5. 用电设备绝缘不良，违章用电，导致触电事故或火灾。

6. 施工场所的电线未按防爆等级的规定安装；电动机的启动装置与配电设备未采用防爆型；漆雾飞溅到照明灯泡上，这些操作均可能导致爆炸事故。

7. 涂漆施工时，作业人员如感觉头痛、心悸或恶心，未立即离开施工现场，到空气新鲜处后仍感不适，未速去就医，导致伤情加重。

二、安全注意事项

1. 配制使用乙醇、苯、丙酮等易燃材料的施工现场，应严禁烟火和使用电炉等明火设备，并应配置消防器材。

2. 配制硫酸溶液时，应将硫酸注入水中，严禁将水注入酸中，配制硫酸乙酯时，应将硫酸慢慢注入酒精中，并充分搅拌，温度不得超过 60℃，以防酸液飞溅伤人。

3. 防腐涂料的溶剂常易挥发出易燃易爆的蒸气，当达到一定浓度后，遇火易引起燃烧或爆炸，施工时应加强通风降低溶剂蒸气的积聚浓度。

4. 涂漆施工场地要有良好的通风，如在通风条件不好的环境涂漆时，必须安装通风设备。

5. 因操作不当，涂料溅到皮肤上时，可用木屑加肥皂水擦洗；最好不用汽油或强溶剂擦洗，以免引起皮肤发炎。

6. 使用机械除锈工具（如钢丝刷、粗锉，风动或电动除锈工具）清除锈层、工业粉尘、旧漆膜时，为避免眼睛受伤，要戴防护眼镜。并戴好防尘口罩，以防呼吸道被感染。

7. 在涂装对人体有害的漆料（如红丹、挥发性漆等）时需要带上防毒口罩、封闭式眼罩等保护用品。

8. 在喷涂硝基漆或其他挥发性易燃性较大的涂料时，严禁使用明火，严格遵守防火规则，以免失火或引起爆炸。

9. 涂装时构件表面不应有结露；涂装后 4 小时内应保护构件免受雨淋。

续上表

<table>
<tr><td colspan="6">10. 高处作业时人员要系安全带，双层作业时要戴安全帽，要仔细检查跳板、脚手架、吊篮、云梯、绳索、安全网等施工用具有无损坏、捆扎是否牢固，有无腐蚀或搭接不良等隐患；每次使用之前均应在平地上做起重试验，以防造成事故。
11. 施工场所的电线，要按防爆等级的规定安装；电动机的启动装置与配电设备，应该是防爆式的；要防止漆雾飞溅到照明灯泡上。
12. 不允许把盛装涂料、溶剂或用剩的漆罐开口放置；浸染涂料或溶剂的破布及废棉纱等物，必须及时清除，涂料环境或配料房要保持清洁，出入通畅。
13. 操作人员涂漆施工时，如感觉头痛、心悸或恶心，应立即离开施工现场，到通风良好、空气新鲜的地方，如仍然感到不适，应速去院检查治疗。</td></tr>
<tr><td colspan="6">重点强调：
1. 配制使用乙醇、苯、丙酮等易燃材料的施工现场，应严禁烟火和使用电炉等明火设备，并应配置消防器材。
2. 配制硫酸溶液时，应将硫酸注入水中，严禁将水注入酸中，配制硫酸乙酯时，应将硫酸慢慢注入酒精中，并充分搅拌，温度不得超过 60℃，以防酸液飞溅伤人。
3. 防腐涂料的溶剂常易挥发出易燃易爆的蒸气，当达到一定浓度后，遇火易引起燃烧或爆炸，施工时应加强通风降低积聚浓度。
4. 在涂装对人体有害的漆料(如红丹、挥发性漆等)时需要带上防毒口罩、封闭式眼罩等保护用品。
5. 在喷涂硝基漆或其他挥发性易燃性较大的涂料时，严禁使用明火，严格遵守防火规则，以免失火或引起爆炸。
6. 高处作业时人员要系安全带，双层作业时要戴安全帽，要仔细检查跳板、脚手架、吊篮、云梯、绳索、安全网等施工用具有无损坏、捆扎是否牢固，有无腐蚀或搭接不良等隐患；每次使用之前均应在平地上做起重试验，以防造成事故。
7. 施工场所的电线，要接防爆等级的规定安装；电动机的启动装置与配电设备，应该是防爆式的；要防止漆雾飞溅到照明灯泡上。
8. 操作人员涂漆施工时，如感觉头痛、心悸或恶心，应立即离开施工现场，到通风良好、空气新鲜的地方，如仍然感到不适，应速去院检查治疗。</td></tr>
<tr><td>审核人</td><td></td><td>交底人</td><td></td><td>接受交底
负责人</td><td></td></tr>
<tr><td colspan="6">作业班组全体签名：</td></tr>
</table>

第四节　屋面工程施工安全交底

屋面找平层作业安全交底　　　　编号：

<table>
<tr><td>施工单位</td><td colspan="5"></td></tr>
<tr><td>工程名称</td><td colspan="5"></td></tr>
<tr><td>分部分项工程</td><td colspan="5"></td></tr>
<tr><td>工　　种</td><td colspan="5"></td></tr>
<tr><td colspan="6">交底内容：
一、主要危险源与危害因素
1. 不适于高处作业者，进行屋面工程施工作业。
2. 高处作业坠落伤害、物体打击伤害。
3. 穿硬底及易滑的鞋上屋面进行作业。
4. 6级以上大风、暴雨天气时，未停止作业。
二、安全注意事项
1. 有严重心脏病、高血压、神经衰弱症及贫血症等不适于高处作业者不能进行屋面工程施工作业，同时还应根据实际情况制定安全措施，施工前应先检查防护栏杆或安全网是否牢固。
2. 屋面工程高处作业人员要系好安全带，戴好安全帽。
3. 上屋面时，不得穿硬底及易滑的鞋。
4. 在坡度大于25°的屋面施工时，必须使用移动式的板梯挂瓦，板梯应设有牢固的挂钩。
5. 运瓦和挂瓦应在两坡同时进行，以免屋架两边荷载相差过大发生扭曲。
6. 屋面无望板时，应铺设通道，严禁在桁条、瓦条上行走。
7. 屋面上有霜雪时，要及时清扫，并应有可靠的防滑措施。
8. 6级以上大风时，应停止作业。</td></tr>
<tr><td colspan="6">重点强调：
1. 有严重心脏病、高血压、神经衰弱症及贫血症等不适于高处作业者不能进行屋面工程施工作业。
2. 上屋面时，不得穿硬底及易滑的鞋。
3. 6级以上大风、暴雨天气时，应停止作业。</td></tr>
<tr><td>审核人</td><td></td><td>交底人</td><td></td><td>接受交底负责人</td><td></td></tr>
<tr><td colspan="6">作业班组全体签名：</td></tr>
</table>

屋面保温层作业安全交底　　编号：

施工单位	
工程名称	
分部分项工程	
工　　种	

交底内容：

一、主要危险源与危害因素

1. 高处作业坠落伤害、物体打击伤害；不适于高处作业者仍进行屋面工程施工作业。

2. 在已铺完的松散、板状保温层上行走运输小车和堆放重物。

3. 6级以上大风时，仍继续进行保温层作业。

二、安全注意事项

1. 有严重心脏病、高血压、神经衰弱症及贫血症等不适于高处作业者不能进行屋面工程施工作业，同时还应根据实际情况制定安全措施，施工前应先检查防护栏杆或安全网是否牢固。

2. 屋面工程高处作业人员要系好安全带，戴好安全帽。

3. 铺设保温材料的基层施工完，将预制构件的吊钩、拖拉绳等清除干净，残留在构件外表的痕迹应磨平，抹入砂浆层内，经检查验收合格后，方可进行下道工序。

4. 有隔汽层要求的屋面，应先将基层清扫干净，按设计要求和施工规范规定，铺设隔汽层。

5. 铺设隔汽层的基层表面，应干燥、平整，不得有松散、开裂、起鼓等缺陷。

6. 松散、板状保温材料的运输、存放应注意防潮，防止损伤和污染，雨天作业要防止水浸或雨淋。

7. 预制或现浇混凝土的基层表面，应将尘土、杂物等清理干净。

8. 干铺加气混凝土板或聚苯板块等保温材料，应先将接触面清扫干净，板块应铺平垫稳，分层铺设的板块，其上下两层的接缝应错开，各层板间的缝隙，应用同类材料的碎屑嵌填密实，表面应与相邻两板的高度一致。

9. 已铺完的松散、板状保温层要平整，不得在其上面行走运输小车和堆放重物。

10. 如设计要求采用倒置式屋面，其防水层要平整，不得积水；保温层使用憎水性胶结材料，要机械搅拌均匀；对于檐口抹灰、薄钢板檐口安装等项须在找平层前完成。

11. 油毡隔汽层铺设前，应将基层表面的砂粒、硬块等杂物清扫干净，防止铺贴时损伤油毡。

12. 在已铺好的松散、板状或整体保温层上不得直接行走运渣（块）小车，行走线路应铺垫脚手板。

13. 保温层施工完成后，应及时铺抹水泥砂浆找平层，以减少受潮和进水，尤其在雨期施工，更要及时采取措施。

14. 6级以上大风时，应停止操作。

续上表

重点强调： 1. 松散、板状保温材料的运输、存放应注意防潮，防止损伤和污染。 2. 已铺完的松散、板状保温层要平整，不得在其上面行走运输小车和堆放重物。 3. 6 级以上大风时，应停止操作。					
审核人		交底人		接受交底负责人	
作业班组全体签名：					

屋面卷材防水层作业安全交底　　编号：

施工单位	
工程名称	
分部分项工程	
工　　种	

交底内容：

一、主要危险源与危害因素

1. 高处作业坠落伤害、物体打击伤害；不适于高处作业者仍进行屋面工程施工作业。

2. 穿带钉鞋作业在卷材防水层上行走。

3. 未佩戴防护用品，皮肤病患者未回避。

4. 6级以上大风时，仍继续进行卷材防水层作业。

二、安全注意事项

1. 有严重心脏病、高血压、神经衰弱症及贫血症等不适于高处作业者不能进行屋面工程施工作业，同时还应根据实际情况制定安全措施，施工前应先检查防护栏杆或安全网是否牢固。

2. 屋面工程高处作业人员要系好安全带，戴好安全帽。

3. 防水基层表面要坚实平整，光洁不能有酥松、起砂、裂缝、翘起和尖凸、坑洼、空鼓等现象。基面不得有明水，如果非常干燥，需在基面表层喷水保湿。

4. 已铺贴的卷材防水层，应及时采取保护措施，操作人员不得穿带钉鞋作业。

5. 穿过屋面的管道根部、排水口等不得碰损、变位。

6. 排水口、变形缝等处应保持畅通，施工中应采取保护措施，防止堵塞或进入杂物。

7. 防水层施工应对原已完成的墙面门窗等加以保护，防止污染，若有污染应及时清理恢复。

8. 防水层施工所用的材料、基层处理剂等多为易燃品，储存和保管要远离火源，施工操作时应严禁烟火，若需照明时，对大功率灯具应远离工作面，以防火灾，必要时需备灭火器材。

9. 施工现场应通气排气，个人防护用品需佩戴好，有皮肤病患者应回避。

10. 操作前应对工作面周围架子、临边防护等设施进行检查，防止坠落，并严禁向四周抛杂物，以防伤人。

11. 6级以上大风时，应停止操作。

续上表

<table>
<tr><td colspan="6">重点强调：
1. 有严重心脏病、高血压、神经衰弱症及贫血症等不适于高处作业者不能进行屋面工程作业。
2. 屋面工程高处作业人员要系好安全带，戴好安全帽。
3. 已铺贴的卷材防水层，应及时采取保护措施，操作人员不得穿带钉鞋作业。
4. 施工现场应通气排气，个人防护用品需佩戴好，有皮肤病患者应回避。
5. 操作前应对工作面周围架子、临边防护等设施进行检查。严禁向四周抛杂物，以防伤人。
6. 6 级以上大风时，应停止操作。</td></tr>
<tr><td>审核人</td><td></td><td>交底人</td><td></td><td>接受交底
负责人</td><td></td></tr>
<tr><td colspan="6">作业班组全体签名：</td></tr>
</table>

屋面涂膜防水层作业安全交底

编号：

施工单位	
工程名称	
分部分项工程	
工　　种	

交底内容：

一、主要危险源与危害因素

1. 高处作业坠落伤害、物体打击伤害；不适于高处作业者仍进行屋面工程施工作业。

2. 未采取必要的防毒措施。患皮肤病、支气管炎、眼病及对沥青、橡胶刺激过敏的人员参加作业。

3. 6级以上大风时，仍继续进行涂膜防水层作业。

二、安全注意事项

1. 有严重心脏病、高血压、神经衰弱症及贫血症等不适于高处作业者不能进行屋面工程施工作业，同时还应根据实际情况制定安全措施，施工前应先检查防护栏杆或安全网是否牢固。

2. 屋面工程高处作业人员要系好安全带，戴好安全帽。高处作业操作人员不得过分集中。

3. 防水材料一般为易燃有毒物品，储存、保管和使用要远离火源，施工现场要备有足够的灭火器材，施工人员要穿着工作服、软底鞋，并设专业工长监管。

4. 涂膜防水层操作过程中，操作人员要穿平底鞋作业，穿过地面及墙面等处的管件和套管、地漏、固定卡子等，不得碰损、变位。排水口在做防水之前，应采取保护措施，以防杂物进入，确保排水畅通，蓄水检查合格后，要将排水口内清理干净。

5. 做防水保护层时，不得在防水层上拌砂浆，铺砂浆时铁锹不得碰防水层，要精心细做，不得损坏防水层。已铺好的防水层，应采取措施进行保护，严禁在防水层上进行施工作业和运输，并应及时做防水层的保护层。

6. 屋面施工是在高处高温环境下进行，大部分材料易燃且带有一定的毒性，必须采取必要的措施，防止发生火灾、中毒、烫伤、坠落等事故。

7. 施工前应进行安全交底工作，施工操作过程要符合安全技术规定。

8. 患有皮肤病、支气管炎、眼病以及对沥青、橡胶刺激过敏的人员不得参加涂膜防水层作业。

9. 按有关规定配给劳保用品并合理使用，不得赤脚或穿短袖衣服进行作业。

10. 操作时应注意风向，防止在下风向操作人员中毒、受伤。

11. 防水涂料多数属易燃品，在存放的仓库及施工现场内都要严禁烟火，明火必须有防火措施。

12. 运输线路应畅通，各项运输设施应牢固可靠，屋面空洞及檐口应防护严密。

续上表

<table>
<tr><td colspan="6">重点强调：
1. 严重心脏病、高血压、神经衰弱症及贫血症者不适于高处作业者不能进行屋面工程施工作业。
2. 屋面工程高处作业人员要系好安全带，戴好安全帽。
3. 屋面施工是在高处高温环境下进行，大部分材料易燃且带有一定的毒性，必须采取必要的措施，防止发生火灾、中毒、烫伤、坠落等工伤事故。
4. 患有皮肤病、支气管炎、眼病以及对沥青、橡胶刺激过敏的人员不得参加涂膜防水层作业。</td></tr>
<tr><td>审核人</td><td></td><td>交底人</td><td></td><td>接受交底
负责人</td><td></td></tr>
<tr><td colspan="6">作业班组全体签名：</td></tr>
</table>

屋面密封材料嵌缝作业安全交底　　编号：

施工单位	
工程名称	
分部分项工程	
工　　种	

交底内容：

一、主要危险源与危害因素

1. 高处作业坠落伤害、物体打击伤害；不适于高处作业者仍进行屋面工程施工作业。

2. 作业人员未佩戴防毒用品；人体直接接触灌缝材料；违章使用梯子。

3. 6级以上大风时，仍继续进行密封材料嵌缝作业。

二、安全注意事项

1. 有严重心脏病、高血压、神经衰弱症及贫血症等不适于高处作业者不能进行屋面工程施工作业，同时还应根据实际情况制定安全措施，施工前应先检查防护栏杆或安全网是否牢固。

2. 屋面工程高处作业人员要系好安全带，戴好安全帽。

3. 使用移动梯子时，应对梯子进行质量检查，梯脚底部应坚实并有防滑措施，不能垫高使用。

4. 梯子上端应有固定措施，梯子的角度不能过大，以75°为宜。踏板上下间距不大于30厘米，不能有缺档。若梯子要接长使用，应对连接处进行检查，强度不能低于梯子的强度，且接头不能超过一处。

5. 使用爬梯进行攀登作业时，攀登高度以5米为宜，超过2米，宜加设护笼，超过8米，必须设置梯间平台。

6. 高处作业人员必须穿戴好个人防护用品，严禁投掷物料。

7. 灌缝时，操作人员不得赤脚或穿短袖衣服进行作业，应将裤脚袖口扎紧，手不得直接接触密封材料。

8. 接触有毒灌缝材料需带口罩和加强通风。

9. 屋面空洞及檐口应有安全防护措施。

重点强调：

1. 严重心脏病、高血压、神经衰弱症及贫血症者不适于高处作业者不能进行屋面工程施工作业。

2. 屋面工程高处作业人员要系好安全带，戴好安全帽。

3. 使用移动梯子时，应对梯子进行质量检查，梯脚底部应坚实并有防滑措施，不能垫高使用。

续上表

<table>
<tr><td colspan="6">4. 灌缝时，操作人员不得赤脚或穿短袖衣服进行作业，应将裤脚袖口扎紧，手不得直接接触密封材料。严禁投掷物料。
5. 接触有毒灌缝材料需带口罩和加强通风。</td></tr>
<tr><td>审核人</td><td></td><td>交底人</td><td></td><td>接受交底负责人</td><td></td></tr>
<tr><td colspan="6">作业班组全体签名：</td></tr>
</table>

金属板材屋面作业安全交底

编号：

施工单位	
工程名称	
分部分项工程	
工　　种	

交底内容：

一、主要危险源与危害因素

1. 高处作业坠落伤害、物体打击伤害；不适于高处作业者仍进行屋面工程施工作业。

2. 屋面人员过于集中、材料堆放过多，造成超载。电动工具绝缘不良，违章用电。

3. 6 级以上大风时，仍继续进行保温层作业。

二、安全注意事项

1. 有严重心脏病、高血压、神经衰弱症及贫血症等不适于高处作业者不能进行屋面工程施工作业，同时还应根据实际情况制定安全措施，施工前应先检查防护栏杆或安全网是否牢固。

2. 屋面工程高处作业人员要系好安全带，戴好安全帽。

3. 屋面材料吊运应先用尼龙带兜紧，然后用钢丝绳吊挂尼龙带或用吊具起吊。不允许钢丝绳直接捆扎而勒坏屋面金属板材。

4. 对于较长的屋面金属板材、檐沟板宜用铁扁担多点吊运，吊点的最大间距不得大于5 米。

5. 屋面施工中尽量避免利器碰伤表面涂层，一旦划伤或有锈斑时，应采用相应涂料系列修补好。

6. 屋面施工完毕，应将残留在屋面及檐沟、天沟内的金属切屑、碎片、螺栓等杂物清理干净，不得散落在屋面上。

7. 在已铺好的屋面上行走须穿软底鞋，不得直接在屋面上锤打和进行加工工作。在已铺屋面上作水平运输时，须铺放临时脚手板作运输道，用胶轮手推车运送；严禁直接在屋面上拖运材料。

8. 屋面上应避免集中上人、堆料，以免局部变形过大，撕裂密封材料而造成渗漏。

9. 使用密封胶时，其残余胶液应清除擦净，以免污染屋面。

10. 屋面金属板材应按规定位置堆放，防止超载。

11. 电动机具必须按其说明书及有关规程操作，并安有触电保安器，严防漏电、触电。

12. 屋面周围无脚手架，应设保护栏杆，操作部位屋架下部应挂安全绳网；操作人员应系安全带，防止高处坠落事故。

13. 遇 5 级以上大风天及雨雪天应停止作业。雨天和雪天必须进行作业时，应采取可靠的防滑、防寒和防冻措施。屋面凡有水、冰、霜、雪均应及时清除。

续上表

<table>
<tr><td colspan="6">重点强调：
1. 严重心脏病、高血压、神经衰弱症及贫血症者，不适于高处作业者不能进行屋面工程作业。
2. 屋面工程高处作业人员要系好安全带，戴好安全帽。
3. 屋面上应避免集中上人、堆料。屋面金属板材应按规定位置堆放，防止超载。
4. 电动机具操作人员必须穿绝缘鞋和戴绝缘手套。
5. 屋面周围无脚手架，应设保护栏杆，操作部位屋架下部应挂安全绳网；操作人员应系安全带。</td></tr>
<tr><td>审核人</td><td></td><td>交底人</td><td></td><td>接受交底
负责人</td><td></td></tr>
<tr><td colspan="6">作业班组全体签名：</td></tr>
</table>

第六章　生产生活用房施工安全交底

砌筑工施工安全交底　　　　编号：

施工单位	
工程名称	
分部分项工程	
工　　种	

交底内容：

一、主要危险源与危害因素

1. 违章作业，服从违章作业的指令，任由他人违章作业。

2. 未佩戴安全防护用品；高处作业穿硬底、带钉易滑的鞋、拖鞋、高跟鞋。

3. 向上或向下抛掷物料、机具。

4. 脚手架或脚手板超载。

5. 在墙顶上行走、作业。

6. 未设安全隔离层时上下交叉作业。

7. 违章起吊物料。吊件回转范围内有人停留或通过。

8. 用不稳固的工具或物体在脚手板面垫高操作。

二、安全注意事项

1. 建筑施工人员必须熟知本工种的安全操作规程和施工现场的安全生产制度，不违章作业，对违章作业的指令有权拒绝，并有责任制止他人违章作业。

2. 生产班组（队）在接受生产任务时，应同时组织班组（队）全体人员听取安全技术措施交底讲解，凡没有进行安全技术措施交底或未向全体人员讲解，班组（队）有权拒绝接受任务，并提出意见。

3. 服从领导和安全检查人员的指挥，思想集中，坚守作业岗位；未经许可，不得从事非本工种作业；严禁酒后作业。

4. 进入施工现场的人员必须正确戴好安全帽，系好下颏带；按照作业要求正确穿戴个人防护用品，着装要整齐；在没有可靠安全防护设施的高处[2 米以上（含 2 米）]施工时，必须系好安全带；高处作业不得穿硬底和带钉易滑的鞋，不得向下投掷物料，严禁赤脚穿拖鞋、高跟鞋进入施工现场。

5. 大风、大雨、冰冻等异常天气之后，应检查砌体是否有垂直度的变化，是否产生了裂缝，是否有不均匀下沉等现象。

续上表

6. 脚手架上堆料量不得超过规定荷载(均布荷载每平方米不得超过 300 公斤,集中荷载不超过 150 公斤)。脚手架上堆砖高度不得超过 3 皮侧砖,同一块脚手板上的操作人员不应超过两人。 7. 人员不得站在墙顶上行走、作业。 8. 作业前必须检查工具、设备、现场环境等,确认安全后方可作业。要认真查看在施工洞口、临边安全防护和脚手架护身栏、挡脚板、立网是否齐全、牢固;脚手板是否按要求间距放正、绑牢,有无探头板和空隙。 9. 用于垂直运输的吊笼、滑车、绳索、刹车等,必须满足负荷要求,牢固无损,吊运时不得超载,并须经常检查,发现问题及时修理。 10. 在超过 2 米深的基坑中砌筑基础时,应设有爬梯和坡道,不得攀跳槽、沟、坑上下。 11. 作业中出现危险征兆时,作业人员应暂停作业,撤至安全区域,并立即向上级报告。未经施工技术管理人员批准,严禁恢复作业。紧急处理时,必须在施工技术管理人员指挥下进行作业。 12. 在深度超过 1.5 米的沟槽、基坑内作业时,必须检查槽帮有无裂缝、水浸或坍塌的危险隐患,确定无危险后方可作业。 13. 砌筑高度超过 1.2 米,应搭设脚手架作业。在一层以上或高度超过 4 米时,采用里脚手架必须支搭安全网,采用外脚手架应设护身栏杆和挡脚板后方可砌筑。 14. 距槽帮上口 1 米以内,严禁堆积砂子、砌体等材料。 15. 脚手架未经交接验收不得使用,验收后不得随意拆改和移动,如作业要求必须拆改和移动时,须经工程技术人员同意,采取加固措施后方可拆除和移动。脚手架严禁搭探头板。 16. 在地坑、地沟砌砖时,严防塌方并注意地下管线、电缆等。 17. 冬季施工遇有霜、雪时,必须将脚手架上、沟槽内等作业环境内的霜、雪清除后方可作业。 18. 砌筑作业面下方不得有人,如在同一垂直作业面上上下交叉作业时,必须设置安全隔离层。 19. 在架子上斩砖,操作人员必须面向里,把砖头斩在架子上。挂线的坠物必须绑扎牢固。作业环境中的碎料、落地灰、杂物、工具集中下运,做到日产日清、自产自清、活完料净场地清。 20. 已经就位的砌块,必须立即进行竖缝灌浆,应临时用连系杆(如檩条等)放置各跨山墙上,使其连系稳定;对稳定性较差的窗间墙、独立柱和挑出墙面较多的部位,应加临时稳定支撑,以保证其稳定性。 21. 在屋面坡度大于 25°时,挂瓦必须使用移动板梯,板梯必须有牢固挂钩。檐口应搭设防护栏杆,并挂密目安全网。 22. 向基坑(槽)内运送材料、砂浆要有溜槽,严禁向下猛倒和抛掷物料工具等。

续上表

23. 起重机吊砖要用砖笼。当采用砖笼往楼板上放砖时，要均匀分布，并预先在楼板底下加设支柱或横木承载。砖笼严禁直接吊放在脚手架上。吊砂浆的料斗不能装的过满，装料量应低于料斗上沿 100 毫米。吊件回转范围内不得有人停留，吊物在脚手架上方下落时，作业人员应躲开。 24. 人工用手推车运砖时，两车前后距离平地不得小于 2 米，坡道不得小于 10 米。装砖时应先取高处，后取低处，分层按顺序拿取。 25. 运输中通过沟槽时应走便桥，便桥宽度不得小于 1.5 米。 26. 不准勉强在超过人员胸部以上的墙体上进行砌筑，以免将墙体碰撞倒塌或上料时失手掉下造成安全事故。 27. 在石棉瓦等不能承重的轻型屋面上作业时，必须设临时走道板，并应在屋架下弦搭设水平安全网，严禁在石棉瓦上作业和行走。 28. 砌体上不宜拉锚缆风绳，不宜吊挂重物，也不宜作为其他施工临时设施、支撑的支撑点，如果确实需要时，应采取有效的构造措施。 29. 用锤打石时，应先检查锤子有无破裂，锤柄是否牢固。打锤要按照石纹走向落锤，锤口要平，落锤要准，同时要看清附近情况有无危险，然后落锤，以免伤人。 30. 不准徒手移动上墙的料石，以免压破或擦伤手指。 31. 石块不得往下掷。运石上下时，脚手板要钉装牢固，并钉防滑条及扶手栏杆。 32. 不准用不稳固的工具或物体在脚手板面垫高操作。 33. 屋面上瓦应两坡同时进行，保持屋面受力均衡，瓦要放稳。屋面无望板时，应铺设通道，不准在桁条、瓦条上行走。 34. 作业面暂停作业时，要对刚砌好的砌体采取防雨措施，以防雨水冲走砂浆，致使砌体倒塌。 35. 在台风季节，应及时进行圈梁施工，加盖楼板，或采取其他稳定措施。 36. 作业中发生事故，必须及时抢救受伤人员，迅速报告上级，保护事故现场，并采取措施控制事故。如抢救工作可能造成事故扩大或人员伤害时，必须在施工技术管理人员的指导下进行抢救。

续上表

<table>
<tr><td colspan="6">重点强调：
1. 建筑施工人员必须熟知本工种的安全操作规程和施工现场的安全生产制度，不违章作业，对违章作业的指令有权拒绝，并有责任制止他人违章作业。
2. 进入施工现场的人员必须正确戴好安全帽，系好下颌带；按照作业要求正确穿戴个人防护用品，着装要整齐；在没有可靠安全防护设施的高处[2 米以上(含 2 米)]施工时，必须系好安全带；高处作业不得穿硬底和带钉易滑的鞋，不得向下投掷物料，严禁赤脚穿拖鞋、高跟鞋进入施工现场。
3. 脚手架上堆料量不得超过规定荷载(均布荷载每平方米不得超过 300 公斤，集中荷载不超过 150 公斤)。脚手架上堆砖高度不得超过 3 皮侧砖，同一块脚手板上的操作人员不应超过两人。以免造成脚手架(脚手板)超载断裂。
4. 人员不得站在墙顶上行走、作业，以免造成高处坠落事故。
5. 砌筑作业面下方不得有人，如在同一垂直作业面上上下交叉作业时，必须设置安全隔离层，砌体落下造成物体打击事故。
6. 向基坑(槽)内运送材料、砂浆要有溜槽，严禁向下猛倒和抛掷物料工具等。
7. 起重机吊砖要用砖笼。当采用砖笼往楼板上放砖时，要均匀分布，并预先在楼板底下加设支柱或横木承载。砖笼严禁直接吊放在脚手架上。吊砂浆的料斗不能装的过满，装料量应低于料斗上沿 100 毫米。吊件回转范围内不得有人停留，吊物在脚手架上方下落时，作业人员应躲开。
8. 石块不得往下掷。运石上下时，脚手板要钉装牢固，并钉防滑条及扶手栏杆。
9. 不准用不稳固的工具或物体在脚手板面垫高操作。</td></tr>
<tr><td>审核人</td><td></td><td>交底人</td><td></td><td>接受交底
负责人</td><td></td></tr>
<tr><td colspan="6">作业班组全体签名：</td></tr>
</table>

抹灰工施工安全交底

编号：

施工单位	
工程名称	
分部分项工程	
工　　种	

交底内容：

一、主要危险源与危害因素

1. 违章作业，服从违章作业的指令，任由他人违章作业。

2. 未佩戴安全防护用品；高处作业穿硬底、带钉易滑的鞋、拖鞋、高跟鞋。

3. 向上或向下抛掷物料、机具。

4. 脚手架不符合安全规定；脚手架超载；非架子工擅自拆改或升降吊篮架子。

5. 遇有 6 级以上强风、大雨、大雾，仍继续进行室外高处作业。

二、安全注意事项

1. 用工单位要严格用工制度，对抹灰工进行必要的安全和技能培训，未经培训或考试不合格者，不得上岗作业。更不得使用童工、身体有疾病的人员作业。

2. 作业人员必须熟知本工种的安全操作规程和施工现场的安全生产制度，不违章作业，对违章作业的指令有权拒绝，并有责任制止他人违章作业。

3. 作业人员要服从领导和安全检查人员的指挥，思想集中，坚守作业岗位，未经许可，不得从事非本工种作业，严禁酒后作业。

4. 进行砂浆搅拌时必须设专人操作，并严格按照搅拌机操作规程执行。

5. 抹灰工应配备适用的、有效的防护用品，如安全帽、安全带、套袖、手套、风镜等，并正确佩戴和使用。

6. 进入施工现场的人员必须正确戴好安全帽，系好下颏带；按照作业要求正确穿戴个人防护用品，着装要整齐；在没有可靠安全防护设施的高处[2 米以上(含 2 米)]施工时，必须系好安全带；高处作业不得穿硬底和带钉易滑的鞋，不得向下投掷物料，严禁赤脚穿拖鞋、高跟鞋进入施工现场。

7. 班组(队)长每日上班前，有针对性地做好安全交底，并对作业环境、设施、设备等进行认真检查，及时发现问题及时解决。作业中对违章操作坚决制止。下班后做到断电、灭火、活完料净场地清。对全天情况做好记录。

8. 脚手架使用前应检查脚手板是否有空隙，探头板、护身栏、挡脚板确认合格，方可使用。吊篮架子升降由架子工负责，非架子工不得擅自拆改或升降。

9. 作业过程中遇有脚手架与建筑物之间拉接，未经工程负责人同意，严禁拆除。必要时由架子工负责采取加固措施后，方可拆除。

10. 在高大门、窗旁作业时，必须将门窗扇关好，并插上插销。

11. 脚手架上的工具、材料要分散放稳，不得超过允许荷载(结构架不得超过 300 公斤，装修架不得超过 200 公斤，集中载荷不得超过 150 公斤)。

续上表

12. 瓷砖墙面作业时，瓷砖碎片不得向窗外抛扔。剔凿瓷砖时人员应戴防护镜。 13. 采用井字架、龙门架、外用电梯垂直运送材料时，预先检查卸料平台通道的两侧边安全防护是否齐全、牢固，吊盘(笼)内小推车必须加挡车板，不得向井内探头张望。 14. 作业中出现危险征兆时，作业人员应暂停作业，撤至安全区域，并立即向上级报告。未经施工技术管理人员批准，严禁恢复作业。紧急处理时，必须在施工技术管理人员指挥下进行。 15. 利用室外电梯运送水泥砂浆等抹灰材料时，严禁超载，并将遗洒的杂物及时清理干净。 16. 外装饰为多工种立体交叉作业，必须设置可靠的安全防护隔离层。贴面使用的预制件、大理石、瓷砖等，应堆放整齐、平稳，边用边运。安装时要稳拿稳放，待灌浆凝固稳定后，方可拆除临时支撑。废料、边角料严禁随意抛掷。 17. 使用电钻、砂轮等手持电动工具，必须装有漏电保护器，作业前应试机检查，作业时人员应戴绝缘手套。 18. 脚手板不得搭设在门窗、暖气片、洗脸池等非承重的物器上。阳台通廊部位抹灰，外侧必须挂设安全网。严禁踩踏脚手架的护身栏杆和阳台栏板进行操作。 19. 使用吊篮进行外墙抹灰时，吊篮设备必须具备三证(检验报告、生产许可证、产品合格证)，并对抹灰人员进行吊篮操作培训，专篮专人使用，更换人员必须经主管人员批准并重新登记。 20. 室内推小车要稳，拐弯时不得猛拐。 21. 夜间或光线不足处作业，应用 36 V 以下安全电压照明。 22. 室内抹灰采用高凳上铺脚手板时，宽度不得少于两块脚手板(50 厘米)，间距不得大于 2 米，移动高凳时上面不得站人，作业人员最多不得超过 2 人。高度超过 2 米时，应由架子工搭设脚手架。 23. 遇有 6 级以上强风、大雨、大雾，应停止室外高处作业。 24. 作业中发生事故，必须及时抢救人员，迅速报告上级，保护事故现场，并采取措施控制事故。如抢救工作可能造成事故扩大或人员伤害时，必须在施工技术管理人员的指导下进行抢救。

续上表

<table>
<tr><td colspan="6">重点强调：
1. 作业人员必须熟知本工种的安全操作规程和施工现场的安全生产制度，不违章作业，对违章作业的指令有权拒绝，并有责任制止他人违章作业。
2. 进入施工现场的人员必须正确戴好安全帽，系好下颏带；按照作业要求正确穿戴个人防护用品，着装要整齐；在没有可靠安全防护设施的高处[2 米以上(含 2 米)]施工时，必须系好安全带；高处作业不得穿硬底和带钉易滑的鞋，不得向下投掷物料，严禁赤脚穿拖鞋、高跟鞋进入施工现场。
3. 脚手架使用前应检查脚手板是否有空隙，探头板、护身栏、挡脚板确认合格，方可使用。吊篮架子升降由架子工负责，非架子工不得擅自拆改或升降。
4. 作业过程中遇有脚手架与建筑物之间拉接，未经工程负责人同意，严禁拆除。
5. 脚手架上的工具、材料要分散放稳，不得超过允许荷载(结构架不得超过 300 公斤，装修架不得超过 200 公斤，集中载荷不得超过 150 公斤)。
6. 瓷砖墙面作业时，瓷砖碎片不得向窗外抛扔。剔凿瓷砖应戴防护镜。
7. 遇有 6 级以上强风、大雨、大雾，应停止室外高处作业。</td></tr>
<tr><td>审核人</td><td></td><td>交底人</td><td></td><td>接受交底
负责人</td><td></td></tr>
<tr><td colspan="6">作业班组全体签名：</td></tr>
</table>

防水工施工安全交底

编号：

施工单位	
工程名称	
分部分项工程	
工　　种	

交底内容：

一、主要危险源与危害因素

1. 作业人员未按规定着装，未按规定佩戴安全防护用品，造成高处坠落、物体打击、烫伤、中毒等伤害。

2. 吸烟、违章动用明火、动火附近有易燃易爆品，造成火灾事故。

3. 违章装运热沥青，导致烫伤。

4. 6 级以上大风未停止室外作业，违章使用脚手架、脚手板，导致高处坠落事故。

5. 熬油地点规定距离内有电缆电线，造成触电伤害或造成线缆毁损。

二、安全注意事项

(一)一般要求

1. 作业人员着装要整齐，严禁赤脚穿拖鞋、高跟鞋进入施工现场；高处作业时不得穿硬底和带钉易滑的鞋。严禁酒后作业。

2. 进入施工现场的人员必须正确佩戴安全帽，系好下颌带；在没有可靠安全防护设施的高处[2 米以上(含 2 米)]、悬崖和陡坡施工时，必须系好安全带。

3. 使用液化气喷枪及汽油喷灯，点火时，火嘴不准对人。汽油喷灯加油不得过满，打气不能过足。

4. 施工现场人员行走要注意安全，不得攀登脚手架、井字架、龙门架、外用电梯。禁止乘坐载货垂直运输设备上下。

5. 材料存放于专人负责的库房，严禁烟火，并挂有醒目的警告标志和采取防火措施。

6. 施工现场的各种安全设施、设备和警告、安全标志等未经领导同意不得任意拆除和随意挪动。

7. 工作时思想集中，坚守作业岗位，对发现的危险必须报告，对违章作业的指令有权拒绝，并有责任制止他人违章作业。未经许可，不得从事非本工种作业。

8. 雨、雪、霜天气应待屋面干燥后施工。6 级以上大风应停止室外作业。

9. 上班作业前，应认真察看在施工程洞口、临边安全防护和脚手架护身栏、挡脚板、立网是否齐全、牢固；脚手板是否按要求间距放正、绑牢，有无探头板和空隙。

10. 装卸溶剂(如苯、汽油等)的容器，必须配软垫，不准猛推猛撞。使用容器后，其容器盖必须及时盖严。

11. 在沟、槽、坑内作业必须经常检查沟、槽、坑壁的稳定状况，上下沟、槽、坑必须走坡道或梯子。

续上表

12. 确保施工现场和配料场地通风良好，操作人员应穿软底鞋、工作服、扎紧袖口，并应配戴手套及鞋盖。涂刷处理剂和胶粘剂时，必须戴防毒口罩和防护眼镜。外露皮肤应涂擦防护膏。操作时严禁用手直接揉擦皮肤。 13. 下班清洗工具。未用完的溶剂，必须装入容器，并将盖盖严。 14. 用热沥青玛蹄脂粘铺卷材时，浇油和铺毡人员，应保持一定距离，浇油时，檐口下方不得有人行走或停留。 15. 患有皮肤病、眼病、刺激过敏者，不得参加防水作业。施工过程中作业人员发生恶心、头晕、过敏等，应停止作业。 16. 防水卷材采用热熔粘结，使用明火(如喷灯)操作时，应申请办理用火证，并设专人看火。配有灭火器材，周围 30 米以内不准有易燃物。 17. 建筑施工工人必须熟知本工种的安全操作规程和施工现场的安全生产制度，服从领导和安全检查人员的指挥，自觉遵章守纪，做到“三不”伤害。 18. 施工现场发生伤亡事故，必须立即报告项目负责人，抢救伤员，保护现场。 (二)熬油安全要点 1. 加入锅内的沥青不得超过锅容量的 3/4。 2. 炉灶附近严禁放置易燃、易爆物品，并应配备锅盖或铁板、灭火器、砂袋等消防器材。 3. 熬油炉灶必须距建筑物 10 米以上，上方不得有电线，地下 5 米内不得有电缆，炉灶应设在建筑物的下风方向。 4. 配制、贮存、涂刷冷底子油的地点严禁烟火，并不得在 30 米以内进行电焊、气焊等明火作业。 5. 熬油的作业人员应严守岗位，注意沥青温度变化，随着沥青温度变化，应慢火升温。沥青熬制到由白烟转黄烟到红烟时，应立即停火。地面着火时，应用灭火器、干砂等扑灭，严禁浇水。 (三)热沥青运送安全要点 1. 在坡度较大的屋面运热沥青，操作人员应穿防滑鞋，设置防滑梯，清扫屋面上的砂粒等。热沥青桶下设桶垫，且必须放置平稳。 2. 不允许两人抬送沥青，桶内装热沥青不得超过桶高的 2/3。 3. 装运热沥青的桶壶，应用铁皮咬口制成，严禁用锡焊桶壶，并应设桶壶盖。 4. 运输设备及工具，必须牢固可靠，竖直提升，平台的周边应有防护栏杆，提升时应拉牵引绳，防止热沥青桶摇晃，吊运时热沥青桶下方 10 米半径范围内严禁站人。

续上表

<table>
<tr><td colspan="6">重点强调：
1. 使用液化气喷枪及汽油喷灯，点火时，火嘴不准对人。汽油喷灯加油不得过满，打气不能过足。
2. 操作人员须按规定着装并戴好安全防护用品。6 级以上大风应停止室外作业。
3. 用热沥青玛蹄脂粘铺卷材时，浇油和铺毡人员应保持一定距离，浇油时，檐口下方不得有人。
4. 施工过程中作业人员发生恶心、头晕、过敏等，应停止作业。
5. 防水卷材采用热熔粘结，使用明火（如喷灯）操作时，应申请办理用火证，并设专人看火。配有灭火器材，周围 30 米以内不准有易燃物。
6. 熬油时，加入锅内的沥青不得超过锅容量的 3/4。炉灶附近严禁放置易燃、易爆物品。炉灶必须距建筑物 10 米以上，上方不得有电线，地下 5 米内不得有电缆，炉灶应设在建筑物的下风方向。
7. 在坡度较大的屋面运热沥青，操作人员应穿防滑鞋，设置防滑梯，清扫屋面上的砂粒等。热沥青桶下设桶垫，且必须放置平稳。不允许两人抬送沥青，桶内装热沥青不得超过桶高的 2/3。</td></tr>
<tr><td>审核人</td><td></td><td>交底人</td><td></td><td>接受交底
负责人</td><td></td></tr>
<tr><td colspan="6">作业班组全体签名：</td></tr>
</table>

铆接与拼装施工安全交底

编号：

施工单位	
工程名称	
分部分项工程	
工　　种	

交底内容：

一、主要危险源与危害因素

1. 顶钉人和铆钉人正对站立。

2. 用手接铳子；锤铲打铆物件时，对面有人。上下交叉作业。

3. 工具、配件及其他物料未放稳或随意抛掷。

4. 风窝发生故障进行检修时，窝口对人；窝胆拿出时，用手指往里摸或用眼瞧。

5. 须采用抛钉措施时，抛钉经过的路线有人停留或通过。

6. 施铆时铆钉窝的正前方有人观看。

7. 电动工具绝缘不良；违章用电。

二、安全注意事项

(一)一般安全要求

1. 铆合要对正，铆钉人和顶钉人要互相联系好，必须先顶紧后铆，顶钉人和铆钉人要错开站立。

2. 打过铳子时，最后一锤要轻打，接铳子应用特别铁器接住，禁止用手接。用锤铲打铆或物件时，在铆或物件即将断的时候要轻打，钉头要挡住物件，禁止对面有人。

3. 锤头必须平整光洁，扁铲头部不许有飞刺，木柄要坚牢，打锤、手锤、平锤不得互相代替使用。

4. 打锤和铲钉时，要看清周围是否有人，防止误伤。

5. 松紧螺栓应选用合适的扳手，不得猛力扳动，不得以扳手作手锤用。

6. 使用夹钳要与铆钉直径符合，钳口钳柄不得有裂纹。

7. 工作前应检查工具和锤头是否完整牢固，并穿戴必要的防护用品。

8. 高处作业时，人员应站在牢固的脚手架上，要系好安全带，禁止上下直线同时作业。工具材料应放置平稳，下方不得有易燃物品。

(二)拼装安全要求

1. 高处进行拼装时，作业人员应站在牢固的脚手架上，下面不得有人。工具配件应放稳，防止坠落，工作完毕，应先收起工具方可下来。

2. 使用起重机吊着拼装时要有专人指挥，必须慢升慢落，螺栓收紧才可松钩。

3. 拼装屋架及各种结构物时，下部要垫稳，上部拉条要拉牢，单扇构件应两边支撑牢固。

4. 圆筒拼接应两边楔稳，以防滑动，转动时要查看内外有无障碍物，清除后才进行翻转。

5. 高窄构件完工后，应平放，不得竖立放置。斜靠墙身时，应将脚部楔牢。

(三)风动铆枪操作安全要求

1. 风管须先用风吹净管内杂物后，然后再接在风把上，以免灰尘进入风窝内。风管接头用卡子卡紧。

续上表

<table>
<tr><td colspan="6">2. 风管的阀门要标示明确，以免弄错开关。
3. 带风压装卸风窝时，不可横向操作，应向上或向下，并不得看风枪口。
4. 拉安风管时要平顺安置，不得扭曲。在空中作业时，风管应绑紧在架子上。工作时人员不得骑在风管上。
5. 风窝发生故障进行检修时，窝口不得对人。窝胆拿出时，不得用手指往里摸或用眼瞧。
6. 铆作中断时，必须将风窝上风钮关闭后并用绳绑好平放在牢固的地方。铆作完毕时，必须将窝胆拿出，将入风口堵塞，防止侵入灰尘。
7. 如必须采用抛钉措施时，抛钉经过的路线不许有人停留或通过。操作人员必须戴安全帽。高处投掷时，必须经过训练或有熟练的技巧。投钉时必须和接钉人联系一致，目标看准，应向接钉人旁边投，不能过快。接钉时头部闪打，侧身伸臂用特制盒子接住。
8. 顶把人不管是风顶或抱顶，必须站在侧面，与铆钉人要错开站立。施铆时铆钉窗的正前方不得站人观看。
9. 工作前必须检查铆枪、风顶把、风管阀门等是否完好，并经常清洗和注油。
10. 工作完毕后应熄灭炉火，清除余烬，拉闸断电，关门放风后作业人员方准离开。</td></tr>
<tr><td colspan="6">重点强调：
1. 铆合要对正，铆钉人和顶钉人要互相联系好，必须先顶紧后铆，顶钉人和铆钉人要错开站立。
2. 打过铳子时，最后一锤要轻打，接铳子应用特别铁器接住，禁止用手接。用锤铲打铆或物件时，在铆或物件即将断的时候要轻打，钉头要挡住物件，严格禁止对面有人。
3. 高处作业时，人员应站在牢固的脚手架上，要系好安全带，禁止上下直线同时作业。工具材料应放置平稳，下方不得有易燃物品。
4. 高处进行拼装时，人员应站在牢固的脚手架上，下面不得有人。工具配件应放稳，防止坠落，工作完毕，应先收起工具方可下来。
5. 风管须先用风吹净管内杂物后，然后再接在风把上，以免灰尘进入窝内。风管接头用卡子卡紧。
6. 风窝发生故障进行检修时，窝口不得对人。窝胆拿出时，不得用手指往里摸或用眼瞧。
7. 如必须采用抛钉措施时，抛钉经过的路线不许有人停留或通过。
8. 顶把人不管是风顶或抱顶，必须站在侧面，与铆钉人要错开站立。施铆时铆钉窗的正前方不得站人观看。</td></tr>
<tr><td>审核人</td><td></td><td>交底人</td><td></td><td>接受交底
负责人</td><td></td></tr>
<tr><td colspan="6">作业班组全体签名：</td></tr>
</table>

门窗工程施工安全交底

编号：

施工单位	
工程名称	
分部分项工程	
工　　种	

交底内容：

一、主要危险源与危害因素

1. 电动工具绝缘不良；违章用电。

2. 戴手套操作带有旋转部件的电动工具。

3. 高处作业未系好安全带、未戴好安全帽。

4. 在机械锯木操作中，遇木眼、裂缝、畸形层、大节疤等时，未减速推进。

5. 射钉枪对人；薄墙、轻质墙上射钉时，墙的另一面有人。

二、安全注意事项

1. 木工使用各种木作机械施工，如圆锯、带锯、刨木机等均应按照建筑工程操作员相应安全交底进行。

2. 所有锯出的副材、边角料和板皮等，应分类按指定地点堆放。一切材料、成品要堆放整齐稳固，在一定的高度时，应用板皮隔开垫稳，防止塌落和损坏。

3. 安装门窗框、扇作业时，操作人员不得站在窗台和阳台栏板上作业。当门窗临时固定，封填材料尚未达到其应有强度时，不准手拉门、窗进行攀登。

4. 作业人员上班前不得饮酒，下班后要清理机械和周围环境的刨花、木屑。

5. 安装二层楼以上外墙窗扇，应设置脚手架和安全网，如外墙无脚手架和安全网时，作业人员必须挂好安全带。安装窗扇的固定扇，必须钉牢固。

6. 使用手提电钻操作，必须配戴绝缘手套，机械生产和圆锯锯木，一律不得戴手套操作，并必须遵守用电和有关机械安全操作规程。

7. 操作过程中作业人员如遇停电、抢修或因事离开岗位时，除对本机关掣外，并应将闸掣拉开，切断电源。

8. 使用电动螺钉旋具、手电钻、冲击钻、曲线锯等必须选用Ⅱ类手持式电动工具，每季度至少全面检查一次，确保使用安全。

9. 凡使用机械操作，在开机时，必须挥手扬声示意，方可接通电源，并不准使用金属物体合闸。

10. 在机械锯木操作中，对有木眼、裂缝、畸形层、大节疤、翘曲和“鸡胸”的木材时，应减低推进速度。对于“鸡胸”木，除注意推送外，还应边锯边用木楔(即木尖)打入使之分离，防止事故发生。

11. 经常清理车间一切易燃物品(刨花、木屑等)。如有特殊工艺需用火处理时，应严格管理；当工作完毕后，应立即用水淋熄。各种灭火器具要布置在适当的地方。安置灭火器具和装设电气开关的地方，不得堆塞材料和杂物，保持通畅无阻。车间范围内除特定吸烟室外，一律不准吸烟。

12. 使用射钉枪必须符合下列要求：

续上表

<table>
<tr><td colspan="6">（1）射钉弹要按有关爆炸和危险物品的规定进行搬运、贮存和使用，存放环境要整洁、干燥、通风良好，温度不高于40℃，不得碰撞、用火烘烤或高温加热射钉弹，哑弹不得随地乱丢。
（2）操作人员要经过培训，严格按规定程序操作，作业时要戴防护眼镜，严禁枪口对人。
（3）墙体必须稳固、坚实并具承受射击冲击的刚度。在薄墙、轻质墙上射钉时，墙的另一面不得有人，以防射伤人。
13. 使用特种钢钉应选用重量大的锤头，操作人员应戴防护眼镜。为防止钢钉飞跳伤人，可用钳子夹住再行敲击。</td></tr>
<tr><td colspan="6">重点强调：
1. 安装门窗框、扇作业时，操作人员不得站在窗台和阳台栏板上作业。当门窗临时固定，封填材料尚未达到其应有强度时，不准手拉门、窗进行攀登。
2. 安装二层楼以上外墙窗扇，应设置脚手架和安全网，如外墙无脚手架和安全网时，必须挂好安全带。安装窗扇的固定扇，必须钉牢固。
3. 使用手提电钻操作，作业人员必须配戴绝缘手套，机械生产和圆锯锯木，一律不得戴手套操作，并必须遵守用电和有关机械安全操作规程。
4. 在机械锯木操作中，对有木眼、裂缝、畸形层、大节疤、翘曲和“鸡胸”的木材时，应减低推进速度。对于“鸡胸”木，除注意推送外，还应边锯边用木楔（即木尖）打入使之分离，防止事故发生。
5. 使用射钉枪必须符合有关要求。
6. 使用特种钢钉应选用重量大的锤头，操作人员应戴防护眼镜。</td></tr>
<tr><td>审核人</td><td></td><td>交底人</td><td></td><td>接受交底负责人</td><td></td></tr>
<tr><td colspan="6">作业班组全体签名：</td></tr>
</table>

屋面工程施工安全交底　　编号：

施工单位	
工程名称	
分部分项工程	
工　　种	

交底内容：

一、主要危险源与危害因素

1. 无符合规定的操作平台；碰坏板边及擦伤轻型复合板板面。

2. 风速达到5级时，仍进行起重轻质隔热夹心板及屋面作业。

3. 堆高超高；下班或有风时未将夹心板与桁条系牢。电动工具绝缘不良；违章用电。

二、安全注意事项

（一）轻型复合板屋面施工安全要求

1. 安装屋面板时必须架设操作平台，平台应有防护栏杆和安全爬梯。

2. 操作时，应随手清理撒落在屋面板上的抽芯、铆钉芯及其他杂物等。

3. 操作人员必须穿防滑的软底鞋，鞋底要清洁，不要粘有泥沙和杂物，以防划破表面涂层。

4. 卸放屋面板时，应缓慢轻放，不得碰坏板边及擦伤板面，待放平垫稳后，方可解除吊索。

5. 升运屋面板及泛水等构件，必须采用专用的吊索及提升架，按规定的吊点起吊。各种起吊用具在使用前，必须进行检查，确认安全可靠，方可使用。

6. 每班工作后，必须将放在屋面或脚手架上的尚未安装的复合板和泛水板等构件，用绳索牢固地绑扎稳妥，或吊下地面放好。

（二）轻质隔热夹心板屋面施工安全要求

1. 起吊夹心板时，应使用尼龙吊索或其他专用器具。吊点位置如无规定，一般以吊点到板端距离为 $0.2L$ 为宜（L 为板长）。

2. 风速达到10米/秒时，应停止起重及屋面作业。雨后及露水大的天气，要做好屋面的防滑工作。

3. 屋面堆放夹心板时，应放在主桁架的位置上。堆放高度不得超过10块，且应有措施保证夹心板不滑落。下班前或天气不好时应用绳索将夹心板与桁条系牢，以防跌落。

4. 使用手持电动工具，必须严格遵守相关规程的安全规定，确保使用安全。

5. 屋面施工时，必须全面积支挂安全网，无安全网不许施工。

6. 施工场地及夹心板堆放位置要严格做好防火工作。堆放夹心板等材料的地方要防止电焊溅落火花而损坏夹心板表面的涂漆。密封胶是易燃物品，注意烟火勿近。

续上表

重点强调：

1. 轻型复合板屋面施工必须架设操作平台。卸放屋面板时，应缓慢轻放，不得碰坏板边及擦伤板面，待放平垫稳后，方可解除吊索。

2. 轻质隔热夹心板屋面施工：风速达到5级时，应停止起重轻质隔热夹心板及屋面作业；屋面堆放夹心板时，应放在主桁架的位置上；堆放高度不得超过10块，且应有措施保证夹心板不滑落；下班前或天气不好时应用绳索将夹心板与桁条系牢，以防跌落。

审核人		交底人		接受交底负责人	

作业班组全体签名：

卷材防水施工安全交底　　　　编号：

施工单位	
工程名称	
分部分项工程	
工　　种	

交底内容：

一、主要危险源与危害因素

1. 未按规定着装，未按规定佩戴安全防护用品，造成高处坠落、物体打击、烫伤、中毒等伤害。

2. 吸烟、违章动用明火，动火附近有易燃易爆品，造成火灾事故。

3. 违章装运热沥青，导致烫伤。

4. 6 级以上大风未停止室外作业，违章使用脚手架、脚手板，导致高处坠落事故。

5. 熬制沥青地点规定距离内有电缆电线，造成触电伤害或造成线缆毁损。

6. 电动工具绝缘不良；违章用电。

二、安全注意事项

（一）一般安全要求

1. 对有皮肤病、眼病、刺激过敏等患者，不得从事沥青工作。施工过程中，作业人员如发生恶心、头晕、刺激过敏等情况时，应立即停止操作。

2. 高处作业时应按照高处作业安全交底的要求进行操作。人员不得过分集中，应系好安全带。

3. 施工现场应有急救备用药品，以防被烫伤或恶心、头晕等时涂抹急救之用。

4. 操作时应注意风向，操作人员应站在上风方向；如遇大风，沥青烟雾飞扬，应停止工作，防止下风方向作业人员中毒或烫伤。

5. 从事沥青及有毒防水材料作业工作时，作业人员必须穿戴规定的防护用品。作业人员不得赤脚、穿短裤和短袖衣服进行操作，裤脚袖口应扎紧，并应配戴手套、护脚套。装卸、搬运碎沥青，必须洒水，防止粉末飞扬。

6. 沥青作业每班应适当增加间歇时间。

7. 存放卷材和胶粘剂的仓库或现场要严禁烟火，如需用明火，必须有防火措施，且应设置一定数量的灭火器材和砂袋。

8. 开工前，现场施工人员必须向参加操作全体人员进行安全交底。要详细、认真地将所用材料的品种、规格、性能和有关设备（包括防火设备），以及操作过程中应注意事项交底清楚。

9. 雨、霜、雪天气，必须待屋面干燥后，方可继续进行工作，大风天气应停止作业。

（二）熬制沥青施工安全要求

1. 熬制沥青锅灶的地点，应设置在下风向；距离建筑物应超过 10 米，距离易燃品堆放场所应超过 25 米，距离电线垂直下方的两侧应在 10 米以外；在地下 15 米范围内不得有电缆。

2. 熬制沥青锅灶上方必须有防护棚，并要符合防火要求，须配备足够和妥善的防火器材（灭火器、砂子、湿水麻袋、铁锅盖或备有一定数量的滑石粉等）。

续上表

3. 熔化铁桶沥青，应先将桶盖和气孔全部打开，用铁条串通后，方准烘烤，并经常疏通放油孔和气孔。严禁火焰与油直接接触。 4. 熬制沥青下料，不得超过油锅容量的 2/3，并严防溢出锅外。熬制时应有专人看守，必须在灭火后才准离开。下雨前及下班后应将铁盖把油锅盖好，每天完工后，应将炉火熄灭。 5. 熬制沥青作业人员，应严守岗位，随时注意测量沥青温度的变化，沥青脱完水后，应用慢火升温。当锅内沥青冒白烟转变为冒浓的红黄烟（着火的前兆）时，应立即停火。 6. 熬制过程中，在投放沥青时要特别小心，应将沥青小块沿锅边缓慢放入，严禁大块投放，锅内不得有积水。锅上周围的工具也要注意放好，防止跌入锅内，溅起油液。 7. 熬制沥青的锅边要距离火口应不小于 70 厘米，临时堆放沥青、燃料地点必须距离锅边不小于 5 米，锅与锅之间距离应大于 2 米，锅与烟囱之间的距离应大于 80 厘米。炉灶附近，严禁放置煤油等易燃、易爆物品。 8. 配置冷底子油的位置，要离开沥青炉火以及一切火源火种 50 米以上。下料应分批、少量、缓慢，不停搅拌，不得超过油锅容量的 1/2，温度不得超过 80℃，并应在避风处配制。如环境不许可时，也不得位于火源火种的上风向，必须在其下风向进行。 9. 配制冷底子油时，要严格掌握沥青温度，并禁止用铁棒搅拌。如发现冒出大量蓝烟时，应立即停止加入稀释剂。 10. 锅内沥青着火，应立即用铁锅盖或铁板将油锅盖严，停止鼓风，封闭炉门，熄炉火。如沥青溢出地面着火，应用砂、湿麻袋或灭火器熄灭火苗，严禁浇水灭火。 11. 配制、储存、涂刷冷底子油的地点严禁烟火，并不得在附近进行电焊、气焊等作业。 （三）卷材铺贴施工安全要求 1. 垂直运输热沥青，应采用运输机具，运输机具应牢固可靠。如用滑轮吊运时，上面的操作平台应设置防护栏杆，提升时要系拉牵绳，防止油桶摆动，油桶下方 10 米半径范围内禁止站人。 2. 油桶要平放，不得两人抬运。在运输途中，注意平稳，操作人员精神要集中，防止不慎跌倒造成伤害。 3. 在坡度较大的屋面运热沥青时，应采取专门的安全措施（如穿防滑鞋等），油桶下面应加垫，保证油桶放置平稳。 4. 禁止直接用手传递，操作人员也不准沿楼梯挑上，接料人员应用钩子将油桶钩放在平台上放稳，不得过于探身用手接触油桶。 5. 浇倒热沥青与铺贴卷材的操作人员应保持一定距离，并根据风向错位，浇至四周边沿时，要侧身操作，以避免热沥青飞溅烫伤。 6. 屋面四周没有女儿墙和未搭设外脚手架时，施工前必须搭设好防护栏杆，其高度应高出沿周边 1.2 米。防护栏杆应牢固可靠。 7. 浇倒热沥青时，必须注意屋面的缝隙和小洞，防止沥青漏落。浇倒屋面四周边沿时，要随时拦扫下淌的沥青，以免流落下方，并应通知下方人员注意避开。檐口下方不得有人行走或停留，以防沥青流落伤人。 8. 避免在高温烈日下施工。 9. 配制速凝剂时，操作人员必须戴口罩和手套。 10. 使用喷灯时，应清除周围的易燃物品；必须远离冷底子油，严禁在涂刷冷底子油区域

续上表

<table>
<tr><td colspan="6">内使用喷灯。喷灯煤油不得过满，打气不应过足，并必须在用火地点备有防火器材。
11. 在地下室、基础、池壁、管道、容器内等地方进行有毒、有害的涂料和涂抹沥青防水等作业时，应有通风设备和防护措施，并应定时轮换操作。
12. 地下室防水施工的照明用电，其电源电压应不大于 36 V；在特别潮湿的场所，其电源电压不得大于 12 V。
13. 运上屋面的材料，如卷材、鱼眼砂等，应平均分散堆放，随用随运，不得集中堆料。在坡度较大的屋面上堆放卷材时，应采取措施，防止滑落。
14. 处理漏水部位，须用手直接接触掺加了促凝剂的砂浆时，要戴橡胶手套或橡胶手指套。
15. 盛装热沥青的铁勺、铁壶、铁桶要用咬口接头，严禁用锡进行焊接，桶宜加盖，装油量不得超过容器的 2/3。
16. 铺贴垂直墙面卷材，其高度超过 1.5 米时，应搭设牢固的脚手架。</td></tr>
<tr><td colspan="6">重点强调：
1. 对有皮肤病、眼病、刺激过敏等患者，不得从事沥青工作。施工过程中，如施工人员发生恶心、头晕、刺激过敏等情况时，应立即停止操作。
2. 操作时应注意风向，操作人员应站在上风方向；如遇大风，沥青烟雾飞扬，应停止工作，防止下风方向作业人员中毒或烫伤。
3. 从事沥青及有毒防水材料作业工作时，必须穿戴规定的防护用品。操作人员不得赤脚、穿短裤和短袖衣服进行操作，裤脚袖口应扎紧，并应配戴手套、护脚套。装卸、搬运碎沥青，必须洒水，防止粉末飞扬。
4. 存放卷材和胶粘剂的仓库或现场要严禁烟火。
5. 熬制沥青必须按照上述所述要点进行，严禁违章熬油。
6. 卷材铺贴施工须按照上述所述要点进行，严禁违章施工。</td></tr>
<tr><td>审核人</td><td></td><td>交底人</td><td></td><td>接受交底
负责人</td><td></td></tr>
<tr><td colspan="6">作业班组全体签名：</td></tr>
</table>

防腐工程施工安全交底

编号：

施工单位	
工程名称	
分部分项工程	
工　　种	

交底内容：

一、主要危险源与危害因素

1. 未正确佩戴规定的安全防护用品，造成烫伤、中毒、腐蚀伤害。

2. 未按规定顺序配制硫酸类材料，导致酸液飞溅伤人。

3. 吸烟、违章动用明火，未按规定做好防火措施，导致火灾事故。

4. 随意倾倒腐蚀性溶液，造成人员中毒，污染环境。

5. 气管炎、心脏病、肝炎、高血压及有过敏反应者仍进行操作，导致病情加重甚至死亡。

二、安全注意事项

（一）硫磺类防腐蚀施工安全要求

1. 硫磺进场后要妥善保管，要注意防火，设灭火设备。

2. 现场熬制硫磺胶泥和砂浆时，故熬制地点应设在下风向；室内熬制时锅上应设排气罩。

3. 熬制过程中要严格控制温度，严防着火，发现黄烟应立即撤火降温，局部燃烧时可撒石英粉或其他隔绝空气的办法（如加盖）灭火，不得用水熄灭。

4. 在禁火区施工时，对已熬制好的硫磺类材料装入提桶时，应检查硫磺确无燃烧时，方准带入施工现场。

5. 硫磺类材料在熬制、运输、浇灌的过程中，所使用的器具必须干燥，不得含水。

6. 操作人员应戴口罩、手套等防护用品。

（二）树脂类防腐蚀施工安全要求

1. 配置聚酯砂浆时，应特别注意过氧化环己酮固体爆炸，须配成糊状使用，并严禁与促进剂直接混合。

2. 配制使用乙醇、苯、丙酮等易燃材料的施工现场，应严禁烟火，要通风，并应设置消防器材。

3. 配制硫酸时，应将酸液注入水中（严禁将水注入酸液中），并在配制现场备有10％碱液和纯碱水溶液，以备中和洒出的酸液之用。

4. 配制硫酸乙酯时应将硫酸慢慢注入酒精中，并充分搅拌，但温度不能超过60℃，严防酸雾飞出，配制量较大时应设有间接冷却装置（如循环水塔）。

5. 操作人员在施工前应进行体格检查，患有气管炎、心脏病、肝炎、高血压以及有过敏反应者均不得进行操作。操作人员应戴橡胶手套。

6. 树脂类防腐蚀工程中的许多原材料，如乙二胺、苯类、酸类等，都具有不同程度的毒性和刺激性，故在使用或配制中，均应有良好的通风。

7. 研磨、筛分、搅拌粉状填料应在密封箱内进行，操作人员应穿戴防尘口罩、防护眼镜、手套、工作服等防护用品，工作完毕后应冲洗或淋浴。

续上表

8. 施工中人员不慎与腐蚀或刺激性物质接触后，要立即用水或乙醇擦洗。

9. 采用毒性大的材料施工时，应采取轮换制，并缩短作业时间。

10. 施工前，应根据操作的具体情况，严格贯彻执行有效的安全、防护措施。

(三)水玻璃类防腐蚀施工安全要求

1. 氟硅酸钠有毒，必须做好标记，安全存放，并有专人妥善保管。

2. 氟硅酸钠干拌粉料应使用密封搅拌箱。

3. 施工时应有良好的通风条件。

4. 操作人员要穿工作服，戴口罩、护目镜等。在进行酸化处理时，应穿戴防酸护具，如防酸手套、防酸靴、防酸裙等。

5. 稀释浓硫酸时，严禁把水倒入浓硫酸内，应把浓硫酸徐徐倒入水中。

(四)涂料防腐蚀施工安全要求

1. 严格限制空气中有害物质的浓度。

2. 施工前应对参加操作的全体人员进行安全教育和详细的安全交底，患有慢性皮肤病或有过敏反应者均不得参加施工操作。

3. 使用生漆时，操作人员必须穿戴好防护用品，严防生漆与皮肤接触，面部可涂防护油膏(配方为：甘油 14 克、凡士林 12 克、硼酸 2 克、淀粉 14 克、滑石粉 21 克，将其调成糊状使用)。

4. 使用毒性或刺激性较大的涂料时，现场应注意加强通风，除作业人员应穿戴防护用品外，还应适当采取对操作人员轮换、工间休息、下工后冲洗、沐浴等措施。

5. 施工现场应注意防火，严禁吸烟和使用电炉等明火的一些设备和设施。

6. 堆放材料的库房应通风良好，必要时应进行机械通风，同时还应配置足够的消防器材设备。

7. 擦拭过溶剂的棉纱、破布等，应存放在带盖的铁桶内并定期处理。

8. 严禁随地倾倒或向下水道倾倒涂料或溶剂。

9. 当施工喷涂现场自然通风不能满足时，必须进行机械通风，以避免人员中毒头痛昏迷现象发生。

重点强调：

严格按上述安全注意事项中的相关规定执行。

审核人		交底人		接受交底负责人	

作业班组全体签名：

第七章 安装及装修施工安全交底

自动扶梯安装与调试安全交底

编号：

施工单位	
工程名称	
分部分项工程	
工　　种	

交底内容：

一、主要危险源与危害因素

1. 一人单独安装自动扶梯。

2. 井道内作业时，工具随意放置；脚手板上、井道防护网、安全网内堆放杂物。

3. 调试过程中，在斜面上码放工机具、配件及物品；通过空梯级搬运物品。

4. 在同一场地进行多台扶梯的调试检修；运转、调试的扶梯有空缺梯阶时，跨步上梯。

5. 电动工具、电线路绝缘不良；违章用电。

二、安全注意事项

(一)安装安全要点

1. 作业中，人力安排应合理，操作现场严禁一人单独操作，应两人以上，相互监护。

2. 所有施工人员严禁私自拆除各种防护设施。因施工需要，经相关人员同意拆除的，在当班人员离开时必须恢复或设专人守护。

3. 机房应安装临时门、窗并上锁，机房孔洞遮挡好，机房临边应设防护栏及警告标志，机房高台四周应设临时护栏及上下爬梯。

4. 作业人员在井道内施工中应随身携带工具袋，将暂时不用的工具、零部件放入袋中，做到干活脚下清。脚手板上不得堆放杂物。

5. 井道防护网、安全网内不得存有杂物，作业人员应随时清理，防止杂物下落砸伤人员。

6. 班组员工不得随意拆除脚手架，脚手架需要修改时应由登高专业人员进行。施工中如人员发现脚手架存在异常情况或不安全现象时，应立即报告。脚手架在未修复前，作业人员不得在脚手架上施工。

7. 施工现场、机房、井道内严禁吸烟。

8. 井道脚手架上每两层要铺设跳板，每步应有两块，距底坑 2 米处应设安全网，以上每隔三层(高度不大于 10 米)要挂安全网，安全网要系牢，并应及时清理网内杂物。

续上表

9. 所有安装人员必须时刻注意自我防护意识，每次工作前、工作中、工作后都要注意自我检查，做到人人注意安全，不伤害他人，不伤害自己，不被他人伤害。

10. 凡从事高处作业(距地面 2 米及以上)，在无法采取可靠防护设施时，必须使用安全带，安全带要挂在牢固的地方。登高作业，禁止穿硬底、带钉、易滑的鞋，禁止使用不符合要求的梯具和台架。

11. 现场专职安全员做好安装工程施工现场安全抽查记录，对工程现场要每日全天候地进行安全巡查。对违反施工安全规定的操作，及时责令其整改并按规定作相应处罚。

12. 施工过程中严格按照公司的安全管理制度及现场总包方制定的安全文明生产管理制度执行。

(二)调试安全要点

1. 严格执行持证上岗制度，非持证人员不得上岗。严格遵守劳动保护安全措施，遵守施工现场安全措施，遵守扶梯吊装工作安全规定，严格遵守电焊、气焊工种安全规定，严格遵守钳工、电工及电钻、电锤、电刨、砂轮机、角磨机、剪扳机、折弯机等常用工具的有关安全规定。

2. 按规定要求做好扶梯各部位的拦挡，严禁非工作人员通行。

3. 不得在斜面上码放工机具、配件及物品，严防倾倒、溜滑伤人和损坏物品。

4. 不得通过空梯级搬运物品。

5. 两人以上同时作业时，要注意协调配合，严防误伤他人。多人、多组同一台梯工作时，必须设专人指挥联络，只有现场指挥才有号令权，不得多头指挥。

6. 严禁在同一场地进行多台扶梯的调试检修，以免误听，误传号令。

7. 扶梯外侧清扫工作，人的重心不得超越扶手带中心，不得挤靠侧挡板。

8. 调试时人员不得嬉戏打闹，严禁在梯级上堆放物品及垂直交叉作业。开梯前要认真检查有无障碍物。

9. 停机、停电再清扫检修。

10. 进入机房内工作时，必须采取可靠的防误动作，防溜梯措施要设专人监护。

11. 运转、调试的扶梯有空缺梯阶时，严禁跨步上梯。

12. 打开上下头部机坑盖板时，要用钩环，小心挤手，检查盖板固定是否可靠，防止侧滑伤人。

13. 开动扶梯时，人员不得坐、躺在自动扶梯上，不得触摸转动部件，不得探头、探身于机内，不得靠近运转部件(离开 200 毫米)。

14. 停止调试时必须断开电源，再调试时按规定先行检查，确保无异常后方可送电进行调试。

续上表

<table>
<tr><td colspan="6">重点强调：
1. 作业中，人力安排应合理，操作现场严禁一人单独操作，应两人以上，相互监护。
2. 机房应安装临时门、窗并上锁，机房孔洞遮挡好；机房临边应设防护栏及警告标志，机房高台四周应设临时护栏及上下爬梯。
3. 作业人员在井道内施工中应随身携带工具袋，将暂时不用的工具、零部件放入袋中，做到干活脚下清。脚手板上不得堆放杂放。
4. 井道防护网、安全网内不得存有杂物，员工应随时清理，防止杂物下落砸伤人员。
5. 调试过程中，不得在斜面上码放工、机具、配件及物品，严防倾倒、溜滑伤人和损坏物品；不得通过空梯级搬运物品。
6. 严禁在同一场地进行多台扶梯的调试检修，以免误听，误传号令。
7. 运转、调试的扶梯有空缺梯阶时，严禁跨步上梯。
8. 开动扶梯时，人员不得坐、躺在自动扶梯上，不得触摸转动部件，不得探头、探身于机内，不得靠近运转部件(离开 200 毫米)。</td></tr>
<tr><td>审核人</td><td></td><td>交底人</td><td></td><td>接受交底
负责人</td><td></td></tr>
<tr><td colspan="6">作业班组全体签名：</td></tr>
</table>

电工常用工具使用安全交底 编号：

施工单位	
工程名称	
分部分项工程	
工　　种	

交底内容：

一、主要危险源与危害因素

1. 移动式和手持式电动工具未装设漏电保护装置，金属外壳未接保护零线。

2. 电动工具和电线路绝缘不良；违章用电。

3. 在有易燃易爆物质的场所使用喷灯；向使用煤油或酒精的喷灯内注入汽油。

4. 梯上有人员作业时移动梯子；将梯子置于箱、桶、平板车等不稳定的物体上。

5. 安全带未系在稳固处。

二、安全注意事项

（一）移动式和手持式电动工具使用安全要点

1. 作业时所有电动工具必须装设漏电保护装置，金属外壳必须接保护零线。

2. 长期停用或在潮湿环境下使用的电动工具，在使用前应摇测绝缘电阻，其绝缘电阻值应符合现行国家标准的规定。

3. 电动工具的电源线必须采用铜芯绝缘护套软线。

4. 电动工具使用前应进行检查，确认开关安装牢固，动作灵活可靠。电源开关应采用双极或三极式。

5. 更换电动工具刃具时，必须待旋转停止并切断电源后进行，操作时人员不得戴线手套，不得用手指直接清除渣物。

（二）喷灯使用安全要点

1. 在有带电体的场所使用喷灯时，喷灯火焰与带电部分的距离应符合下列要求：10 kV 及以下电压不得小于 1.5 米；10 kV 以上电压不得小于 3 米。

2. 喷灯加油、放油及拆卸喷嘴和其他零件作业，必须熄灭火焰并待冷却后进行。喷灯用完后应卸压。

3. 严禁在有易燃易爆物质的场所使用喷灯。

4. 喷灯内油面不得高于容器高度的 3/4。加油孔的螺栓应拧紧，喷灯不得有漏油现象。

5. 使用煤油或酒精的喷灯内严禁注入汽油。

（三）工作梯使用安全要点

1. 工作梯使用前，应检查其牢固性，确认钢梯无开焊，铝合金梯子无变形或伤痕，竹、木梯无劈裂，竹、木梯为榫接。

2. 利用梯子上杆作业时，梯子上部与杆应捆绑牢固。

3. 应有专人扶梯监护，扶梯人应戴安全帽，并用脚尖顶住梯子根部。梯上有人作业时不得移动梯子，梯下方不得有人。

4. 不得将梯子置于箱、桶、平板车等不稳定的物体上。

5. 梯上作业人员必须将腿别在梯凳中间，不得探身或站在最上一梯凳上作业。

续上表

<table>
<tr><td colspan="6">6. 作业时工作梯与地面的夹角以60°为宜，在光滑及浆冻地面上应有防滑措施。
7. 双梯下端应设有限制开度的拉链，高度超过4米时，下部应有人扶持。
(四)脚扣、安全带使用安全要点
1. 脚扣的规格应与电杆的直径相适应。
2. 安全带必须系在稳固处，严禁拴在横担、戗板、杆梢以及将要撤换的部件上。
3. 使用安全带前，应检查有无腐朽、脆裂、老化、断股等情况，所有钩环是否牢固，确认安全可开口钩环，且必须有防止自动脱钩的保险装置。
4. 使用脚扣前应检查有无裂纹、开焊、变形、皮带损伤情况，木杆脚扣齿部有无过度磨损，橡胶脚扣的橡胶有元脱落、离骨及过度磨损情况，小爪是否灵活可靠，确认安全后方可使用。
5. 系安全带时，必须先将钩环扣好，再将保险装置锁好后方可探身或后仰作业。</td></tr>
<tr><td colspan="6">重点强调：
1. 移动式和手持式电动工具须装设漏电保护装置，金属外壳须接保护零线。电动工具使用前应进行检查，确认开关安装牢固，动作灵活可靠。更换电动工具刃具时，必须待旋转停止并切断电源后进行，操作时人员不得戴线手套，不得用手指直接清除渣物。
2. 在有带电体的场所使用喷灯时，喷灯火焰与带电部分的距离应符合规定要求。喷灯加油、放油及拆卸喷嘴和其他零件作业，必须熄灭火焰并待冷却后进行。严禁在有易燃易爆物质的场所使用喷灯。使用煤油或酒精的喷灯内严禁注入汽油。
3. 梯上有人作业时不得移动梯子。不得将梯子置于箱、桶、平板车等不稳定的物体上。
4. 安全带必须系在稳固处。</td></tr>
<tr><td>审核人</td><td></td><td>交底人</td><td></td><td>接受交底
负责人</td><td></td></tr>
<tr><td colspan="6">作业班组全体签名：</td></tr>
</table>

施工现场电气设备运行与维修安全交底　　编号：

施工单位	
工程名称	
分部分项工程	
工　　种	

交底内容：

一、主要危险源与危害因素

1. 电气设备和电线电缆绝缘不良；违章送电；违章用电。

2. 停电检修时未在开关操作手柄上悬挂"严禁合闸，有人作业"的标示牌。

3. 电气线路保护措施不足。

二、安全注意事项

1. 施工现场的电气线路必须保持良好的绝缘状况，并有防止人踩、车轧、水泡、土埋及物砸的措施。

2. 严禁在供电部门电度计量电流互感器二次回路上进行作业。

3. 运行中的电气设备发生开关跳闸或熔断器熔断，未查清故障原因前不得合闸。

4. 在装置式空气断路器或漏电保护开关下火接、拆用电设备时，必须逐相验电，确认安全后方可进行操作。

5. 停、送电前必须与各用电单位联系。

6. 不用的线路应及时切断电源或拆除。

7. 在多台电焊机集中使用的场所，当拆除其中一台电焊机时，断电后应在其一次线侧先行验电，确认无电压后方可进行拆除。

8. 停电检修设备时，在可能来电的各方向必须有明显的断开点，并在开关操作手柄上悬挂"严禁合闸，有人作业"的标示牌。

9. 采用自备发电机作为备用电源时，备用电源断路设备与主电源断路设备之间必须装设联锁装置。

10. 当发生严重威胁人身及设备安全的紧急情况时，可以越级拉开负荷开关，但在任何情况下，不得带负荷拉开隔离开关。

11. 配电箱及开关箱内的闸器具必须完好无损，配电盘面上不得出现裸露带电体。

12. 应避免带电作业。需低压带电作业时，必须设监护人，严禁独立作业。接线时必须先接中性线，后接相线，拆线时，先拆相线，后拆中性线。

13. 严禁在本单位不能控制的电气设备上挂接临时接地线作业。

14. 雨淋、水泡、受潮的电气设备应进行干燥处理，并摇测绝缘电阻，合格后方可使用。

续上表

<table>
<tr><td colspan="6">重点强调：
1. 电气线路须绝缘良好，防止人踩、车轧、水泡、土埋及物砸。
2. 停电检修设备时，在可能来电的各方向必须有明显的断开点，并在开关操作手柄上悬挂“严禁合闸，有人作业”的标示牌。
3. 应避免带电作业。需低压带电作业时，必须设监护人，严禁独立作业。</td></tr>
<tr><td>审核人</td><td></td><td>交底人</td><td></td><td>接受交底
负责人</td><td></td></tr>
<tr><td colspan="6">作业班组全体签名：</td></tr>
</table>

油漆工施工安全交底

编号：

施工单位	
工程名称	
分部分项工程	
工　　种	

交底内容：

一、主要危险源与危害因素

1. 攀登脚手架、井字架、龙门架、外用电梯。乘坐非乘人的垂直运输设备上下。

2. 未按规定佩戴安全防护用品(可能导致中毒、高处坠落、物体打击、触电等伤害)。

3. 抛掷物料、工具。

4. 违章吸烟、违章动用明火。

5. 配制油漆涂料时违章作业;违章使用人字梯;违章高处作业、临边作业。

6. 喷涂人员作业时,如出现头痛、恶心、胸闷和心悸等,仍继续作业。

7. 喷涂时作业人员对着喷嘴查看。

二、安全注意事项

(一)一般要求

1. 作业人员必须经过安全技术培训,掌握本工种安全生产知识和技能。新工人或转岗工人必须经入场或转岗培训,考核合格后方可上岗,实习期间必须在有经验的工人带领下进行作业。

2. 施工现场行走要注意安全,不得攀登脚手架、井字架、龙门架、外用电梯。禁止乘坐非乘人的垂直运输设备上下。

3. 服从领导和安全检查人员的指挥,工作时思想集中,坚守作业岗位,未经许可,不得从事非本工种作业,严禁酒后作业。

4. 建筑施工工人必须熟知本工种的安全操作规程和施工现场安全生产制度,不违章作业,对违章作业的指令有权拒绝,并有责任制止他人违章作业。

5. 班组(队)长,每日上班前,必须召集所辖班组(队)全体人员,针对当天任务,结合安全技术措施内容和作业环境、设施、设备安全状况及本班组(队)人员技术素质、安全知识、自我保护意识以及思想状态,有针对性地进行班前活动,提出具体注意事项,跟踪落实,并做好活动记录。

6. 班组(队)长和班组(队)专(兼)职安全员必须每日上班前对作业环境、设施、设备进行认真检查,发现不安全隐患,立即解决;重大隐患,报告领导解决,严禁冒险作业。作业过程中应巡视检查,随时纠正违章行为,解决新的不安全隐患;下班前进行确认检查,机电是否拉闸、断电,门是否上锁,用火是否熄灭;施工垃圾自产自清,日产日清,活完料净场清,确认无误,方可离开现场。

7. 生产班组(队)在接受生产任务时,应同时组织班组(队)全体人员听取安全技术措施交底讲解,凡没有进行安全技术措施交底或未向全体作业人员讲解,班组(队)有权拒绝接受任务,并提出意见。

续上表

8. 进入现场的人员必须正确戴好安全帽，系好下颌带；按照作业要求正确穿戴个人防护用品，着装要整齐；在没有可靠安全防护设施的高处[2 米以上(含 2 米)]悬崖和陡坡施工时，必须系好安全带；高处作业不得穿硬底和带钉易滑的鞋，不得向下投掷物料，严禁赤脚穿拖鞋、高跟鞋进入施工现场。 9. 进入施工现场的作业人员，必须首先参加安全教育培训，考试合格后方可上岗作业，未经培训或考试不合格者，不得上岗作业。 10. 施工现场的各种安全设施、设备和警告、安全标志等未经领导同意不得任意拆除和随意挪动。需临时拆除或变动安全防护设施时，必须经施工技术管理人员同意，并采取相应的可靠措施。 11. 不得随意进入危险场所或触摸非本人操作设备、机具、电闸、阀门、开关等。夜间作业场所必须配备足够的照明设施。 12. 上班作业前应认真查看在施工程洞口、临边安全防护和脚手架护身栏、挡脚板、立网是否齐全、牢固；脚手板是否按要求间距放正、绑牢，有无探头板和空隙。 13. 作业中出现不安全险情时，必须立即停止作业，组织撤离危险区域，报告项目负责人解决，不准冒险作业。 14. 脚手架未经验收合格前严禁上架作业。 15. 建筑工程施工必须坚持"安全第一，预防为主"的方针。 16. 施工中使用化学易燃物品时，应限额领料。禁止交叉作业；禁止在作业场所分装、调料。 17. 清理楼内物料时，应设溜槽或使用垃圾桶。 18. 严禁从高处向下方投掷或者从低处向高处投掷物料、工具。 19. 安装或更换玻璃要有防止玻璃坠落措施，严禁往下扔碎玻璃。 20. 手持工具和零星物料应随手放在工具袋内。 21. 从事有机溶剂、腐蚀剂和其他损坏皮肤的作业，应使用橡胶或塑料专用手套，不能用粉尘过滤器代替防毒过滤器，因为有机溶剂蒸气可以直接通过粉尘过滤器。 22. 施工现场用火，应申请办理用火证，并派专人看守，严禁在禁止烟火的地方吸烟动火，吸烟到吸烟室。 23. 油漆工施工前，应将易弄脏部位用塑料布、水泥袋或油毡纸遮挡好，不得把白灰浆、油漆、腻子洒到地上，沾到门窗、玻璃和墙上。 (二)施工操作安全要求 1. 各种油漆材料(汽油、漆料、稀料)应单独存放在专用库房内，不得与其他材料混放。库房应通风良好。易挥发的汽油、稀料应装入密闭容器中，严禁在库房内吸烟和使用任何明火。 2. 油漆涂料的配制应遵守以下规定。 (1)工作完毕，各种油漆涂料的溶剂桶(箱)要加盖封严。 (2)高处作业时必须支搭平台，平台下方不得有人。 (3)操作人员应进行体检，患有眼病、皮肤病、气管炎、结核病者不宜从事此项作业。 (4)调制油漆应在通风良好的房间内进行。调制有害油漆涂料时，应戴好防毒口罩、护目镜，穿好与之相适应的个人防护用品，工作完毕应冲洗干净。

续上表

<table>
<tr><td colspan="6">3. 刷耐酸、耐腐蚀的过氧乙烯涂料时，作业人员应戴防毒口罩。打磨砂纸时必须戴口罩。
4. 使用人字梯应遵守以下规定。
(1)人字梯上搭铺脚手板，脚手板两端搭接长度不得少于20厘米。脚手板中间不得同时两人操作，梯子挪动时，作业人员必须下来，严禁站在梯子上踩高跷式挪动。人字梯顶部铰轴不准站人、不准铺设脚手板。
(2)高度2米以下作业(超过2米按规定搭设脚手架)使用的人字梯应四脚落地，摆放平稳，梯脚应设防滑橡胶垫和保险拉链。
(3)人字梯应经常检查，发现开裂、腐朽、榫头松动、缺挡等不得使用。
5. 临边作业必须采取防坠落的措施。外墙、外窗、外楼梯等高处作业时，应系好安全带。安全带应高挂低用，挂在牢靠处。油漆窗户时，严禁人员站在或骑在窗栏上操作。刷封檐板或水落管时，应在脚手架或专用操作平台架上进行。
6. 喷涂人员作业时，如出现头痛、恶心、胸闷和心悸等，应停止作业，到户外通风处换气。
7. 刷坡度大于25度的铁皮屋面时，应设置活动跳板、防护栏杆和安全网。
8. 空气压缩机压力表和安全阀必须灵敏有效。高压气管各种接头应牢固，修理料斗气管时应关闭气门，试喷时不准对人。
9. 刷模板等小构件的油漆时，必须将构件支放稳固。
10. 在室内或容器内喷涂，必须保持良好的通风。喷涂时严禁人员对着喷嘴查看。
11. 作业后应及时清理现场遗料，运到指定位置存放。</td></tr>
<tr><td colspan="6">重点强调：
1. 不得攀登脚手架、井字架、龙门架、外用电梯。禁止乘坐非乘人的垂直运输设备上下。
2. 进入现场的人员必须正确戴好安全帽，系好下颌带；按照作业要求正确穿戴个人防护用品，着装要整齐；在没有可靠安全防护设施的高处[2米以上(含2米)]、悬崖和陡坡施工时，必须系好安全带；高处作业不得穿硬底和带钉易滑的鞋，不得向下投掷物料，严禁赤脚穿拖鞋、高跟鞋进入施工现场。
3. 不得随意进入危险场所或触摸非本人操作设备、机具、电闸、阀门、开关等。
4. 手持工具和零星物料应放在工具袋内。严禁抛掷物料、工具。
5. 严禁在禁止烟火的地方吸烟动火，严禁在库房内吸烟和使用任何明火。
6. 配制油漆涂料、临边作业、高处作业、使用人字梯应遵守有关规定。
7. 喷涂人员作业时，如出现头痛、恶心、胸闷和心悸等，应停止作业，到户外通风处换气。
8. 喷涂时严禁人员对着喷嘴查看。</td></tr>
<tr><td>审核人</td><td></td><td>交底人</td><td></td><td>接受交底
负责人</td><td></td></tr>
<tr><td colspan="6">作业班组全体签名：</td></tr>
</table>

抹灰、饰面施工安全交底

编号：

施工单位	
工程名称	
分部分项工程	
工　　种	

交底内容：

一、主要危险源与危害因素

1. 在门窗、暖气片、洗脸池等器物上搭设脚手板；踩踏脚手架的防护栏杆和在阳台板上进行操作。

2. 脚手板上的料具堆放不稳；随意抛掷物料机具。

3. 违章使用手持式电动工具(砂轮机、角向磨光机、冲击电钻等)，使用水磨石切割机，使用机械抹灰；违章进行干挂饰面板作业。

4. 未按规定佩戴安全防护用品。

5. 电线路绝缘不良；违章用电。

二、安全注意事项

1. 外墙抹灰(或饰面)工序一般由上而下，如需上下层同时操作时，应在脚手架与墙身距离的空隙部位采取遮隔防护措施。

2. 在楼层进行施工时，楼面上堆置的材料如砂、石灰膏、水泥、饰面材料等，其重量不得超过楼面设计的荷重，并分散堆放。

3. 进行天花抹灰时，脚手板应铺设平顺，无较大的孔洞。

4. 禁止在门窗、暖气片、洗脸池等器物上搭设脚手板。在阳台部位抹灰，外侧应设防护栏杆或挂设安全网。严禁踩踏脚手架的防护栏杆和在阳台板上进行操作。

5. 贴面使用的预制件、大理石、花岗岩、锦砖等材料，应堆放整齐平稳，随用随运。铺设各种较重装饰件(人工或天然大理石、花岗岩石片等)，起重安装要小心，操作人员要互相协调一致，在饰件确认已经扎稳或粘结牢靠时，才能互相通知放手或拆除临时支撑工具。在楼层施工的垂直下方应有遮隔防护措施；如无遮隔防护措施，应禁止行人进入。

6. 室内抹灰使用的活动钢(木)脚手架或用钢管、竹、木搭设的支架均应平稳牢固可靠，脚手板跨度不得大于2米。架上堆放材料不应过于集中，在同一跨度内操作人员不超过两人。

7. 脚手板上的料具应放稳，禁止从架上掷落，吊线使用的砖块或吊锤绑扎牢固，防止坠落伤人。

8. 在外墙进行抹灰(或饰面)时，料具堆放重量不得超过脚手架的容许荷重；操作前应对脚手架进行检查，如有损坏应及时修理加固。严禁踩踏脚手架护栏杆操作和攀附脚手架上下。

9. 斩假石(剁斧石)操作前应先检查斧头和木柄是否牢靠，操作时人员要戴防护眼镜。

10. 使用手持式电动工具(砂轮机、角向磨光机、冲击电钻等)必须遵守下列要求。

(1)刀具应刀刃锋利，完好无损，安装正确、牢固。

(2)非金属壳体的电动机、电器，在存放和使用时应避免受压、受潮，并不得和汽油等溶剂接触。

续上表

(3)受潮、变形、有裂纹、破碎、磕边、缺口或接触过油类、碱类的砂轮不得使用。受潮的砂轮片,不得自行烘干使用。砂轮与接触盘间软垫应安装稳妥,螺母不得过紧。 (4)使用前必须检查:①保护接地(接零)连接正确,牢固可靠,电缆软线及插头等应完好无抽,开关动作应正常,并注意开关的操作方法。②外壳、手柄应无裂缝、破损。③电气保护装置良好、可靠,机械防护装置齐全有效。 (5)手持砂轮机、角向磨光机,必须装防护罩。操作时,加力要平衡,不得用力过猛。 (6)作业中,不得用手触摸刃具、模具、砂轮,发现有磨钝、破损情况时应立即停机修整或更换后再行作业。 (7)严禁超荷载使用,随时注意机具声响、温升,发现异常应立即停机检查。作业时间过长,温度升高时,应停机待自然冷却后再行作业。 (8)启动后,空载运转并检查工具联动应灵活无阻。 (9)机具运转时不得撒手。 (10)使用角向磨光机应注意砂轮的安全线速度为 80 米/分钟,作磨削时应使砂轮与工作面保持 15°～30°的倾斜位置。作切割的砂轮不得倾斜。 (11)使用冲击电钻注意事项:①钻头应顶在工件上再打钻,不得空打或顶死。②钻孔时应避开混凝土中的钢筋。③必须垂直地顶在工件上,不得在钻孔中晃动。④使用直径在25 毫米以上的冲击钻时,作业场地周围应设护栏。在地面以上操作应有稳固的平台。 11. 使用水磨石切割机应遵守下列要求。 (1)启动前检查电动机、电器应正常,接地(接零)保护良好,机械防护装置齐全有效,锯片选用符合要求,安装正确,然后进行空载运转,确认正常后,方可作业。 (2)操作人员要双手按紧工件,匀速送料,不得用力过猛。操作时不得戴手套。 (3)加工件送到与锯片相距 30 厘米处或切割小块水磨石时应使用专用工具,送料不得直接用手推料。 (4)作业中,严禁工件冲击、跳动现象发生。发现异常声响,应立即停机检查。排除故障后,方可继续作业。 (5)锯台上碎屑应用专用工具随时清除,不得用手拣拾或抹拭。 12. 使用机械抹灰时,应注意下列要求。 (1)当上落脚手架或较远距离移动时,要有人协助。在转移房间时,应关闭气阀,喷头朝下。 (2)在喷射进行中不得中途将管屈折停喷,以防爆管及伤人。 (3)拿喷枪的操作人员,必须戴防护眼镜。 13. 干挂饰面板,必须遵守如下要求。 (1)金属挂件所采用的构造方式、数量,要同块材外形规格的大小及其重量相适应。 (2)饰面块材的外形规格大小必须适合当地的最大风力及抗震要求,并严格注意排除有开裂、隐伤的块材。 (3)应配备专职检测人员及专用测力扳手,随时检测挂件安装的操作质量,排除结构基层上有松动的螺栓和紧固螺母的旋紧力未达到设计要求的情况,其抽检数量按 1/3 进行。 (4)所有块材、挂件及其零件均应按常规方法进行材质定量检验。 (5)室内外运输道路应平整,石块材料放在手推车上运输时应垫以松软材料,两侧宜有人

续上表

<table>
<tr><td colspan="6">扶持，以免碰花碰损和砸伤人员。
(6)现场棚架、平台或脚手架，必须安全牢固，脚手板上只准堆放单层石材，不得堆放与干挂施工无关的物品；需要上下交叉作业时，应互相错开，禁止上下同一工作面操作，作业人员应戴好安全帽。
(7)块材钻孔、切割应在固定的机架上，并由经过专业岗位培训的人员操作，操作时人员应戴防护眼镜。</td></tr>
<tr><td colspan="6">重点强调：
1. 禁止在门窗、暖气片、洗脸池等器物上搭设脚手板。严禁踩踏脚手架的防护栏杆和在阳台板上进行操作。
2. 脚手板上的料具应堆放稳妥，禁止从架上掷落。
3. 使用手持式电动工具(砂轮机、角向磨光机、冲击电钻等)，使用水磨石切割机，使用机械抹灰以及干挂饰面板作业必须遵守相关规定的要求。</td></tr>
<tr><td>审核人</td><td></td><td>交底人</td><td></td><td>接受交底负责人</td><td></td></tr>
<tr><td colspan="6">作业班组全体签名：</td></tr>
</table>

油漆、喷涂、刷浆施工安全交底

编号：

施工单位	
工程名称	
分部分项工程	
工　　种	

交底内容：

一、主要危险源与危害因素

1. 未按规定佩戴安全防护用品(可能导致中毒、高处坠落、物体打击、触电等伤害)。

2. 对油漆施工毒物认识不足,操作随意。

3. 抛掷物料、工具。

4. 违章吸烟、违章动用明火。

5. 配制油漆涂料时违章作业。

6. 喷涂人员作业时,出现头痛、恶心、胸闷和心悸等,仍继续作业。

二、安全注意事项

1. 喷涂时,如发现喷枪出漆不匀,严禁人员对着喷嘴查看,可调整出气嘴和出漆嘴之间的距离来解决。最好在施工前用水代替喷漆进行试喷,无问题后再正式进行操作。

2. 梯子脚要包裹麻布或橡胶,用人字梯在光滑地面操作时,必须先检查拉绳(或链条)是否拴紧。人员上下扶梯时,应防止断挡及滑下跌伤,梯子仰角不得小于60°。

3. 各类油漆,因其易燃或有毒,应存放在专用库房内,不准与其他材料混堆。对挥发性油料必须存放于密闭容器内,并设专人保管。

4. 用钢丝刷、锉、气动或电动工具清除铁锈、铁鳞时,要戴上防护眼镜。在涂刷红丹防锈漆及含铅颜料的油漆时,要注意防止中毒,操作时要戴口罩。用喷砂除锈,喷嘴接头要牢固,不准对人。喷嘴堵塞时,应停机消除压力后,方可进行修理或更换。

5. 为避免静电聚集,喷漆室(棚)或罐体涂漆应设有接地保护装置。

6. 油漆涂料库房应有良好的通风,并应设置消防器材,悬挂醒目的“严禁烟火”标志。库房与其他建筑物应保持一定的安全距离,严禁住人。

7. 使用天然漆(生漆)时,由于有毒性,操作时要防止中毒。在操作前先用软凡士林油膏涂抹两手及面部,用以封闭外露皮肤毛细孔。操作时要配戴好口罩和手套。若手上沾漆污时,可用煤油(火水)、豆油擦试干净,不应用松香水或汽油洗涤,禁止用已沾漆的手去碰身体别的部位。人员中毒后应停止工作,可用杉木或香樟木熬煎的温水洗刷患处或去医院治疗。

8. 使用煤油、汽油、松香水、丙酮等易燃调配油料,作业人员应配戴好防护用品,禁止吸烟。

9. 油漆窗户时,严禁人员站或骑在窗槛上操作,以防槛断人落。

10. 高处作业(如上立杆或烟囱涂刷埋件等)时,要配挂好安全带或搭设安全网,或两者同时配置。

续上表

11. 涂刷外开窗时，应将安全带挂在牢靠的地方。刷封檐板应利用外装修架或搭设挑架进行；刷水落管应利用外脚手架或单独搭设吊架进行。 12. 雨后初晴，脚手架、梯子和屋面受湿易于滑跌，应采取防滑措施，或待稍干后方可进行操作。 13. 刷涂坡度大于25度的铁皮屋面时，应设置活动板梯、防护栏杆和安全网。 14. 在有电源的房间操作时，应先关闭电闸，闸门加锁。在机械设备附近操作时，必须在机械停机后进行。 15. 夜间作业时，照明应采取防爆措施。涂刷大面积场地时，室内照明和电气设备必须按防爆等级规定进行安装。 16. 容器内喷涂，必须保持良好的通风，一般应尽量在露天喷涂。作业的周围不得有火种。 17. 在室内或容器内喷涂时，作业人员应隔2小时左右到室外换换空气。 18. 操作前，必须检查脚手架、梯子是否安全牢固，脚手板有无空洞或探头等，如发现有不安全隐患，应进行修理加固后方可作业。 19. 喷涂对人体有害的油漆涂料时，作业人员要戴防毒口罩，如对眼睛有害，必须戴上密闭式的眼镜进行防护。 20. 喷涂硝基漆或其他挥发性、易燃性溶剂稀释的涂料时，不准使用明火或吸烟。 21. 沾油漆或稀释油类的棉纱、破布等物，应全部收集存放在有盖的金属箱内，待不能使用时应集中销毁或用碱将油污洗净以备再用。 22. 使用喷灰水机械，必须经常检查橡胶管有无裂缝，接头是否松动，安全阀是否有效。禁止用塑料管代替橡胶管。喷涂灰水，作业人员必须戴好防护眼镜、口罩及手套。当班工完要洗净橡胶管，下班后要切断电源。手上沾有灰水时，不准开关电闸，以防触电。 23. 喷涂作业人员进行施工时，感觉头痛、心悸和恶心时，应立即停止工作并远离工作地点到通风处换气，如仍没有缓解，应去医院治疗。 24. 刷涂耐酸、耐腐蚀的过氯乙烯漆时，由于气味较大，有毒性，在刷漆时作业人员应戴上防毒口罩，每隔1小时到室外换气一次，同时还应保持工作场所有良好的通风。 25. 使用喷灯时，汽油不得过满，打气不得过足，应在避风处点燃喷灯，火嘴不能直接对人和易燃物品。使用时间不宜过长，以免发生爆炸。停歇时应立即熄火。 26. 使用高压无气喷涂泵必须遵守如下规定。 (1)喷枪专用的高压软管，不得任意代用，软管接头应为具有规定强度的导电材料制成，其最大电阻不超过1 MΩ。 (2)喷嘴堵塞时，应先卸压，关上安全锁，然后拆下喷嘴进行清洗。排除喷嘴孔堵塞时，应用竹木等物进行，不得用铁丝等硬物品当作通针。 (3)作业前检查电动机、电器、机身应接地(接零)良好，检查吸入软管、回路软管接头和压力表、高压软管与喷枪均应连接牢固。 (4)喷涂燃点在21℃以下的易燃涂料(如硝基纤维素等)时，喷涂泵和被喷涂物件均应接地(接零)。喷涂泵不得放置在喷涂作业的同一房间内。

续上表

(5)作业中喷枪严禁对人,不得用手碰触喷出的涂料,发生喷射受伤的人员应立即送医院治疗。 (6)喷涂过程中高压软管的最小弯曲半径不得小于250毫米。 (7)工作间断停止喷涂时,应切断电源,关上喷枪安全锁,卸去压力,并将喷枪放在溶剂桶内。 (8)作业前应先空载运转,然后使用水或溶剂进行试运转检查,确认运转正常后,方可作业。 (9)清洗喷枪时,不得把涂料(尤其是燃点在21°C以下)喷向密闭的容器里。 27. 油漆施工常见毒物防治方法。 (1)铅:包括铅白、铅铬绿、红丹、黄丹等含铅化合物。它是一种慢性中毒的化合物,日久方能发觉体弱易倦、食欲不振、体重减轻、脸色苍白、腹痛、头痛、关节痛等。预防的方法是以刷涂施工方法为宜,加强通风等,作业人员饭前洗手,下班淋浴,最好能用其他防锈漆来代替红丹防锈漆。 (2)苯:无色、透明具有芳香的液体,油漆中用来作溶剂,沸点80°C,极易挥发。苯中毒后会出现头痛、头昏、记忆力减退、无力,失眠等。另外还能引起皮肤干燥骚痒,发红。热苯还可以引起皮肤水泡,出现脱脂性皮炎。预防的方法是应加强自然通风和局部的机械通风,严禁用苯洗手。 (3)汽油:无色透明液体,具有很强的挥发性,若在超过汽油蒸汽容许浓度时的环境中长期工作,能使人的神经系统和造血系统损害,皮肤接触后可能产生皮炎、湿疹和皮肤干燥。因此,在高浓度的汽油蒸汽环境工作时,作业人员要戴防毒面具或加强机械通风;手上可涂保护性糊剂进行保护;工作结束后,用肥皂水洗净,并用清水冲洗干净。 (4)刺激性气体如氯气,对呼吸道、皮肤和眼睛有损害。应加强个人防护,加强通风和局部机械通风,使作业场所有害气体浓度降低到容许浓度的下限。

续上表

重点强调：

1. 喷涂时，如发现喷枪出漆不匀，严禁人员对着喷嘴查看，可调整出气嘴和出漆嘴之间的距离来解决。最好在施工前用水代替喷漆进行试喷，无问题后再正式进行操作。

2. 各类油漆，因其易燃或有毒，应存放在专用库房内，不准与其他材料混堆。对挥发性油料必须存放于密闭容器内，并设专人保管。

3. 用钢丝刷、锉、气动或电动工具清除铁锈、铁鳞时，要戴上防护眼镜。在涂刷红丹防锈漆及含铅颜料的油漆时，要注意防止中毒，操作时要戴口罩。用喷砂除锈，喷嘴接头要牢固，不准对人。

4. 为避免静电聚集，喷漆室(棚)或罐体涂漆应设有接地保护装置。

5. 油漆涂料库房应有良好的通风，并应设置消防器材，悬挂醒目的“严禁烟火”标志。库房与其他建筑物应保持一定的安全距离，严禁住人。

6. 使用煤油、汽油、松香水、丙酮等易燃调配油料，作业人员应配戴好防护用品，禁止吸烟。

7. 喷涂对人体有害的油漆涂料时，作业人员要戴防毒口罩，如对眼睛有害，须戴密闭式眼镜。

8. 使用喷灯时，汽油不得过满，打气不得过足，应在避风处点燃喷灯，火嘴不能直接对人和易燃物品。使用时间不宜过长，以免发生爆炸。停歇时应立即熄火。

9. 使用高压无气喷涂泵必须遵守相关规定。

10. 油漆作业人员应掌握常见毒物防治方法。

审核人		交底人		接受交底负责人	

作业班组全体签名：

装修机械安全交底

编号：

施工单位	
工程名称	
分部分项工程	
工　　种	

交底内容：

一、主要危险源与危害因素

1. 违章使用装修机械。

2. 作业人员未按规定佩戴安全防护用品。

3. 机械和电线路绝缘不良；违章用电。

二、安全注意事项

（一）灰浆搅拌机操作安全要求

1. 固定式搅拌机的上料斗应能在轨道上移动。料斗提升时，严禁斗下有人。

2. 运转中，严禁用手或木棒等伸进搅拌筒内，或在筒口清理灰浆。

3. 启动后，应先空运转，检查搅拌叶旋转方向正确，方可加料加水进行搅拌作业。加入的砂子应过筛。

4. 作业前应检查并确认传动机构、工作装置、防护装置等牢固可靠，三角带松紧度适当，搅拌叶片和筒壁间隙在 3～5 毫米之间，搅拌轴两端密封良好。

5. 作业中，当发生故障不能继续搅拌时，应立即切断电源，将筒内灰浆倒出，排除故障后方可使用。

6. 固定式搅拌机应有牢靠的基础，移动式搅拌机应采用方木或撑架固定，并保持水平。

7. 作业后，应清除机械内外砂浆和积料，并用水清洗干净。

（二）装修机械操作安全要求

1. 装修机械应安装在防雨、防风沙的机棚内。

2. 装修机械上外露的传动部分应有防护罩，作业时，不得随意拆卸。

3. 装修机械上的刃具、胎具、模具、成型辊轮等应保证强度和精度，刃磨锋利，安装稳妥，紧固可靠。

4. 装修机械上的电动机、手持电动工具及液压装置的使用应按照相应的安全交底操作。

5. 长期搁置再用的机械，在使用前必须测量电动机绝缘电阻，合格后方可使用。

（三）挤压式灰浆泵操作安全要求

1. 料斗加满灰浆后，应停止振动，待灰浆从料斗泵送完时，再加新灰浆振动筛料。

2. 作业前，应先用水、再用白灰膏润滑输送管道后，方可加入灰浆，开始泵送。

3. 使用前，应先接好输送管道，往料斗加注清水，起动灰浆泵，当输送胶管出水时，应折起胶管，待升到额定压力时停泵，观察各部位应无渗漏现象。

4. 工作间歇时，应先停止送灰，后停止送气，并应防气嘴被灰堵塞。

5. 泵送过程应注意观察压力表。当压力迅速上升，有堵管现象时，应反转泵送 2～3 转，使灰浆返回料斗，经搅拌后再泵送。当多次正反泵仍不能畅通时，应停机检查，排除堵塞。

6. 作业后，应将泵机和管路系统全部清洗干净。

续上表

（四）喷浆机操作安全要求 1. 泵体内不得无液体干转。在检查电动机旋转方向时，应先打开料桶开关，让石灰浆流入泵体内部后，再开动电动机带泵旋转。 2. 喷嘴孔径宜为 2.0～2.8 毫米；当孔径大于 2.8 毫米时，应及时更换。 3. 喷涂前，应对石灰浆采用 60 目筛网过滤两遍。 4. 作业后，应往料斗注入清水，开泵清洗直到水清为止，再倒出泵内积水，清洗疏通喷头座及滤网，并将喷枪擦洗干净。 5. 石灰浆的密度应为 1.06～1.10 克/厘米^3。 6. 长期存放前，应清除前、后轴承座内的石灰浆积料，堵塞进浆口，从出浆口注入机油约 50 毫升。再堵塞出浆口，开机运转约 30 秒，使泵体内润滑防锈。 （五）柱塞式、隔膜式灰浆泵操作安全要求 1. 泵送过程不宜停机。当短时间内不需泵送时，可打开灰浆阀使灰浆在泵体内循环运行。当停泵时间较长时，应每隔 3～5 分钟泵送一次，泵送时间宜为 0.5 分钟，应防灰浆凝固。 2. 泵送前，应先用水进行泵送试验，检查并确认各部位无渗漏。当有渗漏时，应先排除。 3. 被输送的灰浆应搅拌均匀，不得有干砂和硬块；不得混入石子或其他杂物；灰浆稠度应为 80～120 毫米。 4. 泵送过程应随时观察压力表的泵送压力，当泵送压力超过预调的 1.5 MPa 时，应反向泵送，使管道内部分灰浆返回料斗，再缓慢泵送；当无效时，应停机卸压检查，不得强行泵送。 5. 灰浆泵应安装平稳。输送管路的布置宜短直、少弯头；全部输送管道接头应紧密连接，不得渗漏；垂直管道应固定牢固；管道上不得加压或悬挂重物。 6. 故障停机时，应打开泄浆阀使压力下降，然后排除故障。灰浆泵压力未达到零时，不得拆卸空气室、安全阀和管道。 7. 作业前应检查并确认球阀完好，泵内无干硬灰浆等物，各连接件紧固牢靠，安全阀已调整到预定的安全压力。 8. 泵送时，应先开机后加料。应先用泵压送适量石灰膏润滑输送管道，然后再加入稀灰浆，最后调整到所需稠度。 9. 作业后，应采用石灰膏或浓石灰水把输送管道里的灰浆全部泵出，再用清水将泵和输送管道清洗干净。 （六）水磨石机操作安全要求 1. 作业前，应检查并确认各连接件紧固，当用木槌轻击磨石发出无裂纹的清脆声音时，方可作业。 2. 更换新磨石后，应先在废水磨石地坪上或废水泥制品表面磨 1～2 小时，待金刚石切削刃磨出后，再投入工作面作业。 3. 电缆线应离地架设，不得放在地面上拖动。电缆线应无破损，保护接地良好。 4. 水磨石机宜在混凝土达到设计强度 70％～80％时进行磨削作业。 5. 在接通电源、水源后，应手压扶把使磨盘离开地面，再启动电动机。并应检查确认磨盘旋转方向与箭头所示方向一致，待运转正常后，再缓慢放下磨盘，进行作业。 6. 作业中，当发现磨盘跳动或异响，应立即停机检修。停机时，应先提升磨盘后关机。 7. 作业中，使用的冷却水不得间断，用水量宜调至工作面不发干。

续上表

8．作业后，应切断电源，清洗各部位泥浆，放置在干燥处，用防雨布遮盖。

（七）高压无气喷涂机操作安全要求

1．喷涂燃点在21℃以下的易燃涂料时，必须接好地线，地线的一端接电动机零线位置，另一端应接涂料桶或被喷的金属物体。喷涂机不得和被喷物放在同一房间里，周围严禁有明火。

2．喷涂中，当喷枪堵塞时，应先将枪关闭，使喷嘴手柄旋转180°，再打开喷枪用压力涂料排除堵塞物，当堵塞严重时，应停机卸压后，拆下喷嘴，排除堵塞。

3．作业中，当停歇时间较长时，应停机卸压，将喷枪的喷嘴部位放入溶剂内。

4．作业前，应先空载运转，然后用水或溶剂进行运转检查。确认运转正常后，方可作业。

5．不得用手指试高压射流，射流严禁正对其他人员。喷涂间隙时，应随手关闭喷枪安全装置。

6．启动前，调压阀、卸压阀应处于开启状态，吸入软管、回路软管接头和压力表、高压软管及喷枪等均应连接牢固。

7．高压软管的弯曲半径不得小于250毫米，亦不得在尖锐的物体上用脚踩高压软管。

8．作业后，应彻底清洗喷枪。清洗时不得将溶剂喷回小口径的溶剂桶内。应防产生静电火花引起着火。

（八）混凝土切割机操作安全要求

1．严禁在运转中检查、维修各部件。锯台上和构件锯缝中的碎屑应采用专用工具及时清除，不得用手捡拾或抹试。

2．切割厚度应按机械出厂铭牌规定进行，不得超厚切割。

3．启动后，应空载运转，检查并确认锯片运转方向正确，升降机构灵活，运转中无异常、异响，一切正常后，方可作业。

4．加工件送到与锯片相距300毫米处或切割小块料时，应使用专用工具送料，不得直接用手推料。

5．操作人员应双手按紧工件，均匀送料，在推进切割机时，不得用力过猛。操作时不得带手套。

6．作业中，当工件发生冲击、跳动及异常音响时，应立即停机检查，排除故障后，方可继续作业。

7．使用前，应检查并确认电动机、电缆线均正常，保护接地良好，防护装置安全有效，锯片选用符合要求，安装正确。

8．作业后，应清洗机身，擦干锯片，排放水箱余水，收回电缆线，并存放在干燥、通风处。

重点强调：

灰浆搅拌机、挤压式灰浆泵、喷浆机、柱塞式、隔膜式灰浆泵、水磨石机、高压无气喷涂机、混凝土切割机等装修机械的操作安全要点严格按上述安全事项中具体要求执行。

审核人		交底人		接受交底负责人	

作业班组全体签名：

第八章　竣工验收阶段及拆除施工安全交底

模板与支架拆除安全交底　　　　编号：

施工单位	
工程名称	
分部分项工程	
工　　种	

交底内容：

一、主要危险源与危害因素

1. 拆除作业未设警戒区，无专人警戒。

2. 拆除顺序错误；使用吊车吊拆未松动的模板。

3. 抛掷拆下的模板、构件、料具。

4. 作业人员未按规定佩戴安全防护用品。

二、安全注意事项

（一）拆除准备安全要点

1. 拆除时混凝土强度应符合规定的要求。

2. 模板、支架的拆除必须设立警戒区，非作业人员严禁进入。

3. 模板、支架的拆除顺序应按施工方案执行。方案中未规定者，应执行先支后拆、后支先拆、先拆非承重模板、后拆承重模板、自上而下、分层分段拆除的顺序和原则。

（二）拆除作业安全要点

1. 拆除人员应使用稳固的登高工具，保持自身平衡，防止失稳坠落。

2. 严禁使用吊车吊拆未松动的模板。

3. 拆除过程中，对有倾倒危险的模板、支架应进行临时支撑加固。

4. 作业时料具、构件应传递，严禁抛掷。

5. 拆下的模板、构件应及时向下传递运出，严禁堆放在支架上。

6. 拆下的模板、构件临时堆放的位置、高度、地点不得影响通行和作业安全。

续上表

<table>
<tr><td colspan="6">重点强调：
1. 模板、支架的拆除必须设立警戒区，非作业人员严禁进入。
2. 模板、支架的拆除顺序应按施工方案执行。
3. 严禁使用吊车吊拆未松动的模板。
4. 拆除过程中，对有倾倒危险的模板、支架应进行临时支撑加固。作业时料具、构件应传递，严禁抛掷。</td></tr>
<tr><td>审核人</td><td></td><td>交底人</td><td></td><td>接受交底负责人</td><td></td></tr>
<tr><td colspan="6">作业班组全体签名：</td></tr>
</table>

脚手架拆除安全交底

编号：

施工单位	
工程名称	
分部分项工程	
工　　种	

交底内容：

一、主要危险源与危害因素

1. 拆除作业现场未设警戒区，无专人警戒。

2. 工具随意放置；拆下的杆件、配件等随意堆放或抛掷。

3. 拆除程序错误；上下同时作业。

4. 拆除中途换人时，未将拆除情况交代清楚。

5. 作业人员未按规定佩戴安全防护用品。

二、安全注意事项

（一）拆除准备安全要点

1. 正确穿戴好个人防护用品，作业人员应穿软底鞋。

2. 班组成员要明确分工，统一指挥，操作过程中精力要集中，不得东张西望和开玩笑。

3. 工具不用时要放入工具袋内。

4. 清除脚手架上的材料、杂物及地面障碍物，并将受其影响的机电设备及其他管线等拆除或加以保护。

5. 拆除脚手架之前，划定危险作业范围，设置围栏或警戒标志，设专人指挥。在交通要道设专人监护，禁止车辆和行人入内。

（二）拆除作业安全要点

1. 拆除程序与搭设程序相反，先搭的后拆除，拆除顺序应逐层从上向下进行，严禁上下同时作业。

2. 拆除时，先将防护栏杆、安全网等附加杆件拆除，并将脚手板向下传递，每挡留一块脚手板以便于操作。

3. 拆下的杆件、扣件、脚手板等材料，应采用溜放，严禁向下投掷。已卸开的脚手杆、板，应一次性全部拆完。

4. 拆除作业中应随时注意作业位置的可靠，挂牢安全带。

5. 所有连墙件应随脚手架逐层拆除，严禁先将连墙件整层或数层拆除后再拆脚手架。

6. 连墙件分段拆除高差不应大于两步，如高差大于两步应增设连墙件加固。

7. 连墙件不得提前拆除，在逐层拆除到连墙件部位时，方可拆除。在最后一道连墙件拆除之前，应先在立杆上设置抛撑后进行，以保证立杆拆除中的稳定性。

8. 当脚手架拆至下部最后一根长钢管的高度时，根据现场需要先在适当位置搭临时支撑加固，后拆连墙件。

9. 当脚手架采取分段分立面拆除时，对不拆除的脚手架两端应先设置连墙件和横向支撑加固。

10. 拆除脚手架的剪刀撑、大横杆时，应先拆除中间扣件，然后拆除两端扣件，防止因积累变形发生挑杆。

续上表

<table>
<tr><td colspan="6">　　11. 各构配件必须及时分段集中运至地面，严禁抛扔。脚手架拆除后，必须做到工完场清，材料堆放整齐、安全稳定，并及时转运。
　　12. 运至地面的构配件应按规定的要求及时检查整修与保养，并按品种、规格随时堆码存放，置于干燥通风处，防止锈蚀。
　　13. 拆除过程中最好不要中途换人，如必须换人时，应将拆除情况交代清楚。
　　14. 拆除过程中最好不要中断，如确需中断应将拆除部分处理清楚告一段落，并检查是否会倒塌，确认安全后方可停歇。</td></tr>
<tr><td colspan="6">重点强调：
　　1. 拆除脚手架之前，应划定危险作业范围，设置围栏或警戒标志，设专人指挥。在交通要道设专人监护，禁止车辆和行人入内。
　　2. 工具不用时要放入工具袋内。
　　3. 拆除程序与搭设程序相反，先搭的后拆除，拆除顺序应逐层从上向下进行，严禁上下同时作业。
　　4. 拆除脚手架的剪刀撑、大横杆时，应先拆除中间扣件，然后拆除两端扣件，防止因积累变形发生挑杆。
　　5. 严禁先将连墙件整层或数层拆除后再拆脚手架。
　　6. 拆下的杆件、扣件、脚手板等材料，应采用溜放，严禁向下投掷。已卸开的脚手杆、板，应一次性全部拆完。
　　7. 拆除过程中最好不要中途换人，如必须换人时，应将拆除情况交代清楚。</td></tr>
<tr><td>审核人</td><td></td><td>交底人</td><td></td><td>接受交底负责人</td><td></td></tr>
<tr><td colspan="6">作业班组全体签名：</td></tr>
</table>

临时房屋拆除安全交底

编号：

施工单位	
工程名称	
分部分项工程	
工　　种	

交底内容：

一、主要危险源与危害因素

1. 作业前，未切断原给排水、电、暖、燃气等源头和拆除各种管道。

2. 作业人员未按规定佩戴安全防护用品。恶劣天气仍继续高处作业；用电机具设备绝缘不良；违章用电。

3. 作业人员直接踩踏在轻型板材上拆除轻型材料屋面。

二、安全注意事项

1. 作业前，必须切断原给排水、电、暖、燃气等源头和拆除各种管道。

2. 作业人员进入施工场地必须戴合格的安全帽并系好下颌带、戴防护眼镜，在稳固的结构部位上操作。登高(2 米及以上)作业时必须系好安全带，系挂牢固，高挂低用，应穿防滑鞋，把手工工具放在工具袋内。

3. 作业人员严禁酒后作业，严禁吸烟，禁止追逐打闹，禁止私自动用明火。

4. 禁止私自拆除移动防护设备、电气设备。禁止操作与自己无关的机械设备。

5. 要有牢固的围护措施，封闭严密，防止坠物伤人，作业区周边设置安全围挡及警示牌。

6. 拆除作业施工所需要的水、电应另行设计专用的临时配电线路、供水管道。

7. 拆除建筑物，应自上而下按顺序进行，先拆除非承重结构后拆除承重部分。当拆除一部分时，另与之相关连的其他部位采取临时加固稳定措施，防止发生坍塌。承重结构件要等待其所承担的全部结构和荷重拆除后再进行拆除。

8. 拆除作业要设置溜放槽，将拆除下的散碎材料顺槽滑下，较大承重材料应用绳或起重机吊下或运走，严禁向下抛掷。

9. 拆除轻型材料屋面时，严禁作业人员直接踩踏在轻型板材上作业，必须使用移动板梯，同时板梯上端必须挂牢，防止发生高处坠落事故。

10. 遇有 6 级强风、大雨等恶劣天气，应暂停高处作业。强风、大雨后应检查高处作业安全设施的安全性。

11. 施工中使用的电动工具及电气设备，其性能和使用均应符合有关规定。

续上表

<table>
<tr><td colspan="6">重点强调：
1. 作业前，必须切断原给排水、电、暖、燃气等源头和拆除各种管道。
2. 作业人员进入施工场地必须按规定佩戴安全防护用品。
3. 拆除轻型材料屋面时，严禁作业人员直接踩踏在轻型板材上作业，必须使用移动板梯，同时板梯上端必须挂牢，防止发生高处坠落事故。
4. 遇有6级强风、大雨、等恶劣天气，应暂停高处作业。
5. 施工中使用的电动工具及电气设备，其性能和使用均应符合有关规定。</td></tr>
<tr><td>审核人</td><td></td><td>交底人</td><td></td><td>接受交底负责人</td><td></td></tr>
<tr><td colspan="6">作业班组全体签名：</td></tr>
</table>

第九章　事故应急救援安全交底

事故伤员救援处理安全交底　　　　编号：

施工单位	
工程名称	
分部分项工程	
工　　种	

交底内容：

一、主要危险源与危害因素

1. 冒险盲目救援，造成施救人员伤害。

2. 不懂救援方法，贻误救援时机或救援措施错误，造成伤员二次伤害甚至死亡。

3. 拨打"120"急救电话时，信息错误或信息不详。

二、安全注意事项

（一）高处坠落处理措施

1. 救援人员首先根据伤者受伤部位立即组织抢救，促使伤者快速脱离危险环境，送往医院救治，并保护现场。察看事故现场周围有无其他危险源存在。

2. 在抢救伤员的同时迅速向上级报告事故现场情况。

3. 抢救受伤人员时应注意的事项。

（1）如确认人员已死亡，立即保护现场。

（2）如发生人员昏迷、伤及内脏、骨折及大量失血，应采取以下办法：①立即联系120急救车或距现场最近的医院，并说明伤情。为取得最佳抢救效果，还可根据伤情送往专科医院。②外伤大出血：急救车未到前，现场采取止血措施。③骨折：注意运送时的保护，对昏迷、可能伤及脊椎、内脏或伤情不详者一律用担架或平板运送，禁止用搂、抱、背等方式运送伤员。

（3）一般性伤情的人员应送往医院检查，防止破伤风。

（二）物体打击处理措施

当发生物体打击事故后，抢救的重点放在颅脑损伤、胸部骨折和出血上进行处理。

1. 发生物体打击事故，应马上组织抢救伤者，首先观察伤者的受伤情况、部位、伤害性质，如伤员发生休克，应先处理休克。遇呼吸、心跳停止者，应立即进行人工呼吸，胸外心脏挤压。处于休克状态的伤员要让其安静、保暖、平卧、少动，并将下肢抬高约20°左右，尽快送医院进行抢救治疗。

2. 出现颅脑损伤，必须维持伤员呼吸道通畅。昏迷者应平卧，面部转向一侧，以防舌根下坠或分泌物、呕吐物吸入，发生喉阻塞。有骨折者，应初步固定后再搬运。遇有凹陷骨折、严重的颅底骨折及严重的脑损伤症状出现，创伤处用消毒的纱布或清洁布等覆盖伤口，用绷带或布条包扎后，及时送就近有条件的医院治疗。

续上表

（三）坍塌处理措施 1. 在整个施工阶段要从人员、设备、材料和制度作好充分的准备工作，一旦遇到险情能及时迅速投入到抢险工作中。 2. 加强监测，随时掌握围护桩变形情况、地表隆陷情况、地下水情况等，以便采用相应的措施。如若发生桩体塌方，则应进行如下处理： （1）发生塌方后，不要慌张，保护好现场，并及时通知现场管理人员组织抢救工作。 （2）救援人员通过钢吊笼下井抢救受伤人员。 （3）井上人员准备好氧气包、医用消毒药水及纱布对受伤人员进行简单处理。 （4）及时组织车辆将受伤人员就近送往医院治疗。 （5）若塌方继续发生为防止周围桩孔发生意外，应及时疏散周围桩孔作业人员。 （6）对塌方的桩孔待塌方稳定后及时组织人员修补、处理。若无法处理，必要时可填砂重筑。 （四）中毒处理措施 1. 现场人员发现有中毒人员应立即通知应急小组成员。 2. 现场人员应先用湿毛巾捂住口鼻抢救中毒人员，并将患者移到通风良好、空气新鲜的地方，注意保暖。 3. 拨打“120”急救电话，详细说明中毒的症状、反映及事故地点，并派人到路口接应。 4. 确保患者呼吸道通畅，对神志不清者应将头部偏向一侧，以防呕吐物吸入呼吸道引起窒息。 5. 查找中毒原因，排除隐患，防止事故扩大或再发生。 （五）触电处理措施 1. 现场人员应首先迅速拉闸断电，尽可能的立即切断总电源（关闭电路），亦可用现场得到的干燥木棒或绳子等非导电体移开电线或电器。 2. 使伤员立即脱离危险地方，组织人员进行抢救。 3. 若发现触电者呼吸或呼吸心跳均停止，则将伤员仰卧在平地上或平板上立即进行人工呼吸或同时进行体外心脏按压。 4. 立即拨打 120 救护中心与医院取得联系，应详细说明事故地点、严重程度，并派人到路口接应。 5. 通知有关现场负责人。 （六）其他类型伤害处理措施 1. 烫伤与烧伤。烫伤和烧伤事故常见于日常生产生活中。及时采取救助手段，可有效减缓伤害程度。 应急要点： （1）烫伤后，要迅速除去热源，离开现场，在第一时间用清水冲洗伤口 10 分钟以上。如烫伤较轻无伤口，可用獾油、烫伤药膏或牙膏涂在患处。 （2）对烧伤者，在隔断热源后，应尽量使其呼吸畅通，然后小心除去伤者创面及周围的衣物、皮带、手表、项链、戒指、鞋等。对粘在创面的衣物等，应先用冷水降温后，再慢慢地除去。 （3）当遇到严重烫伤或烧伤人员时，应用敷料（如清洁的布料等）遮盖伤处，立即送往医院救治。

续上表

(4)接触高温、电或化学品时，要特别注意保护皮肤的安全。 (5)即使是轻度烫伤或烧伤，在自行处理后，也应该去医院就诊。 (6)如烫伤或烧伤严重，不可使用烫伤药膏或其他油剂，不可刺穿水疱。 2. 眼灼伤。各种化学物品的溶液或粉尘意外进入眼内，或不慎接触到强烈的化学气体，都有可能引起眼灼伤。 应急要点： (1)眼睛被化学物品灼伤后，应尽快用大量清水如自来水、蒸馏水冲洗眼睛。 (2)冲洗时不要溅及未受伤的眼睛。 (3)可以把整个面部泡在水里，连续做睁眼和闭眼的动作。 (4)冲洗后，用清洁敷料覆盖保护伤眼，迅速前往医院。 (5)不要用手揉眼睛。 3. 严重的胸、腹外伤。当发生利器刺入胸、腹部或肠管外脱事故时，不能随便处理，以免因出血过多或脏器严重感染而危及伤者的生命。 应急要点： (1)已经刺入胸、腹部的利器，千万不要自己取出。如果拔出刺入胸、腹部的利器，会造成伤者大出血，危及生命。应就近找东西固定利器，并立即将伤者送往医院。 (2)因腹部外伤造成肠管脱出体外，千万不要将脱出的肠管送回腹腔。自行将外脱的肠管送回腹腔，极易造成严重的感染。应在脱出的肠管上覆盖消毒纱布或消毒布类，再用干净的碗或盆扣在伤口上，用绷带或布带固定，迅速送医院抢救。 (3)及时拨打报警求助电话。 4. 骨折 。骨折会影响到受伤处附近的软组织，导致肿胀、出血；断骨还会伤及周围的血管、神经、内脏及肌肉。 应急要点： (1)用双手稳定及承托受伤部位，限制骨折处的活动，并放置软垫，用绷带、夹板或替代品妥善固定伤肢。如上肢受伤，则将伤肢固定于躯干；如下肢受伤，则将伤肢固定于另一健肢。 (2)应垫高伤肢，减轻肿胀。 (3)如伤肢已扭曲，可用牵引法将伤肢轻沿骨骼轴心拉直；若牵引时引起伤者剧痛或皮肤变白，应立即停止。 (4)完成包扎后，如伤者出现伤肢麻痹或脉搏消失等情况，应立即松解绷带。 (5)如伤口中已有脏物，不要用水冲洗，不要使用药物，也不要试图将裸露在伤口外的断骨复位。应在伤口上覆盖灭菌纱布，然后适度包扎固定。 (6)如伤口中已嵌入异物，不要拔除。可在异物两旁加上敷料，直接压迫止血，并将受伤部位抬高，在异物周围用绷带包扎。千万注意不要将异物压入伤口，造成更大伤害。 (7)拨打急救电话。 (8)千万注意救助动作，不要加重伤者损伤。 (9)注意灭菌消毒，不要使伤口感染或导致破伤风。 (10)发生骨折的原因很多，救治的方法也有所不同，所以应将伤者及时送往医院，由专业医生救治。

续上表

<table>
<tr><td colspan="6">重点强调：
1. 当救援存在极大风险时，应暂停救援。
2. 救援方法务必正确，以免造成更大伤亡。
3. 拨打“120”急救电话时必须信息正确，必要时应到路口接应。
4. 急救要点、伤口处理要点须在施工前掌握。</td></tr>
<tr><td>审核人</td><td></td><td>交底人</td><td></td><td>接受交底负责人</td><td></td></tr>
<tr><td colspan="6">作业班组全体签名：</td></tr>
</table>

暗挖车站工程施工自救与应急救援安全交底　编号：

施工单位	
工程名称	
分部分项工程	
工　　种	

交底内容：

一、主要危险源与危害因素

1. 不懂逃生方法；忘记逃生路线；不服从逃生指令；未及时逃生；在未得到可以返回的指令前，已经撤离危险区域的人员擅自返回危险区域。

2. 不懂救援方法，盲目救援。

3. 未掌握天气变化情况，提前转移可能倾倒、淹没的机械设备；未提前对可能发生漫水、沉陷或垮塌的地方进行加固处理，未设警示标志。

二、安全注意事项

1. 当暗挖施工中发生险情时，应立即停止作业，迅速作出撤离决定。

2. 服从值班人员和安全负责人的指挥，要求紧急撤离时，必须根据应急预案规定的路线或在安全人员的指挥下紧急撤离。

3. 其他人员严禁进入危险区域，已经撤离危险区域的人员不得返回危险区域。

4. 暗挖车站内发生瓦斯燃烧、中毒、爆炸险情后，应采取下列措施。

(1)立即切断洞内所有施工及照明线路电源。

(2)立即停止施工，作业人员全部撤出，同时清点施工人数，确认人员伤亡情况。

(3)立即报告应急抢险领导小组。

(4)专人封锁现场，防止无关人员进入危险区域。

(5)在应急抢险人员的指导下，立即对遇险、受伤人员组织急救。

(6)非救护队成员不得进洞抢救，救护队在执行任务前，必须了解事故性质，并制定侦察工作的安全措施，方可进入事故区进行侦察，救护队必须在统一指挥下开展抢救工作，严禁个人单独行动。

(7)可供临时处置的供氧呼吸机、清洗器具、急救箱、担架等医药卫生设备及时到位。

(8)救助受困人员至安全地带，撤离施工设备。

(9)对受伤的人员进行临时处治，防止伤势恶化。

(10)应立即与当地医疗单位联系，将受伤人员就近转送医院治疗。

5. 当暗挖车站发生塌方时应采取下列措施。

(1)立即停止施工，作业人员全部撤出，同时清点施工人数。

(2)立即启动施工单位的应急预案实施救援。

(3)组织无关人员撤离事故现场。

(4)当隧道塌方造成人员被困时，人员应迅速移动到避难位置，并保持体力，不要自我挖掘塌方体，以免造成二次塌方。

(5)救援人员在科学合理的救援方案指导下，可选择从联络通道、隧道另一端、隧道侧面、洞顶等处快速开挖一个断面合适的小导洞，将被困人员尽快救出。

续上表

<table>
<tr><td colspan="6">(6)在开挖救援小导洞的同时,应利用高压风管等现有条件继续与洞内被困人员保持联系,并向洞内供风、供氧、供应食物及药品等。
(7)被困人员救出后应由专业医护人员进行救治。
6. 当暗挖车站内发生火灾时应采取下列措施。
(1)及时启动报警系统。
(2)起火初期,当火势不大,未对人与环境造成较大威胁时,应运用平时培训演练的技能,就近采用灭火器、水管等消防器材,尽可能地在第一时间将火扑灭。
(3)当火势失去控制时,应判明方向,迅速判断危险地点和安全地点,按逃生路线向地面或附近避难所撤离。
(4)对遇险、受伤人员组织急救。
7. 在可能发生自然灾害的地区施工时,应采取下列相应的措施。
(1)可能发生自然灾害时,应立即停止施工,对施工现场进行警戒检查并采取防护措施。
(2)在警报解除后,应确认无危险源方可进行作业。
(3)为防止大雨造成的灾害,暗挖车站施工应注意下列事项:①机械设备应尽早向安全场所转移或进行拆除,防止水淹、倾倒。②可能发生漫水、沉陷或垮塌的地方,应进行加固处理,并设警示标志。
(4)在遇强风、暴风时,对各种大型机械应采取防止倾倒及滑跑措施,对临时设备、脚手架等应采取保护措施。
(5)在跨冬季作业时,为了防止雪灾,施工时应注意下列事项:①必须对相关道路和施工用地进行除雪,保护车辆及人员安全,防止临时设施倒塌。②道路上必须设置警示标志。
(6)为防止雷击造成的灾害,应设置雷电报警器和避雷针。当有雷击危险时,暗挖车站不得进行爆破作业,作业人员应退避到安全场所。
(7)地震发生时,人员应迅速退避到安全场所。</td></tr>
<tr><td colspan="6">重点强调:
1. 当暗挖施工中发生险情时,应立即停止作业,迅速作出撤离决定。值班人员和安全负责人要求紧急撤离时,必须根据应急预案规定的路线或在安全人员的指挥下紧急撤离。已经撤离危险区域的人员不得返回危险区域。
2. 暗挖车站内发生塌方、火灾、瓦斯事故或险情后,应采取相应应急措施。
3. 为防止大雨造成的灾害,暗挖车站施工应注意尽早将机械设备向安全场所转移或进行拆除,防止水淹、倾倒;并在可能发生漫水、沉陷或垮塌的地方进行加固处理,并设警示标志。</td></tr>
<tr><td>审核人</td><td></td><td>交底人</td><td></td><td>接受交底
负责人</td><td></td></tr>
<tr><td colspan="6">作业班组全体签名:</td></tr>
</table>

基坑坍塌应急救援安全交底

编号：

施工单位	
工程名称	
分部分项工程	
工　　种	

交底内容：

一、主要危险源与危害因素

1. 冒险盲目救援，造成施救人员伤害。

2. 不懂救援方法，贻误救援时机或救援措施错误，造成伤员二次伤害甚至死亡。

3. 拨打“120”急救电话时，信息错误或信息不详。

二、安全注意事项

（一）对人员的抢救

1. 在安全技术人员的指导下挖掘被掩埋伤员，在自身安全的前提下使被掩埋伤员及时脱离危险区。

2. 清除伤员口、鼻内泥沙、凝血块、呕吐物等，对昏迷伤员将舌头拉出以防窒息。

3. 进行简易的包扎、止血或简易固定骨折。

4. 有呼吸、心跳停止的伤员予以心脏复苏。

5. 尽快与 120 急救中心取得联系，详细说明事故地点，严重程度，并派人到路口接应。

（二）对基坑坍塌的施工施救

1. 塌方施救。

（1）加强排水、降水措施。

（2）加强支护如支撑、加桩板等，对边坡薄弱环节进行加固处理。

（3）如塌方由坑（槽）边弃土、堆料或其他机械设备作用所致，则应迅速运走弃土、材料、机械设备。

（4）减缓边坡坡度。

2. 滑坡施救。

（1）排水、降水，特别是要有效地降低地下水位。

（2）加强支挡措施，如增加支撑、打桩等。

重点强调：

1. 清除被埋人员口、鼻内泥沙、凝血块、呕吐物等，对昏迷伤员将舌头拉出以防窒息。

2. 有呼吸、心跳停止的伤员立即予以心脏复苏。

3. 尽快与 120 急救中心取得联系，详细说明事故地点，严重程度，并派人到路口接应。

审核人		交底人		接受交底负责人	

作业班组全体签名：